TÉMOINS
DE
L'HOMME

Pierre-Henri Simon

TÉMOINS
DE
L'HOMME

*La condition humaine dans
la littérature contemporaine.
Proust, Gide, Valéry,
Claudel, Montherlant, Bernanos,
Malraux, Sartre, Camus.*

SIXIÈME ÉDITION

Librairie Armand Colin
103, Boulevard Saint-Michel, Paris-Ve

1966

AVANT-PROPOS

Témoins de l'Homme a été publié pour la première fois en 1951 et constamment réédité. Depuis cette date, les auteurs encore vivants qui y sont étudiés ont continué d'écrire ; sur leurs œuvres et sur celles des morts, des travaux universitaires et des essais critiques se sont multipliés. Une mise au point de l'ouvrage aurait abouti à le refaire, ce qui n'était pas possible. J'ai préféré le reproduire encore tel qu'il a été lu jusqu'à présent, non comme une synthèse définitive, — ce qu'il n'a jamais été ni voulu être, — mais comme une suite d'approximations qui gardent dans l'ensemble leur valeur.

Quelques notes, quelques appendices le mettront à jour quand ce sera nécessaire. On trouvera réunis à la fin du présent volume les compléments de l'édition 1966. Ils sont appelés dans le texte par un astérisque en fin de chapitre.

INTRODUCTION

Invité par l'Institut d'Etudes Politiques de l'Université de Paris à donner, au cours du semestre d'hiver 1950-1951, une série de cours publics, j'ai pensé que rien ne serait plus utile, pour des jeunes gens appelés à des professions de direction sociale et d'action, que d'entendre parler des grands problèmes intellectuels et moraux de leur époque. J'ai donc interrogé pour eux et devant eux neuf écrivains français, choisis parmi les plus originaux et les plus puissants de ce demi-siècle, et je leur ai demandé leur témoignage sur les mouvements de la conscience contemporaine. L'attention soutenue d'un large et vibrant auditoire m'a prouvé que je ne m'étais pas trompé dans mon dessein.

Quand la Fondation Nationale des Sciences Politiques m'a fait l'honneur de me demander le texte de mes leçons pour en former un volume, j'avoue que je fus d'abord embarrassé, sachant d'expérience qu'une conférence ne fait pas le chapitre d'un livre : elle n'en a ni le style, ni le rythme, ni la précise fixité. Danger de donner tel quel la sténotypie du cours. Mais danger aussi, en le refondant, de lui ôter son mouvement propre et d'y rendre irretrouvable, pour moi comme pour mes auditeurs, l'atmosphère cordiale qui en a fait l'agrément et la vie. Aussi me suis-je arrêté à une transaction : j'ai conservé à mon texte sa structure, son caractère didactique et parfois oratoire; mais je l'ai échenillé de quelques superfluidités, de quelques hasards malheureux de parole, raccourci et concentré sur quelques points, précisé et complété sur d'autres.

D'ailleurs, parmi les neuf auteurs présentés, quatre avaient déjà fait l'objet d'études dans mes précédents ouvrages : Montherlant, dans Procès du Héros (1), *Malraux, Sartre et Camus dans* L'Homme en procès (2). *Je m'excuse auprès des lecteurs de ces deux livres s'ils retrouvent dans celui-ci, à propos de ces auteurs, quelques répétitions d'idées et de formules.*

***

La Condition humaine dans la littérature française du XXe siè-cle : *le titre général qui recouvrait cette série de conférences et les sous-titres qui annonçaient chacune d'elle indiquaient déjà le choix d'une attitude devant l'œuvre littéraire.*

Sans trop simplifier les choses, il semble que l'on puisse distinguer trois dispositions psychologiques du lecteur; plus simplement, trois façons de lire.

La première est d'y chercher une diversion de la vie : on prend un livre, le soir, quand on est fatigué d'une journée de travail, pour y trouver un agrément de l'imagination, une pente facile de l'intelligence vers des objets qui l'amusent, vers des problèmes artificiels propres à la détourner des questions concrètes que lui posent durement le travail professionnel, l'action sociale ou la méditation morale. Ainsi fait, par exemple, le lecteur de romans policiers — et je ne vais pas commencer par dire du mal des romans policiers, et par me brouiller avec ceux qui en usent, je me ferais du premier coup trop d'ennemis! J'admets parfaitement que l'on pratique cette méthode de lecture récréative, que l'on cherche à l'étendre à beaucoup d'autres ouvrages, dont certains ne sont pas sans mérites : je ne conteste nullement le talent de M. Georges Simenon, ou de M. Marcel Pagnol, ou de M. Pierre Benoit; mais tel ne sera pas notre gibier.

Une seconde façon de lire, analogue à la première, mais plus raffinée, est de demander à l'œuvre littéraire une pure jouissance esthétique : par conséquent, encore, une diversion de la vie, mais à un niveau plus relevé, où le plaisir est de savourer une belle musique de la phrase, de subtiles consonances d'images, un ordre parfait de

1. *Procès du Héros* (Montherlant, Drieu la Rochelle, Jean Prévost). Paris, les Editions du Seuil, 1951.
2. *L'Homme en procès* (Malraux, Sartre, Camus, Saint-Exupéry, La Baconnière, Neuchâtel, 1950. (Le Livre Suisse, 57, rue de l'Université, Paris.)

la pensée, quelles que soient d'ailleurs la signification morale ou la tendance spirituelle des textes. Ainsi lit le dilettante, le fin lettré, et de préférence dans de beaux volumes, dont il caresse amoureusement les reliures de plein cuir et dont il collectionne les éditions de prix. J'ai trop de bons amis qui pratiquent cette liturgie pour contester ce qu'elle implique de distinction réelle, ce qu'elle produit de rare et de charmant dans les esprits. Je remarque seulement — et je ne pense pas que des jeunes gens d'aujourd'hui me contredisent — qu'elle convient mieux à des périodes de calme et de bonheur qu'à des époques de crise et d'inquiétude. Que nos grands-pères, avant 1914, aient savouré avec amour la prose d'Anatole France ou de Pierre Louys, que nos pères et que ceux d'entre nous qui avons assez d'âge nous soyons complus, après 1920, aux raffinements d'un Valéry Larbaud, aux prouesses d'un Cocteau, aux jeux précieux d'un Morand ou d'un Giraudoux, cela était naturel; mais il est naturel aussi qu'en ce milieu tragique du XXᵉ siècle, à moins d'imiter les patriciens de la décadence qui composaient des acrostiches en attendant que passent les grands barbares blancs, nous ayons, à l'égard des livres, des exigences plus dramatiques. D'où la troisième façon de lire : celle qui nous met devant l'œuvre comme devant une expression singulièrement réfléchie et parlante des mouvements de la conscience humaine et des questions que nous ne pouvons manquer de nous poser, quand nous voulons trouver des raisons de vivre et un style moral.

Je remarque en passant que les auteurs qui supportent ce genre de lecture sérieuse sont ceux qui finissent par demeurer au faîte de l'histoire des lettres : Montaigne, Pascal, Montesquieu, Voltaire, Rousseau, Chateaubriand, Balzac, Renan, Barrès, Péguy, pour ne parler que de la France. Je remarque aussi que rarement la littérature profane a été plus grave, plus soulevée d'inquiétudes philosophiques et même religieuses que depuis cinquante ans. Et c'est à coup sûr dans la mesure où elle l'est qu'elle intéresse une jeunesse durement ballottée sur les incertitudes de ce temps. Voilà pourquoi je me propose d'interroger quelques grands écrivains contemporains, non comme amuseurs, non comme musiciens du verbe ou de la pensée, mais comme témoins au procès de l'homme.

Certes, il ne m'échappe pas que cette méthode a ses limites et ses périls. Elle expose notamment à ne s'attacher, dans les œuvres littéraires, qu'au contenu moral, à des idées, à une doctrine, à un « message », pour employer un mot dont on abuse quelque peu aujourd'hui; et ainsi, à omettre l'aspect purement artistique, les réussites formelles, les vertus du style. J'accorde bien volontiers que ce serait une faute très grave, et qu'elle tuerait la véritable critique. Car celle-ci a pour fin de dégager les valeurs de l'œuvre littéraire, lesquelles ne sont pas indépendantes du style. Mais c'est ici qu'il convient de distinguer les choses et d'éviter les malentendus. Je parlais tout à l'heure de ces qualités de la forme pure, de ces réussites ou de ces virtuosités verbales qui intéressent, en dehors de la chose signifiée, le dilettante et l'esthète : valeurs qu'il est beau de sentir, mais légitime aussi de peu considérer, car elles ne sont pas encore le style. Le style, chez un authentique écrivain, n'est pas un vernis plus ou moins brillant jeté sur la pensée, un ornement extérieur à elle, une réthorique indépendante de la logique : le style est le mouvement même de la pensée, l'expression de ce qu'il y a en elle de plus profond, de plus subtil et de plus singulier. Aussi bien, la part essentielle du message humain d'un écrivain n'est-elle pas généralement séparable de la forme dans laquelle il le délivre. Il existe certaines vibrations, les unes propres à la phrase ondoyante et précieuse de Proust, les autres à la période solide et sans bavure de Valéry, d'autres, que sais-je? à la prose de Mauriac, élusive et frémissante, ou à celle de Malraux, coupante et précipitée; un tempo, des accents qui, sur les qualités d'âme de ces écrivains, sur leurs passions et sur leur pensée même, disent plus que ne font les mots et les parties analysables du discours. Le style est l'homme même : avec sa plume d'oie bien taillée et sous sa perruque de classique, le vieux Buffon l'a bien dit. Or c'est à rencontrer l'homme qu'une lecture bien faite nous convie, et donc à prêter une oreille exercée et attentive aux tonalités secrètes de son langage.

Voilà pourquoi une critique orientée sur la signification vitale et spirituelle des œuvres peut et doit considérer les formes, les valeurs d'art et, plutôt que trahir la littérature, l'envelopper dans toute son essence.

La pensée tragique de
... MARCEL PROUST

L A première déposition des écrivains du xxᵉ siècle au procès
de l'homme, fallait-il la demander à Marcel Proust? Cette
sorte de lecture grave et humaine, propre à émouvoir et
instruire les hommes et spécialement les jeunes gens d'aujourd'hui,
fallait-il d'abord l'essayer sur l'œuvre de ce grand mondain
maniéré, de cet égotiste et de ce malade sinueusement replié sur les
singularités de sa conscience?.

C'est vrai, il existe un Proust qui nous paraît venir d'un passé
très lointain, des premières années heureuses et futiles de ce siècle.
Cet intellectuel sensible et délicat, tout en gentillesses et en pré-
cautions, couvert de nobles amitiés et de précieux foulards, et qui
se promène l'été sur la digue de Cabourg en complet d'alpaga et
sous une ombrelle, celui-là nous amuse plus qu'il ne nous émeut;
et parfois même il nous agace un peu, avec son snobisme de bourgeois qui fréquente chez les duchesses, avec les circonlocutions précieuses et amphigouriques de ses lettres, avec ses afféteries, avec ses
compliments et ses pourboires également excessifs. L'inverti obsédé,
le grand nerveux dans sa chambre aux parois de liège, le pâle
asthmatique qui dîne au Ritz d'un croissant trempé dans du café
et qui finit, en somme, par nous proposer une philosophie de malade
et de vieillard en nous enseignant qu'il n'y a de vrai paradis que
les paradis perdus, ne nous semble-t-il pas plus digne de pitié que
d'admiration, et faut-il parler de sa pensée tragique? Bien mieux,
le monde qu'il décrit minutieusement, ces Verdurin, ces Guerman-

tes, ce Charlus; et puis ce Bois parcouru d'équipages aristocratiques
et quelque peu périmés, et ce cabinet de travail d'un Bergotte qui
ressemble à Anatole France, ces peintures d'un Elstir qui est peut-
être Monnet mais qui a bien peu prévu Picasso, toute cette rétrospective ne nous rejette-t-elle pas dans le monde qui nous paraît le
plus éloigné de nous — et en tout cas le moins tragique! — le
monde euphorique, vaniteux et superficiel de 1900?

On peut avoir, en effet, cette impression, mais il serait faux de
s'y arrêter, car elle ne touche qu'à l'écorce de l'œuvre et de la personne. Le Proust de l'histoire, le personnage anecdotique et pitto-
resque dont les chroniqueurs et les biographes ne nous ont rien
laissé ignorer, n'est pas celui qui doit nous retenir. Une des idées
les plus fortes de cet auteur est d'avoir distingué en tout homme
un moi superficiel, changeant et souvent insignifiant, et un moi
profond, celui-là même qui s'exprime dans l'œuvre d'art, et le seul
qui mérite d'être considéré. C'est par son moi profond que Proust
vient maintenant vers nous : celui dont Valéry a dit que « dans
ses profondeurs personnelles il cherchait une métaphysique », et
Thibaudet, que sa chambre de malade lui a été « sa tour de Montaigne ». J'appelle ici l'homme poursuivi, assiégé par la
mort; et celui-là, pensant que les arbres de Balbec lui sur-
vivraient, reçoit d'eux le conseil « de se mettre enfin au travail pendant que n'avait pas encore sonné l'heure du repos
éternel »; et jusqu'à sa dernière minute de conscience, tout
au bord de son agonie, il tâche encore d'ajouter une phrase, de corriger un mot à une œuvre sur laquelle il a joué sa chance de donner un sens à sa vie. Et voici que cette œuvre, au-dessus d'un murmure parfois fatigant de babillages mondains et de propos trop
minutieusement psychologiques, au-dessus même d'une musique
d'images trop subtilement raffinées, cette œuvre laisse monter de
grands cris simples et de graves phrases comme celles-ci : « En des-
cendant plus avant dans la douleur, on atteint au mystère, à
l'essence... Les œuvres, comme dans les puits artésiens, montent
d'autant plus haut que la souffrance a plus profondément creusé
le cœur. »

Entre des centaines de pages de Proust, où s'exprime le souci
tragique de la vie fuyante et du moi qui se décompose, la
pensée obsédante du temps qui ronge nos affections, nos douleurs
et jusqu'à nos souvenirs, je voudrais d'abord en citer deux : elles
sont d'une grande beauté, et elles nous donneront la vraie mesure

du génie proustien, celle où il nous importe de le considérer. La première est tirée du premier volume de *Swann*, l'autre du second volume du *Temps retrouvé*.

D'abord, celle de *Swann*. Le narrateur vient de rappeler une de ses plus profondes impressions d'enfance, cette nuit où il pleura des larmes si désespérées de solitude que son père permit à sa mère de demeurer à son chevet :

> Il y a bien des années de cela. La muraille de l'escalier où je vis monter le reflet de sa bougie n'existe plus depuis longtemps. En moi aussi bien des choses ont été détruites que je croyais devoir durer toujours, et de nouvelles se sont édifiées, donnant naissance à des peines et à des joies nouvelles que je n'aurais pu prévoir alors, de même que les anciennes me sont devenues difficiles à comprendre. Il y a bien longtemps que mon **père** a cessé de pouvoir dire à maman : « Va avec le petit. » La possibilité de telles heures ne renaîtra jamais pour moi. Mais, depuis peu de temps, je recommence à très bien percevoir, si je prête l'oreille, les sanglots que j'eus la force de contenir devant mon père et qui n'éclatèrent que quand je me retrouvai seul avec maman. En réalité, ils n'ont jamais cessé; et c'est seulement parce que la vie se tait maintenant davantage autour de moi que je les entends de nouveau, comme ces cloches de couvents que couvrent si bien les bruits de la ville pendant le jour qu'on les croirait arrêtées, mais qui se remettent à sonner dans le silence du soir.

Quel rythme admirable ont ces phrases! Quelle intensité freinée de l'émotion! Quel pouvoir de suggestion dans l'image!

Et voici l'autre texte, qui dessine un portrait de vieillard; une figure à la Rembrandt, enfoncée dans l'ombre, une tête d'homme sculptée, ravinée, transfigurée par le Temps. C'est le portrait du vieux duc de Guermantes, tel qu'il reparaît à la fin du roman, dans l'espèce de descente aux Enfers du *Temps retrouvé*, quand, après de longues années, Proust a retrouvé le monde de sa jeunesse :

> Je ne l'eusse sans doute pas reconnu, si la duchesse, quelques instants plus tôt, ne me l'eût clairement désigné en allant jusqu'à lui. Il n'était plus qu'une ruine, mais superbe, et encore plus qu'une ruine, cette belle chose romantique que peut être un rocher dans la tempête. Fouettée de toutes parts par les vagues de souffrance, de colère de souffrir, d'avancée montante de la mer qui la circonvenaient, sa figure, effritée comme un bloc, gardait le style, la cambrure que j'avais toujours admirés :

elle était rongée comme une de ces belles têtes antiques trop abîmées, mais dont nous sommes trop heureux d'orner un cabinet de travail. Elle paraissait seulement appartenir à une époque plus ancienne qu'autrefois, non seulement à cause de ce qu'elle avait pris de rude et de rompu dans sa matière jadis plus brillante, mais parce qu'à l'expression de finesse et d'enjouement avait succédé une involontaire, une inconsciente expression, bâtie par la maladie, de lutte contre la mort, de résistance, de difficulté à vivre. Les artères, ayant perdu toute souplesse, avaient donné au visage jadis épanoui une dureté sculpturale. Et sans que le duc s'en doutât, il découvrait des aspects de nuque, de joue, de front, où l'être, comme obligé de se raccrocher avec acharnement à chaque minute, semblait bousculé dans une tragique rafale, pendant que les mèches blanches de sa chevelure moins épaisse venaient souffleter de leur écume le promontoire envahi du visage.

Voilà le grand Proust, et nous donne-t-il encore l'impression d'un mondain qui se gaspille en vanités, ou d'un amuseur qui fait des phrases?

Il nous faut donc essayer d'aller au foyer de cette pensée onduleuse et d'en atteindre l'intention qui l'inspire et l'organise.

Cette intention, Proust a pris soin de l'énoncer en de multiples formules. Voici peut-être la plus nette : « Il faut se rapprocher le plus possible de la partie perdue, oubliée de soi-même. » Car Proust n'est pas l'homme qui a perdu son ombre, mais, plus dramatiquement, l'homme qui a perdu son moi. Son point de départ, c'est une idée qu'il se fait de sa personnalité. La conscience que nous prenons normalement de notre être est double; elle est, d'abord et superficiellement, la conscience d'une mutabilité continuelle de nos états intérieurs. Nos sentiments, nos idées sont instables et successifs. Or, à chaque instant, je ne prend conscience que de l'état de cet instant; c'est-à-dire que, si je me cherche par l'analyse des moments de ma conscience, je poursuis en vain ce moi perpétuellement dénoué, perpétuellement changé en un autre, submergé dans le grand flux mobile et océanique du temps. Et cependant, la conscience normale ne laisse pas de nous livrer, indestructible à toute analyse, l'intuition d'une identité substantielle. Quand je dis moi, j'ai la conviction de désigner un seul être. Sans doute mes pensées, mes sentiments ont-ils varié extrêmement depuis l'enfance, depuis l'adolescence, et changent-ils du matin au soir et d'une heure à l'autre; et cependant, c'était bien le même homme que je suis qui pensait et qui aimait dans l'enfant et dans le jeune homme, et c'est bien lui que je retrouve dans l'homme mûr, et c'est encore lui qui est présent tous les jours et à toutes les heures de ma vie. Une continuité profonde unifie la personnalité.

C'est en fonction de cette contradiction vitale, inhérente à la conscience, qu'il faut situer la psychologie de Marcel Proust. Nature impressionnable et ondoyante, douée d'ailleurs d'une surprenante faculté d'analyse, il possède à un haut degré le sens de la mutabilité de ses états, et il semble ne pouvoir acquérir celui de l'identité de sa personne. Contrairement à Bergson, dont on le rapproche parfois indûment, il sent le temps intérieur, la *durée* comme discontinue. On n'en finirait pas de citer les passages de son œuvre où il exprime ce sentiment vertigineux, douloureux, d'un moi qui se brise en éclats momentanés et en états incommunicables, impénétrables les uns aux autres. Ceci, par exemple :

> Nous désirons passionnément qu'il y ait une autre vie, où nous serions pareils à ce que nous sommes ici-bas. Mais nous ne réfléchissons pas que, même sans attendre cette autre vie, dans celle-ci, au bout de quelques années, nous sommes infidèles à ce que nous avons été, à ce que nous voulons rester immortellement.

Et encore :

> Ma vie m'apparut, m'offrant une succession de périodes dans lesquelles, après un certain intervalle, rien de ce qui soutenait la précédente ne subsistait plus dans celle qui la suivait, comme quelque chose de dépourvu du support d'un moi individuel, identique et permanent.

Absence du « support d'un moi individuel, identique et permanent », le diagnostic de la conscience proustienne ne peut être plus précisément affirmé.

D'où, chez Proust, au centre de sa vie intellectuelle et sentimentale, une pénible impression d'incohérence et de vide, cette horreur de sentir que tout s'en va, que tout s'écoule autour d'un être qui se dissout en continuelles métamorphoses. D'où aussi cet effort désespéré, ascétique et, sous un certain point de vue, héroïque, pour retrouver le temps perdu, c'est-à-dire pour se retrouver soi-même dans la dispersion continuelle des instants. Une nature nerveuse,

impressionnable, mobile; une faculté d'analyse et d'introspection
tellement aiguë qu'elle décompose le sentiment de la personnalité;
par voie de conséquence, une obsession douloureuse de la mort, non
pas de la mort qui, une fois pour toutes, abolit notre conscience
d'êtres terrestres, mais de celle qui, plus subtile et plus opiniâtre,
se confond avec notre vie, puisque, à chaque instant de notre durée,
il y a une partie de nous-mêmes qui tombe dans le néant : voilà ce
que nous trouvons d'abord chez Proust, et c'est de cette angoisse
initiale qu'il faut partir pour expliquer le mouvement de sa pensée, le sens de son œuvre et jusqu'à la qualité de son art et aux
accents de son style.

Qu'on se rappelle ici la grande strophe du *Cimetière marin*,
l'apostrophe aux morts :

> Pères profonds, têtes inhabitées
> Qui, sous le poids de tant de pelletées,
> Etes la terre et confondez nos pas,
> Le vrai rongeur, le ver irréfutable
> N'est point pour vous qui dormez sous la table,
> Il vit de vie, il ne me quitte pas!

Eclatante conjonction de Valéry et de Proust! Ce que le poète
exprime ici, dans la densité d'une strophe, c'est bien l'angoisse qui
se diffuse dans les vingt volumes du romancier : la vraie mort n'est
pas celle des habitants froids et muets de la tombe, puisqu'ils ont
perdu la conscience; la vraie mort est celle des vivants qui passent
en sachant qu'ils passent.

Cette angoisse — car c'en est une — comment la vaincre? Comment accéder à la joie d'être, au sentiment d'une existence lumineuse et parfaite qui échappe aux prises du temps et qui ait saveur
d'éternité?. Telle est la question fondamentale que s'est posée l'auteur de *A la Recherche du Temps perdu*, et toute son œuvre n'est
que la multiplicité des réponses qu'il tente d'y donner, la descrip-
tion des itinéraires qu'il essaie vers la paix de l'âme.

Une première voie, et apparemment la plus simple et la plus
rapide, ce serait d'adhérer à l'univers, d'attacher aux choses notre
être fuyant, de cultiver la sensation dans toute sa puissance de prise
sur le non-moi. Si nous nous épanouissons tellement dans chaque

impression subie qu'elle occupe tout l'espace de notre conscience, ne laissant plus de marge aux réflexions dissolvantes, elle peut nous livrer, comme à l'état pur, intimement confondues, l'essence de notre être et l'essence des choses, et que nous importe alors que l'instant passe? Il est plein, il est parfait, il a la saveur d'éternel.

Ainsi, quand il *voit* les clochers de Martinville — et il faut ici donner à ce mot « voit » toute l'intensité de signification possible — quand il voit les clochers de Martinville, ou les aubépines du chemin de Méséglise, ou les nymphéas de la Vivonne, ou les pommiers de la route de Balbec, ou le ciel de Venise, que sais-je? ou bien quand il *entend* les bruits matinaux de Paris ou les trois petites notes de la *Sonate* de Vinteuil, Proust est heureux, il a surmonté l'angoisse du temps qui fuit, il a vaincu le « ver irréfutable »; car, intégré à sa sensation, il a fait corps avec elle; et il n'y a plus de place en lui pour la conscience anxieuse. Mais ces instants de joie sont-ils durables et sont-ils fréquents? Qu'ils ne soient pas durables, c'est l'évidence même, puisque ce sont des instants. En outre, ils sont rares, et ils le sont d'autant plus que nous vieillissons, que nous perdons la fraîcheur des impressions premières. L'ardeur passionnée avec laquelle Proust revient à ses souvenirs d'enfance exprime justement ce besoin de retrouver en lui une élasticité d'âme et une puissance de sensation que l'âge lui a ôtées en dressant son intelligence comme un obstacle entre lui et le monde.

Mais il y a davantage. Non seulement les instants où nous sentons la présence du monde sont peu nombreux et tendent à disparaître par les effets de l'âge, mais il arrive que, malgré nos efforts pour entrer en communion avec les choses, celles-ci nous échappent, elles nous refusent leur essence et leur signification, elles demeurent comme au bord du néant d'où nous voudrions les tirer : tels ces trois arbres aperçus par l'enfant au bord d'une route, et qui n'ont pas voulu lui dire ce qu'ils étaient. « Et quand, la voiture ayant bifurqué, je leur tournai le dos et cessai de les voir, tandis que Mme de Villeparisis me demandait pourquoi j'avais l'air rêveur, j'étais triste comme si je venais de perdre un ami, de mourir moi-même, de renier un mort ou de méconnaître un Dieu. » Détresse encore plus poignante : les choses mêmes que nous avons possédées dans la plénitude de la sensation nous trompent et nous mentent, car elles sont prises, elles aussi, dans le torrentiel devenir, emportées comme nous et comme nous changeantes. Ce serait sans doute une garantie de paix et une espèce d'assurance contre la

mort, si nous pouvions toujours vivre dans un décor stable, cher
et familier. La fixité d'un cadre soutiendrait notre moi fuyant,
nous en recevrions des impressions identiques, qui desssineraient
dans notre conscience une ligne de fixité. Certes, comme Bergson
et comme Péguy, Proust se défie de l'habitude en ce qu'elle est une
sclérose de l'âme et une paralysie des spontanéités; néanmoins, il a
parfois tendance à se confier à elle comme à une puissance qui le
rassure contre sa propre désintégration. D'où son désarroi, par
exemple, quand vient à lui manquer le cadre habituel de sa vie,
quand il doit dormir dans une chambre d'hôtel : « L'anxieuse
alarme que j'éprouvais sous ce plafond inconnu et trop haut n'était
que la protestation d'une amitié qui survivait en moi, pour un plafond familier et bas... »

Enfin, dernière cause de chagrin dans ce dialogue imparfait de
l'homme avec le monde, les choses ne nous fuient pas seulement
parce que se transforme le décor de notre vie, ou parce que la
nature elle-même vieillit, comme s'en étaient avisés les Romantiques; elles changent d'une manière encore plus irrémédiable, parce
que nous changeons par rapport à elles et parce que se décompo-
sent les états d'âme à travers lesquels nous les avions d'abord vues.
Revenant à l'âge d'homme au bois de Boulogne où, tout adolescent, il avait connu la béatitude de voir passer Mme Swann et de
retrouver Gilberte, le narrateur, après quelques années, est tout
surpris de ne pas reconnaître le lieu, de retrouver un bois comme
tous les autres, un bois qui a perdu sa lumière merveilleuse, son
charme féerique. Et alors, il mesure

la contradiction que c'est de chercher dans la réalité les
tableaux de la mémoire... La réalité que j'avais connue n'existe
plus. Il suffisait que Mme Swann n'arrivât pas toute pareille au
même moment pour que l'avenue fût autre. Les lieux que nous
avons connus n'appartiennent pas qu'au monde de l'espace où
nous les situons pour plus de facilité. Ils n'étaient qu'une mince
tranche au milieu d'impressions contiguës qui formaient notre
vie d'alors; le souvenir d'une certaine image n'est que le regret
d'un certain instant, et les maisons, les routes, les avenues sont
fugitives, hélas! comme les idées.

Aussi bien ne saurait-il suffire à l'homme de s'accrocher au
monde pour trouver cette fixité dont il a faim : le monde extérieur vit aussi sous la loi du temps, et tout y est inconstance et
vertige.

Du moins, il y a les êtres, et ce serait une seconde voie de salut que de chercher dans l'amour qu'ils nous inspirent cette plénitude et cette permanence d'âme, cette impression de l'immuable et du parfait qui pourrait nous défendre contre le temps. Car l'amour, chez Proust, n'est pas autre chose qu'un effort pour rencontrer l'éternel. Mais un effort qui n'aboutit pas, et le conduit, au contraire, à ses désillusions les plus constantes et les plus profondes et à sa vue la plus pessimiste de la condition humaine [1].

Comment peut-on, sinon définir, au moins entrevoir la conception proustienne de l'amour? La conception? Il faudrait dire le diagnostic, car l'amour est proprement, aux yeux de Proust, une maladie; de la maladie, il a le double caractère d'être déterminé dans ses causes et dans la consécution de ses phases, et d'être perturbateur de l'équilibre de l'être. Il se caractérise essentiellement par le fait que, tout d'un coup, la présence et la possession d'un être nous deviennent tellement nécessaires que notre vision du monde en est renversée, notre comportement et notre jugement gouvernés par une idée fixe. « A la recherche des plaisirs que son agrément nous donnait s'est substitué en nous un besoin anxieux qui a pour objet cet être même : un besoin absurde, que les lois du monde rendent impossible à satisfaire et difficile à guérir — le besoin insensé et douloureux de le posséder. » Il s'agit donc bien ici d'une présence et d'une possession totales, non d'un échange passager de plaisirs; d'une communion essentielle et non d'un contact en surface — d'où le tragique, le douloureux et le difficile de l'amour selon Proust.

L'amour est d'abord envoûtement. Ce qui le produit, ce peut être un attrait physique — encore que Proust insiste sur le caractère fortuit et capricieux de ce genre de causes — ou bien un ensemble de circonstances extérieures, l'impression d'un décor ou d'une atmosphère. Mais ce ne sont là que des conditions plus ou moins favorables; la raison profonde de l'apparition de l'amour, c'est un état préalable et latent de crise intérieure, un bouleversement de notre conscience qui a lui-même pour cause, en général, la crainte qu'un être à qui nous nous intéressons ne nous échappe. Ainsi, Swann ne tombe vraiment amoureux d'Odette que le soir où celle-ci ne l'a pas attendu chez les Verdurin et où, ivre d'inquiétude, il la cherche dans les cafés et dans les rues de Paris. Et le narrateur

1. Cf. P.-H. SIMON, « Psychologie proustienne de l'amour », *Hommes et Mondes*, mars 1950.

ne suspend totalement son existence à celle d'Albertine que le jour
où il a appris sa liaison avec Mlle Vinteuil.

De tous les modes de production de l'amour, de tous les
agents de dissémination du mal sacré, il est bien l'un des plus
efficaces, ce grand souffle d'agitation qui, parfois, passe sur
nous. Alors, l'être avec qui nous nous plaisons à ce moment, le
sort en est jeté, c'est lui que nous aimerons.

Et Proust ajoute :

Il n'est pas même besoin qu'il nous plût, jusque-là, plus ou
même autant que d'autres. Ce qu'il fallait, c'est que notre
goût pour lui devînt exclusif.

Là est, en effet, le caractère de l'amour proustien : un être se
propose à nous comme unique et irremplaçable, et rien n'existe
hors de lui, ou plutôt tout ce qui existe n'est que par rapport à
lui. Un homme de goût comme Swann, amoureux d'Odette, qui est
sotte, applaudira Georges Ohnet parce qu'elle y prend du plaisir,
et l'aristocrate Charlus fera la roue dans le salon bourgeois des Verdurin pour se rapprocher de Morel. Selon qu'ils favorisent ou con-
trarient leurs amours, Swann et Charlus trouvent les Verdurin
intelligents et délicieux, ou stupides et ridicules. Non seulement
dans son comportement, mais dans son jugement, l'être amoureux
est un possédé.

Bientôt, cependant, les causes de l'ensorcellement perdent de
leur efficace. L'habitude émousse le sentiment. Mais alors, pour
raviver la braise, la jalousie intervient, car elle survit à l'amour.
Chez Proust comme chez Racine, la jalousie est inséparable de
l'amour et contribue à sa puissance; car elle recrée cette atmosphère
de crise, cette agitation douloureuse, favorable aux éclats de la passion. Curieux mécanisme! L'amour meurt d'atteindre son objet et
renaît de le perdre. Albertine se montre-t-elle douce et gentille?
Son ami se détache d'elle, rêve de Venise ou regarde vers les belles
passantes. Lui donne-t-elle, au contraire, des soupçons, semble-
t-elle se détacher de lui, et elle redevient pour lui le centre du
monde, l'âme de sa vie, et l'amour se retrempe à cette âcre jou-
vence.

Mais enfin, la jalousie elle-même finit par s'user, puisqu'il est
écrit que passent tous les sentiments de l'homme. La grande loi du
changement universel substitue au moi aimant un autre moi. Tantôt la lassitude d'une présence qui n'est plus souhaitée, comme c'est

le cas pour Swann marié à Odette, tantôt l'absence imposée par le destin, telles les circonstances qui éloignent Gilberte ou la mort qui emporte Albertine, abolissent non seulement le désir, mais le souvenir même. On commence par souffrir en songeant à toutes les douceurs de l'amour dont on va être privé, « à tout ce tégument de caresses, de baisers, de sommeils amis » qui recouvraient et protégeaient la conscience; puis la douleur même disparaît, car « il y a dans ce monde, où tout s'use, où tout périt, une chose qui tombe en ruines, qui se détruit encore plus complètement, en laissant encore moins de vestige que la beauté : c'est le chagrin. » Alors, tout s'abîme dans le grand désert de sable de l'oubli, et si parfois reviennent à la mémoire de l'intelligence ou du cœur tel acte ou telle souffrance de notre passé amoureux, nous n'en comprenons plus même la raison. Ces curiosités, ces soupçons, ces mensonges et cette peur du mensonge dont l'étoffe de notre vie fut un moment tissée n'ont plus de sens à nos yeux. Quand il souffrait encore par Odette, Swann savait bien que « cet intérêt, cette tristesse n'existaient en lui que comme une maladie et que, quand celle-ci serait guérie, les actes d'Odette, les baisers qu'elle aurait pu donner redeviendraient inoffensifs, comme ceux de tant d'autres femmes ». « Le regret d'une maîtresse », écrit encore Proust, « la jalousie survivante sont des maladies physiques au même titre que la tuberculose ou la leucémie ». Et, pour conclure : « Aimer est un mauvais sort comme ceux qu'il y a dans les contes, contre quoi on ne peut rien jusqu'à ce que l'enchantement ait cessé. »

Conception singulièrement pessimiste. En fait, il n'y a pas, dans tout le grand récit de Proust, d'amour heureux, satisfait, ni même momentanément triomphant. Il n'y a pas, à proprement parler, d'amour partagé, et peut-être n'en peut-il pas exister, comme le suggèrent des phrases telles que celles-ci : « Je pressentais dès lors que, dans l'amour non partagé, autant dire dans l'amour, parce qu'il est des êtres pour lesquels il n'y a pas d'amour partagé... », et encore : « Le désir, allant toujours vers ce qui nous est le plus opposé, nous force d'aimer ce qui nous fera souffrir..., de sorte qu'on a tort de parler, en amour, de mauvais choix, puisque, dès qu'il y a choix, ce ne peut être que mauvais. » Des êtres inéluctablement renfermés sur leur propre univers, isolés et impénétrables, se cherchent, se rencontrent pour un instant, se blessent et s'irritent, se séparent et s'oublient : voilà, selon Proust, le drame fatal, la catastrophe inévitable de l'amour.

⁎
⁎

Mais quelle est, d'une conception aussi pessimiste, la source
cachée? A quelle profondeur d'amertume et d'angoisse faut-il la
chercher, sinon dans ce que nous apercevions naguère de la psychologie de Proust, dans cette idée qu'il se fait d'un moi toujours instable, soumis à l'érosion perpétuelle de la conscience par le temps?
Si l'homme n'est qu'une succession de moments discontinus, et si
la personnalité n'a ni support ni substance, combien précaires sont
les chances de l'amour! Celui qui aime n'est pas tant une personne
qu'une série d'instants fugitifs et dénoués; et il en va de même de
la personne aimée, car, dit encore Proust, « les êtres ne cessent pas
de changer de place par rapport à nous ». L'amour heureux naît
donc à l'intersection fortuite de deux séries. Qu'il se produise,
c'est une grande chance; mais qu'il se prolonge, que les évolutions
de ces deux êtres demeurent parallèles ou seulement solidaires, combien c'est improbable! L'être que j'aime aujourd'hui ne sera pas le
même demain, et moi-même je serai un autre. Un désaccord définitif succédera presque nécessairement à l'harmonie d'un jour; et
si, en l'un des deux amants, par quelque raison que ce soit — per-
sistance d'un attrait physique, nostalgie d'un bonheur passé, obsti-
nation de l'amour-propre excité par la jalousie — l'amour se prolonge, pour celui-là inévitable est la souffrance, car il verra l'autre,
suivant sa propre loi, s'éloigner de lui, et il sera déchiré jusqu'à
tant que lui-même, changé aussi de lui-même, connaisse enfin l'indifférence et l'oubli. L'être que nous aimons, nous mettons tout en
œuvre, nous sacrifions tout pour le posséder; mais au moment où
il vient enfin à nous, il ne nous intéresse déjà plus, et peut-être
nous ennuie-t-il déjà : c'est l'histoire de Swann et d'Odette, et un
peu celle du narrateur et de Gilberte. Ou bien il arrive que nous
rencontrons une personne qui correspond exactement à notre
aspiration momentanée, et dont la possession alors nous comblerait,
mais que le mouvement même de la vie éloigne à jamais de nous :
telle la jeune laitière apparue à l'aube dans une petite gare nor-
mande, et qui incarne tout d'un coup l'image d'un bonheur possible, d'un bonheur nécessaire, mais que la minute emporte. Comment oublier la page charmante et discrètement pathétique :

Je lui fis signe, qu'elle vînt me donner du café au lait.
J'avais besoin d'être remarqué d'elle. Elle ne me vit pas, je

l'appelai. Au-dessus de son corps très grand, le teint de sa figure était si doré et si rose qu'elle avait l'air d'être vue à travers un vitrail illuminé. Elle revint sur ses pas : je ne pouvais détacher mes yeux de son visage, de plus en plus large, pareil à un soleil qu'on pourrait fixer et qui s'approcherait jusqu'à venir tout près de vous, se laissant regarder de près, vous éblouissant d'or et de rouge. Elle posa sur moi son regard perçant, mais comme les employés fermaient les portières, le train se mit en marche; je la vis quitter la gare et reprendre le sentier, il faisait grand jour maintenant : je m'éloignai de l'aurore.

Car il faut toujours « s'éloigner de l'aurore », être arraché presque à chaque instant à une possibilité de bonheur : c'est la condition même de l'homme, livré à son tenace bourreau : le Temps. « Proust inventeur de plaisirs », a dit de lui un critique généralement mieux inspiré. Non point inventeur de plaisirs, mais plutôt sourcier génial d'une angoisse : nul n'a senti plus intensément le vertige douloureux d'un être lucide, jeté à la poursuite d'un bonheur qu'il a vu, par expérience, presque toujours impossible à atteindre et qu'il a su, par raisonnement, impossible à fixer. Car à quoi bon poursuivre et rechercher l'être qui fuit? Il ne sera plus lui et nous serons un autre si, par chance, nous réussissons à le rejoindre. « On peut quelquefois retrouver un être, mais non abolir le temps. »

« On ne peut abolir le temps » : nous voici au cœur du tragique proustien. C'est de cette frayeur et de ce scandale devant l'éphémère de la condition humaine que partent, comme des ondes qui vont s'élargissant, tous les mouvements de sa pensée, toutes les intentions de son œuvre. C'en est l'idée-mère et celle qui explique son titre : *A la Recherche du Temps perdu*. Gardons-nous du contresens : le temps perdu, ce n'est pas banalement le temps gaspillé. Ne prenons pas Proust pour un mondain qui écrit ses mémoires à la manière d'un Brisson ou d'un Lavedan, en s'efforçant de recueillir les souvenirs d'une existence dissipée en futilités plus ou moins charmantes; le temps perdu, c'est, au sens fort du terme, le temps qui a été et qui a péri. *A la Recherche du Temps perdu*, cela veut dire finalement : à la recherche du moi perdu, car le moi proustien n'est pas autre chose que la collection

des instants de sa durée et, plus éminemment, parmi ces intants, la
collection discontinue de ceux qui ont été plénitude et perfection
d'impressions, de sensations et de sentiments dans l'éclairage le plus
cru et le plus pénétrant de la conscience.

Et alors, la question se trouve tragiquement posée : ces instants
sont-ils à jamais abolis? Cette durée est-elle devenue néant? Ou
bien ces trésors, enfouis dans le gouffre de l'inconscient, est-il possible, grâce à la mémoire et par une technique appropriée pour en
assurer le fonctionnement le plus efficace, de les ramener à la surface, de les revivre et, dans cette existence doublée et imaginaire,
plus abstraite et plus pure que l'expérience elle-même, est-il possible de transférer ces instants au plan de la poésie, c'est-à-dire au
plan d'une conscience spirituelle et intemporelle, et de les enchaîner
dans les mailles du style, qui les conservera sous la forme d'une
œuvre d'art moins éphémère que la vie de l'artiste? En d'autres
termes, le temps perdu peut-il être un « temps retrouvé »?

C'est seulement quand il eut construit une psychologie et une
esthétique qui lui permirent de répondre affirmativement à cette
question que Proust entreprit d'écrire son roman. Notons-le en
effet, l'antithèse du temps perdu et du temps retrouvé s'est très tôt
imposée à son esprit, comme donnant le rythme de structure de son
œuvre; et même, dans la conception originelle du roman, l'antithèse était plus nettement marquée, la proportion étant plus égale
entre les parties de l'ouvrage placées, les unes sous le signe du
temps perdu et les autres sous le signe du temps retrouvé [1].

Là théorie psychologique sur laquelle Proust va jouer les chances de sa guérison morale, c'est, on le sait, la théorie de la mémoire
involontaire. Inutile de développer le commentaire des épisodes
fameux : la petite madeleine trempée dans une tasse de thé,
le pavé inégal de l'hôtel de Guermantes, la serviette empesée,
le bruit de la cuiller d'argent sur une soucoupe. Qu'il suffise d'en
rappeler la signification essentielle : Proust a découvert, ou plutôt
redécouvert cette loi que les impressions physiques, attachées à un
état antérieur de notre conscience, peuvent, si elles se reproduisent
fortuitement, ressusciter cet état avec beaucoup plus d'intensité et
de plénitude que ne le ferait un effort de la mémoire réfléchie.
Ainsi, au temps où, jeune homme, il allait en villégiature à Balbec,

---

1. Dans la version originale, écrite avant 1914, le roman devait avoir seulement trois volumes, dont le troisième avait pour sous-titre : *Le Temps retrouvé*,
cf. FEUILLERAT, *Comment Marcel Proust a composé son roman*, 1934.

le narrateur avait l'habitude, après le bain, de s'éponger avec une serviette devant une fenêtre, d'où il voyait tout l'Océan : il suffira que le contact d'une serviette à thé lui restitue la même impression sensorielle, pour qu'il voie surgir devant lui, dans sa plénitude, un instant magnifique de son passé.

La serviette que j'avais prise pour m'essuyer la bouche avait, précisément, le genre de raideur et d'empesé de celle avec laquelle j'avais tant de peine à me sécher devant la fenêtre le premier jour de mon arrivée à Balbec, et maintenant, devant cette bibliothèque de l'hôtel de Guermantes, elle déployait, réparti dans ses plis et dans ses cassures, le plumage d'un océan vert et bleu comme la queue d'un paon.

Par de telles rencontres, Proust a le sentiment de retrouver « un véritable moment du passé », et même davantage :

...quelque chose qui, commun à la fois au passé et au présent, est bien plus essentiel qu'eux deux : un peu de temps à l'état pur. Une minute affranchie de l'ordre du temps a recréé en nous, pour la sentir, l'homme affranchi de l'ordre du temps. Et celui-là, on comprend qu'il soit confiant dans sa joie, même si le simple goût d'une madeleine ne semble pas contenir logiquement les raisons de cette joie, on comprend que le mot de « mort » n'ait plus de sens pour lui : situé hors du temps, que pourrait-il craindre de l'avenir?

Ainsi, ce sont les données de la mémoire involontaire qui vont révéler à Proust cette unité substantielle de son moi ou, pour mieux dire, cette part éternelle de lui-même que la conscience intellectuelle, en éclairant la discontinuité des états intérieurs, lui avait fait perdre. Cette part éternelle, ce moi profond et pur, c'est à son niveau qu'il veut s'efforcer de vivre, en demandant aux ruses de l'intelligence un secours contre les dégâts de l'intelligence, en utilisant maintenant les puissances d'analyse pour décomposer la carapace de représentations communes, la concrétion d'idées impersonnelles et artificielles qui chargent et étouffent l'impression pure. L'enfant vit spontanément à ce niveau où la sensation est fraîcheur, plénitude et joie de posséder le monde; d'où la force du mouvement qui porte Proust vers ses souvenirs d'enfance :

C'est — explique-t-il dès le premier volume de *Swann* — comme aux gisements profonds de mon sol natal, comme aux terrains résistants sur lesquels je m'appuie encore que je dois penser au côté de Méséglise et au côté de Guermantes. C'est parce que je croyais aux choses et aux êtres quand je les parcourais que les choses et les êtres qu'ils m'ont fait connaître sont les seuls que je prenne encore au sérieux et qui me donnent de la joie.

Cependant, si l'homme mûr n'a d'autre voie, pour atteindre l'éternel, que d'attendre de sa mémoire involontaire une remontée à la surface des instants de son passé qui ont été authenticité de sensations et de vie, cette éternité ne nous semble-t-elle pas bien précaire? Je ne vois pas, quant à moi, que sa possession passagère et fragile puisse beaucoup nous consoler d'être une conscience rongée par les dents de scie des instants et pleine de sa propre mort, de regarder passer un monde qui fuit comme un paysage inaccessible et d'être condamnés à souffrir par des amours fatalement corruptibles et douloureuses. En fait, la position métaphysique de Proust serait intenable s'il ne la soutenait par une esthétique. Et c'est ici qu'apparaît celui dont l'appel va enfin sauver l'homme proustien : l'artiste.

L'artiste a, comme l'enfant, devant la beauté des choses et le charme des êtres, le don de s'émouvoir, de s'ouvrir, de vivre l'instant absolu, de toucher l'essence par une intuition que les jeux de l'intelligence abstraite n'étouffent ni ne faussent — et c'est, en outre, un être privilégié, qui a reçu le don de créer des formes significatives et durables pour exprimer cette émotion pure, pour contenir et conserver cette essence. L'homme proustien qui se sauve définitivement de la mort et qui accède à la joie par la possession de l'essentiel et de l'éternel, c'est l'artiste, c'est le créateur de beauté : le peintre Elstir, le musicien Vinteuil ou l'écrivain Bergotte. Lui seul entend et fait entendre — et cette alliance de mots est bien belle — « l'appel ineffable et suraigu de l'éternel matin »; et le mur jaune de Vermeer, non moins que « l'appel rouge et mystérieux du septuor de Vinteuil », ouvre la porte à une joie que Proust dit précisément « supraterrestre ». C'est donc pour accéder à cette suprême rédemption de l'art qu'avec les souvenirs de sa vie il entreprend d'écrire un livre qui doit chanter sa victoire sur la mort.

En somme, ni la sensation immédiate, toujours fuyante et incon-

plète, ni l'amour décevant et cruel, ni même le souvenir quand
nous le laissons flotter dans l'inconsistance de la conscience, ne peuvent satisfaire l'homme proustien, le rassurer contre le vertige du
relatif et de l'éphémère, l'installer dans la possession des essences, lui
rendre supportable la conscience d'être mortel et lui donner accès à
l'absolu. L'art seul lui offre une voie de salut valable — l'art
conçu d'une certaine façon : non comme un divertissement de
l'esprit, non comme une virtuosité technique, mais comme une
sorte d'ascèse spirituelle par laquelle l'individu s'impose de vivre
dans l'authentique de sa conscience et sacrifie sa vie à chercher les
meilleurs moyens de l'exprimer.

Si l'on s'en tient à un point de vue d'histoire, on peut avancer
que Proust a donné doctrinalement la meilleure formule de l'im-
pressionnisme littéraire et artistique, et il serait aussi facile de montrer, en étudiant son style, qu'il a fourni le meilleur échantillon du
style impressionniste; mais ce serait, à mon sens, rétrécir le champ
du jugement critique, et ne pas rendre à cet inventeur de sources
la louange qui lui est due. En fait, je crois qu'aucun écrivain contemporain ne s'est formé une idée plus juste, n'a proposé une formule plus exacte de la vocation de l'artiste. Personne n'a
mieux vu l'ambiguïté de cette vocation. L'artiste doit livrer la
vision la plus singulière, la plus authentique du monde, faute de
quoi il n'est qu'un copiste ou un subalterne. Mais cette vision, il doit
aussi la communiquer aux autres, et c'est le difficile, le contradictoire de sa tâche : là se pose le problème du style, qui est d'inventer le langage du secret. Ce qu'il y avait de fondamental dans le
grand mouvement esthétique parti de Baudelaire, et qu'on peut
désigner par le mot général de symbolisme, Proust l'a plus profondément aperçu qu'aucun autre : il a compris que le grand
artiste est celui qui se met devant l'univers en se demandant, non
pas « comment cela est-il? », mais « qu'est-ce que cela signifie? ».
Il a compris que le grand art a pour domaine le monde des essences : le grand art en général, comme la poésie en particulier, n'est
apparemment fuite devant le réel que pour être invasion dans
l'essentiel.

Peut-être faudrait-il reprocher à Proust, dans sa notion de l'authentique humain, d'avoir fait une place trop étroite aux produits
de l'intelligence, aux idées morales, aux aspirations proprement
spirituelles; peut-être a-t-il joué trop exclusivement sa partie sur
la vie du corps ou sur les ténébreux domaines de l'inconscient.

Mais on ne saurait trop le louer d'avoir inspiré à l'artiste l'ambition de toucher l'absolu, de progresser vers le mystère intérieur et
de se chercher, hors des prises du temps, dans une forme de
l'éternel.

*
**

Mais que valait cette forme de l'éternel? Et faut-il penser que
l'art puisse accorder à l'angoisse de l'homme le baume que, plus
simple ou plus humble, il attend de la religion?

S'il faut en croire les dernières pages du *Temps retrouvé*, Proust
aurait connu, au-delà d'une passagère béatitude dans l'acte victo-
rieux de sa création, le désespoir d'une défaite finale. L'idée de la
mort s'est installée en lui « comme fait un amour ». Trop lucide
pour s'être fait longtemps illusion sur le poids de ces mots : *éternité*,
immortalité, appliqués à une œuvre d'art, à un livre!

> Sans doute, écrit-il maintenant, mes livres, eux aussi, comme
> mon être de chair, finiraient par mourir. Mais il faut se rési-
> gner à mourir. On accepte la pensée que dans dix ans soi-même,
> dans cent ans ses livres, ne seront plus. La durée éternelle n'est
> pas plus promise aux œuvres qu'aux hommes.

Et alors, il lui arrive de se détacher de cette œuvre même sur
laquelle, pourtant, il a voulu jouer toutes ses chances :

> Elle aussi m'était devenue importune. Rien du monde, aucun
> bonheur, qu'il vînt de l'amitié des gens, des progrès de mon
> œuvre, de l'espérance de la gloire, ne parvenait plus à moi que
> comme un si pâle soleil qu'il n'avait plus la vertu de me
> réchauffer, de me faire vivre, de me donner un bonheur quel-
> conque, et encore était-il trop brillant, si blême qu'il fût, pour
> mes yeux, qui préféraient se fermer, et je me retournais du
> côté du mur.

Ces lignes, qui sont parmi les dernières du roman de Proust,
n'ont pas été, cependant, les dernières écrites. L'ultime spectacle
qu'a donné l'écrivain ne fut pas celui d'un homme qui, dans un
suprême mouvement de dégoût, se retourne du côté du mur pour
mourir, mais celui, non moins tragique, d'un grand malade talonné
par l'agonie et qui, jusqu'à son dernier instant de lucidité,
s'acharne à finir son livre, dans lequel, tout en le sachant péris-
sable, il a transféré son suprême espoir d'immortalité.

En vérité, il ne nous a pas convaincu que, pour surmonter l'angoisse du temps, il ait choisi la meilleure voie. Même si, agnostique, il ne pouvait recourir à une idée religieuse de l'éternel, dans l'ordre des sentiments naturels la meilleure voie pour retrouver le temps et pour prolonger l'être individuel, n'est-ce pas de donner la vie, de se dépasser soi-même dans l'enfant? Non pas dans l'image égoïstement caressée de celui qu'on a été, mais dans la réalité vivante de celui qui, né de nous, prolonge, au-delà de notre être éphémère, notre puissance de jouir, d'espérer, d'aimer et de vouloir? Vers la fin du *Temps retrouvé*, quand la petite Saint-Loup, fille de Gilberte Swann et de Robert de Saint-Loup, apparaît la dernière dans le roman, le narrateur constate avec joie qu'en elle se sont conjoints miraculeusement le côté de Swann et le côté de Guermantes; que, sur son jeune visage, se retrouvent les traits des deux familles; et alors il semble que Proust ait secrètement pressenti une victoire sur le temps, plus réelle peut-être que d'écrire des livres...

Mais, après tout, la mission du grand romancier n'est pas tant de fournir des solutions que de poser des questions; ou, pour mieux dire, elle est de donner à l'homme une conscience plus aiguë et plus tragique de son destin. Et qu'alors chacun cherche la voie de sa paix et de son courage selon la vocation de sa nature et l'usage de sa liberté. (*)

ANDRÉ GIDE

...et Dieu

ÉFINIR la pensée d'André Gide, quelle entreprise! Autant
vouloir portraiturer Protée, autant vouloir immobiliser dans
le creux de la main la source qui fuse, intarissable!

« Qui est Gide? » demandait Paul Archambault au début d'un
beau livre [1] consacré à celui que Maurice Sachs appelait « le contemporain capital ». Qui est Gide? « Un esthète uniquement soucieux
et satisfait de beauté formelle, ou un homme vivant en profondeur
sa destinée humaine? Le représentant attardé, encore que le plus
raffiné, d'une civilisation agonisante, ou l'annonciateur d'un monde
en train de naître? » Il ne faut pas moins d'une grande page pour
évoquer les traits contrastés que ce visage dur et mobile présente
depuis tantôt soixante ans à l'étonnement des hommes. Un autre
exégète d'André Gide, M. Jean Hytier [2], fait cette remarque
qu'en général la pensée d'un écrivain se compose d'une somme
d'affirmations; mais, dit-il, « celle de Gide paraît résider plutôt
dans une série de questions. C'est, d'ailleurs, pourquoi il nous
inquiète. Au fond, il nous propose moins un monde nouveau que
la nécessité de refaire le nôtre, il nous offre moins une vision de
l'univers que la persuasion de détruire l'ancien ». Et Gide l'avoue
lui-même : il voudrait que chacun de ses livres fût « un carrefour,
un rendez-vous de problèmes ». Quoi de moins doctrinaire qu'une
telle position? Sur le ton d'une œuvre dont chaque partie semble

---

1. *Humanité d'André Gide*, Bloud et Gay, 1946.
2. *André Gide*, Charlot, 1945.

construite comme un traité de morale, vous croyez vous trouver
en présence d'un maître qui enseigne; mais d'abord vous vous
apercevez que chaque ouvrage semble écrit pour la contradiction
du précédent. Au mysticisme religieux des *Cahiers d'André Walter* répond l'explosion de joie naturaliste des *Nourritures terrestres*.
Mais à peine *Les Nourritures terrestres* ont-elles retenti comme un
chant de révolte que *Saül* y oppose la plainte — et les termes sont
de Gide lui-même — « de cette ruine de l'âme, de cette déchéance
de la personnalité qu'entraîne la non-résistance aux blandices ». A
Saül répond *L'Immoraliste*, qui exalte de nouveau le bonheur d'un
moi expansivement livré à l'instinct; et à *L'Immoraliste* succède
La Porte étroite, où l'héroïsme apparaît de nouveau situé dans le
renoncement. Et cela continue. Après *Numquid et tu?* que soulève
un mystique appel vers le Dieu chrétien, *Si le grain ne meurt* lui
donne assez brutalement son congé — comme les professions de foi
pro-communistes, à partir des *Nouvelles Nourritures*, seront brus-
quement réfutées par le *Retour du Voyage en U.R.S.S.*

Croyez-vous avoir saisi une direction constante de cette pensée
mobile, vous semble-t-il que ce soit l'individualisme, l'exigence
d'une liberté sans garde-fou? Mais voici que Gide prend soin de
vous répondre dans son *Journal* par des phrases que Charles
Maurras pourrait avoir signées : « Je crois de plus en plus que
l'idée de liberté est un leurre, que l'homme ne ferait rien qui vaille
sans contrainte et que bien rares sont ceux capables de trouver
cette liberté en eux-mêmes. » Et encore cette autre phrase, si para-
doxalement gidienne : « Je vous assure que le sentiment de la
liberté peut plonger l'âme dans une sorte de détresse. » Sur la foi
des *Nourritures* et de *Corydon*, vous croyez que la leçon de Gide,
c'est la recherche du plaisir du corps, des joies sensuelles? Mais la
préface des *Lettres de Dupouëy* louange, au contraire, la sainteté de
l'âme; et celle, plus sensationnelle, que Gide donne à *Vol de Nuit*
vante la discipline ascétique des héros saint-exupéryens.

Au reste, quel sens Nathanaël peut-il donner à un livre que l'auteur, à la dernière ligne, lui conseille de jeter et d'oublier? Comment le lecteur doit-il interpréter une œuvre où l'ironie tient une si
grande place et qui insinue si souvent le contraire de ce qu'elle a
l'air d'affirmer? Car, après tout, que signifient des récits comme
La Porte étroite ou *La Symphonie pastorale*? On peut bien les prendre, surtout le premier, comme des variations d'un catéchisme calviniste ou janséniste, mais est-ce que la vraie signification n'en

est pas ironique? Est-ce que ces livres ne proposent pas un *non* caché dans l'ombre d'un *oui*, en soulignant d'une manière indirecte et subtile ce que Gide considère comme l'absurdité fondamentale de la position chrétienne — l'inhumaine exigence du renoncement?

Enfin, l'auteur n'a-t-il pas pris soin de brouiller lui-même et définitivement les pistes quand il a écrit : « Le point de vue esthétique est le seul où il faille se placer pour parler de mon œuvre sainement »? Comme si ce moraliste, après nous avoir balancés entre toutes les positions à propos de tous les problèmes, nous avouait, en guise de conclusion, que le sens de sa pensée n'importe pas; que, ce qui importe, ce sont des réussites de style, et qu'il doit être jugé dans la perspective de l'art et non de la morale.

Et pourtant, nous serions bien légers si nous nous laissions étourdir par ces dissonances et abuser par ces contradictions. Tentons au moins de serrer l'œuvre de plus près, et voyons si nous n'y trouvons pas certaines lignes de continuité secrète, certaines arêtes dures. Comprenons-le d'abord : ce besoin de se contredire, de balancer entre des antithèses, constitue déjà un parti pris, une hygiène intellectuelle et morale. Il s'agit — et Gide l'a fort bien expliqué lui-même — d'entretenir par cette perplexité, par cet état de dialogue « une intensification pathétique du sentiment de l'existence ». Il s'agit d'échapper, par conséquent, à ce risque de dessèchement que tout formalisme moral ou religieux suspend sur l'âme que l'esprit ne visite plus. « Pour nombre d'âmes — écrit-il — et que je crois des mieux trempées, le bonheur n'est point dans le confort et dans la quiétude, mais dans l'ardeur. »

Voilà ce qui peut être une première constante de cette pensée : cette recherche de l'ardeur ou, comme dit encore Gide, par un mot qu'il affectionne, de la « ferveur »; recherche qu'il poursuit à travers toutes les positions morales apparemment antinomiques et par l'épreuve loyale de l'une après l'autre. Car l'exigence de la ferveur va de pair avec celle de la sincérité, de la loyauté absolue envers soi-même, de l' « authenticité » — encore un mot habituel à son vocabulaire. « Retrouver sa nature dans les fentes de sa culture » : encore une formule gidienne des plus heureuses et des plus expressives. Or, ces valeurs qu'il cultive pour lui-même, ferveur

André Gide

et sincérité, sont aussi celles qu'il propose aux autres. Non, certes, qu'il leur apporte un système, une doctrine positive, mais il les veut persuader de choisir librement l'idée qui favorisera au mieux l'épanouissement de leur nature, qui leur sera, au sens le plus plein du mot, salutaire, c'est-à-dire qui leur permettra de sauver leur originalité. Pour l'un, cette idée sera l'hédonisme esthétique de Ménalque; pour l'autre, l'ascétisme religieux d'Alissa; Dupouëy sera loué de se réaliser dans la fidélité au Christ et Saint-Exupéry dans un humanisme héroïque. Peu importent les formes et les voies; l'essentiel, pour ce maître de liberté, est de vivre, d'entretenir au plus haut de soi cette triple flamme d'intelligence, de volonté et d'amour qui lui apparaît comme l'expression intense et totale de l'être. Bien mieux, si telle nature n'est pas faite pour la joie des sommets et pour la bienheureuse agitation des destins exceptionnels, Gide admet fort bien qu'elle cherche à préserver, dans l'ordre établi et par l'acceptation des règles communes, sa volonté d'être fidèle à elle-même et son souci de bonheur authentique. Rappelons-nous, dans *Le Retour de l'Enfant prodigue*, ce dialogue tellement significatif : « Je sais — dit le père — ce qui te poussait sur les routes; je t'attendais au bout; tu m'aurais appelé, j'étais là. » — « Mon père, j'aurais donc pu vous retrouver sans revenir! » — « Si tu t'es senti faible, tu as bien fait de revenir. » Si tu t'es senti faible : il y a des êtres à qui il manque la force, et, pour ceux-là, Gide recommande la morale de la maison et de la cité comme la plus propre à les soutenir.

Ce qu'il y a de constant et de fondamental dans la diversité de ces préceptes, c'est évidemment la volonté d'atteindre l'authentique, de respecter le jaillissement spontané de la vie. Telle est la ligne de continuité dans l'apparente incohésion de ce discours, et nous croyons qu'elle implique déjà une option métaphysique. « La métaphysique de Gide est faite d'une série de questions », nous disait M. Jean Hytier. Ce n'est que partiellement vrai. Elle affirme au moins un absolu : c'est le vivant.

« Il n'y a pas d'autre sagesse que la vie », écrit Gide en propres termes. Mais qu'est-ce que la vie? C'est ici qu'il faut se garder de simplifier une pensée souple et riche, habile à envelopper dans ses sinuosités les valeurs les plus diverses. La plénitude d'être que recherche cet affamé ne saurait être la seule satisfaction des instincts, le simple épanouissement de l'animalité dans l'homme. Ce qu'il appelle la vie, c'est une exaltation puissante et simultanée de

toutes les parties de l'âme. Lorsqu'il exalte le plaisir des sens, par
exemple, il dépasse visiblement les limites de l'épicurisme, il ne s'en-
ferme ni dans le dilettantisme léger de l'intellectuel sceptique, ni
dans le cynisme du matérialiste systématique; il est sur un tout
autre plan qu'Anatole France et Stendhal. « Non point la sympathie, Nathanaël, l'amour... Une existence pathétique plutôt que la
tranquillité. » Cette vie que Gide veut atteindre, et vers laquelle il
veut pousser son lecteur, c'est une « existence pathétique », souvent
même dangereuse, et où il semble que le plaisir des sens soit moins
une fin qu'un moyen au service d'une ferveur qui doit se répandre
en rosée de joie sur les régions les plus secrètes et les plus nobles de
la conscience. Ainsi s'élève, par exemple, le cantique des *Nouvelles
Nourritures* :

> Une éparse joie baigne la terre, et que la terre exsude à
> l'appel du soleil... Chaque animal n'est qu'un paquet de joie...
> Tout aime d'être et tout être se réjouit. C'est de la joie que tu
> appelles fruit quand elle se fait succulence; et, quand elle se fait
> chant, oiseau... Que l'homme est né pour le bonheur, certes,
> toute la nature l'enseigne. C'est l'effort vers la volupté qui fait
> germer la plante, emplit de miel la ruche, et le cœur humain
> de bonté.

Que cette confiance dans la bonté de la vie, que cette spirituali-
sation de l'instinctif impliquent, au jugement du philosophe, une
certaine naïveté, ou présente, à celui du moraliste, des périls mor-
tels, c'est une autre question. Ne constatons ici qu'une chose : c'est
que l'attitude est métaphysique en tant qu'elle se ramène à suspendre le comportement de l'homme à un absolu, en tant qu'elle le
pousse à cultiver, parmi les contingences temporelles où il est jeté,
le désir et le sentiment d'une transcendance. L'homme gidien est
voué à rejoindre dans l'instant une forme ou un succédané de l'éternel. Cet éternel, cette transcendance, cet absolu, il suffira de l'appeler Dieu pour passer de la métaphysique à une sorte de théologie
— et nous savons avec quelle allégresse Gide franchit ce pas.

En effet, il est peu d'œuvres profanes où revienne aussi souvent
le nom de Dieu. L'appel de Dieu est partout dans *Les Cahiers d'André Walter*. Dans *Le Voyage d'Urien*, nous lisons : « Rien ne finit
qu'en Dieu, mes frères. » Dans *La Tentative amoureuse* : « Notre
but unique, c'est Dieu. » Dans *Paludes* : « Seigneur! Seigneur!
Nous sommes terriblement enfermés! » Dans *Les Nourritures* :
« Ne souhaite pas trouver Dieu ailleurs que partout. » « Dieu,

disait Ménalque, c'est ce qui est devant nous. Toutes formes de Dieu sont chérissables et tout est forme de Dieu. » Et faut-il rappeler la situation centrale du problème religieux dans *L'Immoraliste*, dans *La Porte étroite*, dans *La Symphonie pastorale*, et même dans *Les Faux Monnayeurs*? Quant au *Journal*, qui est incontestablement une œuvre de sincérité, il laisse aussi partout retentir le nom de Dieu. Ainsi, le 10 novembre 1912, Gide fait allusion à une nuit de débauche avec un certain L. C..., et il prétend y avoir connu la félicité parfaite; mais, à la date du lendemain, il écrit : « De jour en jour je diffère et reporte un peu plus loin ma prière : vienne le temps où mon âme, enfin délivrée, ne s'occupera plus que de Dieu. » Balancement significatif; plus ou moins accentué, on le sent partout dans le *Journal*, à peu près partout dans l'œuvre, et, au moins jusqu'en 1920, il a commandé le rythme de la vie morale de Gide.

Or, remarquons-le bien, le Dieu dont il est question dans ces textes, ce n'est point toujours le Dieu des philosophes et des poètes, le Dieu abstrait et impersonnel; c'est souvent le Dieu de la Bible; c'est même parfois le Christ, et il n'est pas rare que la présence des notions évangéliques s'affirme dans le texte ou se laisse deviner dans le contexte; d'où l'importance du vocabulaire théologique : *grâce, péché, salut, foi, œuvres* sont termes familiers à la plume de Gide. « Agir sans juger si l'action est bonne ou mauvaise. Aimer sans s'inquiéter si c'est le bien ou le mal. » — « Nathanaël, je ne crois plus au péché. » Cela se lit dans *Les Nourritures terrestres*, et en donne d'ailleurs le sens profond. Mais, quelque vingt ans après, dans le *Journal* : « Le péché, c'est ce qu'on ne fait pas librement. Délivrez-moi de cette captivité, Seigneur! » En 1933, Gide se convertit provisoirement au communisme; deux ans après, il écrit : « J'ai dû vite comprendre que tout ce que je cherchais naguère dans le communisme (en vain, car où j'espérais trouver l'amour, je n'ai trouvé que la théorie), c'était ce que le Christ nous enseigne. »

Et certes, il est fréquent que Gide blasphème, qu'il secoue durement ces formules de catéchisme venues de son éducation chrétienne, imposées par la lecture constante et attentive de la Bible. Il arrive qu'il veuille arracher cette tunique de Nessus qui le brûle. On ne peut même contester que, dans ses années de vieillesse, il n'ait réussi à se défendre de l'inquiétude religieuse et de l'envoûtement chrétien; mais il n'ôtera jamais tout à fait de sa pensée un accent religieux, qui est même parfois un accent chrétien. D'ailleurs, il l'a déclaré lui-même dans une formule lapidaire : « Je suis un incroyant. Je ne serai jamais un impie. »

Et, au fond, ce qu'il figure dans le monde des esprits, c'est beaucoup moins un athée, alors même qu'il tend à vider la notion de Dieu de tout contenu positif, qu'un hérésiarque, un chrétien qui cherche, au croisement de l'individualisme protestant, du rationalisme mondain du XVIIIe siècle, de l'héroïsme de Nietzsche et de l'évangélisme sentimental de Dostoïevski, un nouveau sens au message évangélique.

Il faut rappeler ici des choses bien connues : l'enfance pieuse d'André Gide en milieu protestant, teinté de puritanisme, auprès d'une mère d'une dévotion exigeante et scrupuleuse, et non loin d'une cousine à l'âme profondément chrétienne, cette Emmanuèle qui deviendra la compagne de sa vie, son ange et un peu son bourreau. Puis, vers la vingtième année, c'est l'explosion de sensualité, et bientôt l'apparition d'un vice qui rendra plus pathétique le conflit de la chair et de l'esprit, plus âpre la revendication de l'instinct contre la loi; d'où le bond aux antipodes de la morale puritaine.

En 1893, Gide, âgé de vingt-quatre ans, écrit ces lignes décisives : « Tous mes efforts ont été portés, cette année, sur cette tâche difficile : me débarrasser de tout ce qu'une religion transmise avait mis autour de moi d'inutile, de trop étroit et qui limitait trop ma nature, sans rien répudier pourtant de tout ce qui pouvait m'éduquer et me fortifier encore. » Et cette autre phrase, non moins claire : « Et maintenant, ma prière — car c'est une prière encore : Oh! mon Dieu, qu'éclate cette morale trop étroite et que je vive, ah! pleinement, et donnez-moi la force de la faire, ah! sans croire toujours que je m'en vais pécher! » Ce qui deviendra, traduit à la même date, en style plus littéraire, dans *La Tentative amoureuse* :

Triste éducation que nous eûmes, qui nous fit pressentir, sanglotante et navrée, ou bien morose et solitaire, la volupté pourtant glorieuse et sereine! Nous ne demanderons plus à Dieu de nous élever au bonheur. Notre but unique c'est Dieu, nous ne le perdrons pas de vue, car on Le voit à travers chaque chose. Dès maintenant, nous marcherons vers Lui, dans une allée grâce à nous seuls splendide, avec les œuvres d'art à droite, les paysages à gauche, la route à suivre devant nous. Et faisons-nous maintenant des âmes belles et joyeuses.

On voit bien le projet : il s'agissait de rejeter les contraintes de la morale chrétienne, mais sans renoncer au sentiment de la possession de Dieu, sans exclure les ferveurs de la prière et sans se fermer à l'appel du divin. *Les Nourritures terrestres* devaient être l'évangile de cette religion d'amour sans limitation morale et d'expansion infinie du moi. « Ne souhaite pas, Nathanaël, trouver Dieu ailleurs que partout... Mes émotions se sont ouvertes comme une religion. Peux-tu comprendre cela : toute sensation est d'une présence infinie. » Ainsi, pour le jeune Gide de 1898, la vie est divine, il n'y a plus opposition entre l'amour de Dieu et l'amour de la terre, et l'ivresse des *Nourritures terrestres* est une forme de l'amour de Dieu : « Eh quoi! Nathanaël, tu possèdes Dieu et tu ne t'en étais pas aperçu! »

Or, cette religion a un nom : c'est le panthéisme; on peut même préciser : le panthéisme naturaliste, qui situe le divin partout où éclate le vivant — l'instinct, l'élan, la puissance de désir qui meut le monde, l'éternel Eros. Et assurément, ce n'était point une nouveauté. La divinisation de la nature par le Romantisme, de Hugo à Zola, fournissait de la même idée une approximation plus grossière; et le sensualisme lyrique de Zarathustra lui avait déjà donné sa forme parfaite. Reste à savoir si, en nommant Dieu confusément toute impulsion profonde du moi, on ne ramène pas la théologie à un jeu de mots sacrilège, et la mystique à une mystification. C'est, je le crois, très sincèrement que Gide, en sa jeunesse, s'est donné le change; mais sa maturité, plus clairvoyante, ne s'y est plus trompée. En 1931, il écrivait dans son *Journal*, à propos de ses amis catholiques : « Nous n'adorons pas le même Dieu, et celui-là seul auquel je puisse croire, épars dans la nature, je leur accorde qu'il ne mérite plus le nom de Dieu. » Ce Dieu, « le seul auquel je puisse croire, épars dans la nature » : il est visible que nous sommes en présence d'une philosophie, ou plutôt d'une mystique panthéiste.

Certes, on comprend bien comment Gide, être religieux de tempérament et d'éducation, a été entraîné à cette conception de Dieu. Il ne faut pas oublier que sa réaction, à l'origine, est non tant contre le christianisme considéré dans son essence, que contre cette déviation du christianisme qu'est l'esprit puritain. Or l'esprit puritain (qui, soit dit en passant, n'est pas seulement protestant, mais peut se produire aussi bien en milieu catholique) se caractérise par deux dimensions : d'une part, il est formalisme, c'est-à-dire réduction de la religion à un ensemble de rites et de règles, et, d'autre part, il est moralisme et, alors, il relève de cette forme d'hypocrisie qui voit dans le scandale un mal plus grand que le péché, et qui incite l'individu à faire de la conformité aux prescriptions de la conscience sociale la règle et la mesure d'une vertu dépersonnalisée.

En se détournant du Dieu personnel et transcendant, qui commande et qui juge, pour adorer un Dieu immanent à la nature et coextensif au moi, Gide trouvait l'avantage de renverser la religion formaliste et moralisante pour rejoindre un culte d'amour et de don enthousiaste à la vie. C'est le grand cri des *Nourritures* : « A travers indistinctement toutes choses, j'ai éperdument adoré. » Mais, en même temps, il y trouvait un autre avantage, plus personnel : rien ne le gênait plus pour pratiquer une sincérité totale envers soi, une acceptation sans lutte de sa propre nature, avec toutes ses singularités, avec son vice même (car s'il est faux de vouloir expliquer tout le drame de Gide par le besoin de justifier moralement ses tendances homosexuelles, comme incline à le penser René Schwob, il est exact que la mauvaise conscience qu'il en avait lui pesait et l'inclinait aux solutions métaphysiques qui le débarrassaient au mieux du remords). Non, certes, qu'il ne sente l'aigu du problème : « Je m'agite dans ce dilemme — écrivait-il déjà le 11 janvier 1892 — être moral, être sincère. La morale consiste à supplanter l'être naturel; le vieil homme, c'est l'homme sincère. » Donc, il faut ou bien sacrifier la nature en subjuguant l'individu pour le conformer à un certain type de moralité, ou bien, au contraire, sacrifier la morale en rendant à l'individu sa pleine originalité; et c'est sans doute vers ce second terme de l'alternative que pencha Gide : « Le moi est haïssable, dites-vous; pas le mien. Je l'aurais aimé chez un autre : serait-ce parce que c'est le mien que je devrais faire le difficile? Sur quel moi pire n'aurais-je pu tomber! D'abord, je vis, et cela est magnifique! » Et voilà bien, n'est-ce pas, l'acceptation de soi, l'indulgence systématique au vieil homme, identifié à l'homme sincère; et la morale s'effondre devant la nature exaltée.

Mais alors, n'est-il pas évident que, dans sa réaction contre l'esprit puritain, c'est le christianisme même qu'a renversé Gide?

Comment concilier, avec cette sorte d'individualisme extasié et de naturalisme intégral, la leçon d'une religion qui enseigne le péché originel, la nécessité de la grâce, l'appel de la surnature? Conciliation sans doute impossible. Et pourtant, d'un bout à l'autre presque de son œuvre, Gide aimera s'affirmer chrétien. « Le catholicisme est inadmissible, le protestantisme est intolérable, et je me sens profondément chrétien. » Chose plus caractéristique, il a vécu volontiers dans la familiarité d'illustres chrétiens : Claudel, Mauriac, Charles Dubos, Dupouëy, pour ne citer que ceux-là. L'amitié avec Claudel, comme avec Charles Dubos, ne devait pas tarder à mal tourner; mais d'autres devaient résister, mêlées d'admiration et parfois d'une reconnaissance de dette.

Eh bien, comment cela est-il explicable? Comment peut-on imaginer que se concilient, dans une conscience aussi clairvoyante, cette philosophie qui, lorsque nous finissons par en apercevoir les aspects positifs, paraît aller à contrepente du christianisme, et cette espèce de climatisation chrétienne d'un immoralisme systématique et avoué? Tâchons d'aller un peu plus loin dans ce problème, sans d'ailleurs espérer le résoudre, car c'est moins le problème d'une âme que son mystère.

Partons de cette constatation : Gide, hérésiarque et non impie, prétend fournir une interprétation nouvelle de l'Evangile. Il est en réaction contre la morale puritaine, laquelle a pour formule habituelle : « Il ne faut pas. » Défense de faire ceci, défense de faire cela : la morale puritaine, c'est un système de barrières opposées au libre développement de l'être; c'est une somme de prohibitions. Or Gide veut tirer de l'Evangile une morale essentiellement positive, qui dira : « Il faut », et il remarque qu'en fait l'Evangile contient beaucoup plus de commandement que d'interdictions : aimer Dieu, aimer le prochain, chercher la justice, etc. En un mot, il voudrait substituer partout, dans l'interprétation de la morale évangélique, l'esprit, c'est-à-dire un mouvement, un élan qui porte une âme à s'épanouir comme une fleur ou comme un corps, à la lettre, à la formule d'un code négatif et défensif.

Et sans doute il faudra conclure, tout à l'heure, que la position de Gide tendait à exclure et à ignorer certains aspects essentiels du christianisme. Mais il convient de dire d'abord qu'à l'origine, cette intention qui le poussait à chercher l'esprit du Christ et à considérer la morale chrétienne comme un ensemble de préceptes inspirateurs plutôt que de règles inhibitrices, était parfaitement justifiable. Il tendait à substituer à la notion d'une religion statique celle d'un dynamisme spirituel; d'une manière plus générale, il réhabilitait le mysticisme contre le moralisme, il rappelait à l'homme en général, et au chrétien en particulier, que sa vocation est moins d'immobile prudence que d'héroïsme conquérant. Et quand nous apercevons cet aspect de vérité de sa confession, nous ne nous étonnons plus de l'influence qu'il a exercée sur les esprits les plus vivants et les plus forts, en dehors du christianisme et dans le christianisme même.

Donc Gide n'avait pas tort de considérer que l'on fausse l'Evangile quand on fait prédominer l'esprit de contrainte et d'ascétisme sur l'esprit d'ouverture et d'amour. Néanmoins, il n'est pas contestable que la pratique des vertus évangéliques et l'amour même de Dieu impliquent un renoncement nécessaire, une discipline de la nature, une immolation de l'amour-propre, un dépouillement de soi. Un point aussi important lui avait-il échappé? Non, il l'avait compris; ou, du moins, il a eu l'air de le comprendre. Les notions de dépouillement, de renoncement, d'accomplissement de l'être dans la pauvreté et le sacrifice viennent fréquemment dans sa pensée. Point notable, ce sont elles qui commandent son esthétique, sa préférence de classique pour la sobriété, son culte de la litote, et l'on a pu dire que sa poésie est une métaphysique du désir qui tente de se transcender dans une métaphysique du dénuement. Mais il y a davantage : ces idées de renoncement, de dépouillement, de pauvreté, il semble parfois qu'elles commandent sa morale même. Un de ses livres — qui n'est ni le moins cynique, ni le moins émouvant — *Si le Grain ne meurt*, annonce, par son titre même, que l'idée chrétienne d'une plénitude de vie achetée par la mort à soi-même est au foyer de son esprit. Un peu plus tard, dans *Les Nouvelles Nourritures*, il écrit :

Je ne trouve pas précisément de défenses et de prohibitions dans la lettre de l'Evangile, mais il s'agit de contempler Dieu du regard le plus clair possible, et j'éprouve que chaque objet de cette terre que je convoite se fait opaque, par cela même que je le convoite et que, dans cet instant que je le convoite, le monde entier perd sa transparence, ou que mon regard perd sa clarté, de sorte que Dieu cesse d'être sensible à mon âme et que, abandonnant le Créateur pour la créature, mon âme cesse de vivre dans l'éternité et perd possession du royaume de Dieu.

Ne doit-on point accorder que ce texte pourrait être signé par n'importe quel mystique authentiquement chrétien? C'est le mouvement même de l'élévation de l'âme vers Dieu : se détacher des choses matérielles pour atteindre la vie spirituelle — « Heureux les pauvres en esprit! » On dirait ici que Gide suspend sa pensée morale à l'idée proprement chrétienne de dépouillement, de pauvreté, d'étouffement de l'égoïsme et qu'il tend vers la pure ascèse de l'âme.

Oui, mais regardons-y de plus près. Retraçant un jour son itinéraire spirituel, Gide a écrit les deux pages qui, à mon opinion, éclairent le mieux son œuvre; on les trouve facilement dans le petit recueil des *Morceaux choisis* (pages 435 et 436) [1]. Après avoir rappelé tout ce qu'il a souffert de son éducation protestante, de la lourde contrainte que les idées morales de sa famille ont fait peser sur sa liberté et sur son bonheur, il raconte comment ce fut une lecture sincère et clairvoyante de l'Evangile qui le rendit à lui-même; il rencontra, en effet, une maxime du Christ qui le transporta d'allégresse. Quelle était-elle? « Vends ton bien et donne-le aux pauvres. » C'est la loi même du renoncement chrétien. Mais cette loi, comment Gide l'interprète-t-il? Qu'est-ce que ce bien dont il faut nous dépouiller pour accéder à la perfection, à la joie? Doit-on croire que ce sont nos richesses terrestres, ou encore nos facultés de jouissances intellectuelles et sensuelles, toutes les entraves dorées et fleuries qui retiennent le jeune homme riche quand le Christ l'appelle? Point du tout. Pour Gide, notre bien — et il l'explique dans les termes les plus clairs — c'est tout ce que nous avons trouvé dans notre héritage, qui nous vient des autres et qui nous surcharge. Ce sont ces règles, ces scrupules, ces préjugés, ces traditions dont la famille, la société et la religion nous enchaînent. Ces biens dangereux et haïssables que, selon la leçon du Christ, il faut rejeter, Gide, allant plus loin, pense que ce sont encore nos propres pensées si nous nous laissons posséder par elles, notre raison si elle nous embarrasse, notre personnalité même si le souci d'être toujours constants avec nous-mêmes étouffe notre sincérité, raidit notre vie intérieure. En somme, ce qu'il appelle le dépouillement évangélique, l'interprétation en esprit et en vérité du « Vends ton bien et suis-moi », c'est par un jeu de mots qui, tout de même, n'est pas tout à fait honnête, l'émancipation orgueilleuse d'un individu qui rejette règles et lisières, pudeur et raison, pour réaliser en soi — et combien l'expression gidienne est

1. N.R.F., 1923.

parlante! — « une naïve incohésion d'appétits et de désirs ». Renoncer à nous, c'est renoncer à nous construire selon une volonté morale; nous dépouiller, c'est rejeter nos chaînes; choisir la pauvreté, c'est vivre dans la nudité d'une nature qui simplement s'accepte. Etait-il exagéré d'appeler Gide un hérésiarque, et ne voyons-nous pas ici comment sa subtilité excelle à tirer du texte de l'Evangile une interprétation exactement contraire à celle qui en est traditionnellement donnée?

Mais alors, dans une telle perspective, que devient la perfection chrétienne? Elle est, nous explique Gide, dans la réduction de l'âme à n'être plus que « volonté aimante », sans que l'esprit ait à se prononcer sur le choix de l'amour. L'amour ne saurait se tromper; tout ce qui nous attire répond à un besoin de notre être et est, en un sens, un appel divin, puisque Dieu est en tout objet et en tout être. C'est de nouveau bien évident : toute la pensée religieuse de Gide ne tient qu'en fonction d'une théologie de l'immanence; si la nature est Dieu, si le moi est Dieu, on conçoit que le véritable renoncement, le dépouillement du vieil homme soit dans l'acte de rejeter tout ce qui pèse à la nature — religion établie ou morale sociale — afin d'épuiser sans arrière-pensée les joies de la terre et les virtualités délivrées de l'individu. Seulement, il est visible aussi qu'en suivant cette voie, on tourne le dos au christianisme et, je le crois aussi, à l'humanisme; car je souscris volontiers à l'objection décisive que Thierry Maulnier, non d'un point de vue chrétien et théologique, mais moral et historique, a faite un jour à Gide : « Depuis *Les Nourritures terrestres*, tout, chez Gide, tend à la réhabilitation des instincts. Ce n'est pas une tendance humaniste. »

A ce point de notre analyse, et en faisant abstraction, je le reconnais, de bien des aspects de cette pensée, nous sommes arrivés à des conclusions assez claires : Gide nous apparaît comme un théologien de l'immanence pure, qui tire logiquement du principe de la non-personnalité de Dieu une morale de l'expansivité libre de la nature; plus simplement, nous le voyons comme un homme d'une nature singulièrement désireuse, mais religieuse encore, et qui construit à son usage propre une idée de Dieu telle qu'elle justifie ses passions.

En d'autres termes, s'il existe trois espèces d'esprits : les areli-

gieux, du type de Stendhal ou Valéry, pour qui la question de Dieu
ne se pose même pas; les irreligieux, du type d'Anatole France,
qui sont obsédés par le besoin de nier Dieu et de combattre la religion, et enfin les religieux, qui ne peuvent se passer d'une idée de
Dieu pour construire leur pensée et leur vie. Gide se rattache
assurément à cette troisième espèce. Mais il faut bien voir que
celle-ci comporte deux grandes familles au moins : il y a ceux
que l'on peut appeler les théistes, du type de Bossuet et de Claudel,
qui sentent et affirment la présence d'un Dieu transcendant et personnel, et les panthéistes, qui s'enivrent à se jeter dans la vie infuse
du grand Tout. C'est, à vrai dire, la plus courante hérésie de la
littérature contemporaine, car nombre de grands écrivains de ce
siècle, de Barrès à Montherlant, de Maeterlinck à Colette et de
Giono à Camus, en paraissent de quelque façon touchés. André
Gide est probablement de ceux-là le plus lucide et — si l'on peut
oser un mot par rapport à lui paradoxal — le plus intelligemment
dogmatique.

Mais, avec un esprit de cette forme, gardons-nous de nous satisfaire d'une formule et de nous fixer sur une image. Celle que nous
venons de dégager — l'image d'un Gide qui trouve dans l'adora-
tion de la vie une manière d'échapper au Dieu des chrétiens et, en
même temps, de le remplacer — est vraie, je la crois même la plus
proche de sa personnalité essentielle. Mais elle est brouillée souvent
et parfois recouverte par d'autres images, qui sont vraies aussi.

Une correction, au moins, doit être apportée : le Dieu personnel
et transcendant, le Dieu chrétien, et plus précisément la personne
du Christ, Gide, quand il parle un langage religieux, n'a jamais
réussi tout à fait à les exclure. Les traces persistantes de son éducation chrétienne, et surtout l'influence constante, douloureusement
combattue mais tendrement acceptée d'Emmanuèle, l'ont profondément marqué, et l'astre adoré de Phoibos ne laisse pas de repor-
ter sur l'œuvre l'ombre de la Croix. Voici, par exemple, ce qu'on
lit dans le *Journal*, à la date du 16 juin 1931 : « Sans cette formation chrétienne, sans ces liens, sans Em..., qui orientait mes pieuses
dispositions, je n'eusse écrit ni *André Walter*, ni *L'Immoraliste*, ni
La Porte étroite, ni *La Symphonie*, etc., ni même peut-être *Les
Caves* et *Les Faux Monnayeurs*, par regimbement et protestation...
Mais ce que j'eusse écrit d'autre, à la place, c'est ce qu'il m'est parfaitement impossible d'imaginer. » Ainsi Gide a reconnu et il
avoue que, sinon l'inspiration chrétienne, du moins le conflit d'une

certaine forme de pensée authentiquement chrétienne avec une philosophie qu'il fut **amené** à construire par l'exigence de sa nature, a été la force qui donna le mouvement à son œuvre. J'entends bien que des récits comme *La Porte étroite* ou *La Symphonie pastorale* ont une intention ironique et critique, mais auraient-ils aussi cet accent et cette intensité si, pour peindre les crises de la conscience chrétienne, Gide n'y avait sympathisé par quelque expérience intérieure?

C'est donc une permanence du christianisme qui a mis le drame au cœur de Gide, et un drame d'où sa poésie est née. Et voici que, pour le suggérer tel qu'il fut, non point tragique et sombre, mais lucidement et librement joué, Gide rencontre une formule charmante, qui dit beaucoup : « Je ne suis — a-t-il écrit — qu'un petit garçon qui s'amuse, doublé d'un pasteur protestant qui l'ennuie. » Un petit garçon, un être d'instinct qui s'épanouit dans la lumière matinale et qui court dans les herbes folles, mais qui devra tout à l'heure réciter sa leçon, et tient sous le bras un catéchisme qu'il n'ose pas encore déchirer.

Il finira pourtant par le mettre en pièces. Ici, un aspect de la question dont nous avons fait abstraction doit être découvert : l'aspect du temps. Nous avons dû d'abord raisonner comme si la pensée de Gide, et spécialement sa pensée religieuse, mobile et dramatique dans son essence, avait du moins subi constamment les mêmes tensions, entretenu le même dialogue. Mais il n'en fut pas ainsi; le mouvement ne fut pas seulement intérieur, l'esprit a changé de position, a évolué dans un certain sens. On ne saurait donc atteindre valablement la pensée de Gide sans distinguer les moments.

Après une jeunesse de ferveur, dont *Les Cahiers d'André Walter* rendaient les échos à peine amortis, s'est placée, de *La Tentative amoureuse* à *Numquid et tu?* — c'est-à-dire de 1892 à 1915 environ — la période la plus spécifiquement gidienne, celle dont *Les Nourritures terrestres* ont donné la clé et qui s'est bien caractérisée par ce balancement, ces contradictions, ces perplexités, ces luttes que nous avons aperçues. On sait par le *Journal* et par nombre de témoignages que, vers le début de la première guerre mondiale, Gide a semblé sur le point de se convertir, sinon au catholicisme, du moins à la confession intégrale de son christianisme. *Numquid et tu?* retrace les phases de cette tentation de Dieu, qui lui inspirait des lignes comme celles-ci :

> J'ai réalisé la profonde vérité de la parole : « Qui veut gagner sa vie la perdra. » Certainement, c'est dans la parfaite abnégation que l'individualisme triomphe, et le renoncement à soi est le sommet de l'affirmation. C'est par la préférence de soi, tout au contraire, que le Malin nous embauche et nous asservit. Qui oserait ici parler de libération? De quelle loi? Comme si le vice n'était pas plus impérieux que tous les devoirs!

Ce Gide édifiant et appelé par le Christ, notons en passant que c'est par la voie du cœur plutôt que par celle de la raison qu'il avance. On lit, par exemple, dans son *Journal*, à la date du 29 janvier 1916 :

> Lu hier soir les admirables pages de Bossuet sur l'Oraison, extraites de je ne sais où (...). Mais lorsque, ensuite, j'aborde les deux premières élévations, je m'empêtre dans une suite de pseudo-raisonnements qui, loin de me persuader, m'indisposent et m'écœurent à neuf (...). Je puis croire en Dieu, croire à Dieu, et tout mon cœur m'y porte. Je puis soumettre à mon cœur mon cerveau. Mais, par pitié, ne cherchez pas de preuves, de raisons. Là commence l'imparfait de Dieu, et je me sentais parfait dans l'amour!

(Position connue : les théologiens l'appellent fidéisme. On veut bien d'une foi qui soit pur appel du cœur, et qui mette la raison et l'intelligence hors de jeu : le contraire de la foi rationnelle et dogmatique de Bossuet, ou de Claudel. La répugnance à Bossuet a, chez Gide, le même sens que la répugnance à Claudel.) Puis, quelques jours après, à la date du 9 février : « J'ai repris la lecture de Pascal, d'un beaucoup plus grand profit pour moi que de Bossuet. » On comprend bien pourquoi Pascal le touche davantage : par sa méditation dramatique et « Dieu sensible au cœur ». Et, avec Pascal, Dostoïevski, dont le christianisme rapproché de la nature et débarrassé de théologie dogmatique n'a cessé de le séduire et a déposé dans sa pensée des sédiments fertiles.

Mais enfin, peu importe l'itinéraire choisi : le fait est qu'autour de 1916, les intimes de Gide ont pu croire à sa conversion. Ce qui n'est pas moins certain, c'est qu'après cette crise et environ l'année 1918, il s'est produit une autre crise de sens contraire, qui a consommé une rupture à peu près complète avec le christianisme. On n'osait pas dire que Gide eût choisi : un esprit aussi mobile, aussi soigneux de sa disponibilité, ne choisit jamais tout à fait; il se réserve toujours une petite chance d'élire autre chose, et le dialogue de coquetterie avec certains amis croyants — Mauriac, Green — n'a jamais été complètement interrompu. Cependant, depuis cette date on a vu Gide s'installer sans inquiétude dans une acceptation tranquille de soi et dans l'absence du Dieu chrétien. Durant la période que marquent des œuvres telles que *Les Nouvelles Nourritures* en 1919, puis *Corydon, Les Faux-Monnayeurs* et les écrits sur le communisme, l'oscillation a perdu beaucoup de son amplitude; l'attrait le plus fort n'y fut même plus l'exaltation panthéistique de la vie, mais une forme de positivisme rationaliste, et la pensée tendit chaque année davantage à se laïciser. Et c'est alors que Mauriac put s'attrister, dans son propre *Journal,* de ne plus trouver qu'un Gide « terriblement allégé ».

Les derniers écrits que l'on a pu lire depuis la guerre ne font qu'accentuer ce caractère. Ils sont l'expression d'un esprit, non plus perplexe, mais qui a choisi, et qui a choisi quoi? Un monde dont le Dieu chrétien est absent et où le Dieu panthéiste lui-même va s'effaçant, se confondant avec une idée rationnelle de l'univers. Idée d'ailleurs rassurante, dans la contemplation de laquelle Gide trouve une satisfaction de l'âme, un repos, une paix presque parfaite. Ce n'est pas hasard si, au-dessus de son lit, le vieil écrivain a fait suspendre un masque de Gœthe.

Voici, dans *Attendu que...,* une page écrite en 1942, et qui reflète la position religieuse de Gide en ses dernières années :

Il ne peut être question de deux dieux. Mais je me garde, sous ce nom de Dieu, de confondre deux choses très différentes, différentes jusqu'à s'opposer : d'une part, l'ensemble du cosmos et des lois naturelles qui le régissent : matières et forces, énergies; cela c'est le côté Zeus; et l'on peut bien appeler cela Dieu, mais c'est en enlevant à ce mot toute signification personnelle et morale. D'autre part, le faisceau de tous les efforts humains vers le bien, vers le beau, la lente maîtrisation de ces forces brutales et leur mise en service pour réaliser le bon et le beau sur la terre; ceci, c'est le côté Prométhée, et c'est le côté Christ aussi bien; c'est l'épanouissement de l'homme et de toutes les vertus qui y concourent. Mais ce Dieu n'habite nulle part dans la nature; il n'existe que dans l'homme et par l'homme, il est créé par l'homme ou, si vous préférez, c'est à travers l'homme qu'il se crée; et tout effort reste vain pour l'extérioriser par la prière. C'est avec lui que le Christ a partie liée; mais c'est à l'Autre qu'il s'adresse lorsque, mourant, il jette son cri de désespoir : « Mon Dieu! Pourquoi m'avez-vous abandonné? »

Page d'une signification décisive. Gide en est arrivé à distinguer deux idées de Dieu; mais il n'oppose même plus au Dieu personnel et transcendant des chrétiens le Dieu vague et diffus des pan-théistes. Le Dieu qu'il identifie à Zeus et celui qu'il identifie à Pro-méthée et au Christ sont l'un et l'autre deux dieux immanents, deux souffles impersonnels de l'Univers. Seulement, le premier est immanent au monde matériel, aux forces et aux lois cosmiques, et le second est immanent à l'esprit, c'est-à-dire à la seule créature connue en qui l'esprit se réalise et progresse, l'homme. Gide dis-tingue ici une forme de panthéisme matérialiste qu'il rejette, et une forme de panthéisme spiritualiste à quoi il adhère, car ce Dieu qui devient, qui se crée par l'intelligence et l'amour de l'homme, ce Dieu vraiment fils de l'homme, puisque l'homme en est le créateur, est celui-là seulement qu'il puisse et veuille adorer. Et voilà rejointe en fin de course la ligne de l'idéalisme dialectique, celle de Hegel et de Renan (étant notable que, même au temps où il subissait l'attrait sentimental du communisme, Gide n'a rien donné de sa pensée au matérialisme de Marx).

Sans doute, la pensée tourne et retourne encore, hésite et balance, mais non point sans que se dessine une ligne de plus grande pente, et celle-ci se détourne de la contemplation et de toute espèce d'attrait mystique pour aller vers une morale pratique et positive. Il faut que le bien et le beau se construisent sur la terre; il faut servir « la dignité humaine et cette sorte de tenue morale, de consis-tance où nous rattachons aujourd'hui nos espoirs ». Mais à quoi bon une méditation sans résultats? « Le repos dans la contempla-tion n'est pas mon fait, et je ne m'y satisfais guère. Je ne me plais qu'agissant et tendu... Tendu vers quoi? Grand Dieu! Oh, simple-ment le développement de moi-même... » Ce n'est plus tout à fait la voix de Ménalque, qui cherchait aussi le développement de soi, mais moins dans l'action que dans une forme d'oraison, dans l'ado-ration éperdue de toute chose. Gide, en sa vieillesse, figure un Mé-nalque corrigé de tout romantisme, et même de toute espèce de tentation surnaturaliste, par Voltaire, par Gœthe et par Renan; un Ménalque les uns diront simplifié et guéri, les autres appauvri et allégé; en tout cas, plus optimiste et plus viril, ayant moins la fringale de jouir du monde que l'ambition d'agir sur lui; moins l'inquiétude de trouver Dieu que la volonté de le remplacer ou de le faire. C'est ce type d'homme qui va s'appeler Thésée.

Thésée : une mince plaquette, de pensée dense et de style parfait, écrite pendant l'exil des années 40 sur la terre d'Afrique, et l'un des derniers textes publiés. Pas la moindre trace de vieillissement, ni dans la libre allure de l'intelligence, ni dans la fantaisie des images, ni dans le mouvement de la phrase, savante et naturelle, classique de structure et moderne d'accent. Un jeu très gidien d'ailleurs : le prétexte de la vieille légende mythologique débusque mille ingénieux symboles, déclenche un lyrisme discret et, en même temps, autorise cette forme d'humour qui coupe la parodie du style classique par des dissonances d'un timbre tout contemporain. Humour moins léger peut-être et moins spontané que celui de Giraudoux, mais mieux réglé, moins baroque et d'un goût généralement plus sûr que celui, trop poussé, des premières soties, *Paludes* ou le *Prométhée mal enchaîné*.

Reconnaissons d'abord en Thésée quelques traits permanents du héros gidien. Sa religion de la joie physique :

> O premiers ans vécus dans l'innocence! Insoucieuse formation! J'étais le vent, la vague. J'étais plante, j'étais oiseau. Je ne m'arrêtais pas à moi-même, et tout contact avec un monde extérieur ne m'enseignait point tant mes limites qu'il n'éveillait en moi de volupté.

Sa confiance dans l'instinct :

> Laisser insatisfait un désir, c'est malsain... Quant à moi, je me laisse toujours guider par un instinct que, pour plus de simplicité, je crois sûr.

Son individualisme enfin : la devise de Thésée, c'est : « Passer outre! » Jouir des êtres et des choses, mais ne point s'y attacher, ou plutôt ne point se laisser attacher. Le voici, par exemple, après sa première nuit d'amour avec Ariane :

> Le temps, il me faut l'avouer, me parut long. Je n'ai jamais aimé la demeure, fût-ce au sein des délices, et ne songe qu'à passer outre dès que ternit la nouveauté. Ensuite, elle disait :

4

« Tu m'as promis. » Je n'avais rien promis du tout et tiens surtout à rester libre. C'est à moi-même que je me dois.

Naturalisme mystique et individualisme même, c'est la chanson
bien connue de Ménalque. Mais Thésée n'entend pas que cette
voix, et c'est finalement à une morale plus austère qu'il se ralliera
dans sa maturité. D'abord, son père, Egée, l'a élevé durement, et
il lui en sait gré :

> Je ne puis donner tort à mon père. Certes, il faisait bien
> d'élever ma propre raison contre moi. C'est à cela que je dois
> tout ce que j'ai valu par la suite; d'avoir cessé de vivre à l'aban-
> don, si plaisant que cet état de licence pût être. Il m'enseigna
> que l'on n'obtient rien de grand, ni de valable, ni de durable
> sans effort.

De Dédale, Thésée a reçu une leçon d'héroïsme et d'ascétisme
créateur :

> Sache qu'il te reste à faire de grandes choses, et dans un tout
> autre domaine que ces prouesses du passé (...). Il te reste à
> fonder Athènes, où asseoir la domination de l'esprit.

Rentré dans son pays, Thésée devient le modèle d'un grand
prince :

> Je restais fidèle à Phèdre, j'épousais la femme et la cité tout
> ensemble. J'étais époux, fils du roi défunt, j'étais roi. Le temps
> de l'aventure est révolu, me disais-je; il ne s'agissait plus de
> conquérir, mais de régner.

Il fonde sur la liberté et l'égalité une démocratie prospère. Bref,
Thésée, ayant rendu à l'humanité « quelques notoires services,
purgé la terre de maints tyrans, bandits et monstres », approche
de la mort dans la sérénité d'une bonne conscience.

Ce passage d'une morale de la jouissance expansive à une morale
de la puissance organisatrice n'a été évidemment possible qu'en
vertu d'une certaine philosophie de la vie et d'un système de
convictions — disons généralement : en vertu d'une idée de
l'homme. Thésée, pour la concevoir, a dû beaucoup à la leçon de
Dédale, figure de la sagesse humaine, et qui a débrouillé pour lui le
symbole du labyrinthe. Le labyrinthe, où Thésée va affronter le
Minotaure, n'est pas hors de nous, il est en nous; si l'on n'en *peut*
pas sortir, c'est qu'on n'en *veut* pas sortir, car il figure ces rêves,
ces mirages, ces spéculations et ces passions, ces chimères de l'esprit

et du cœur, ce château somptueux et voluptueux du monde intérieur où chacun, à quelque moment de son existence, est tenté de
fuir la pression de la cruelle réalité, et d'où, souvent, il ne réchappe
plus.

Le plus étonnant, explique Dédale, c'est que ces parfums, dès
qu'on les a humés quelque temps, l'on ne peut déjà plus s'en
passer; que le corps et l'esprit ont pris goût à cette ébriété mali-
cieuse, hors de laquelle la réalité paraît sans attrait, de sorte
qu'on ne souhaite plus d'y revenir...

Faut-il donc éviter le labyrinthe? Que non pas! Il est aussi
vérité, et ni le héros n'est héros, ni l'homme même n'est homme
s'il n'a tenté l'aventure de son rêve.

Mais, dit encore Dédale, même ivre, sache rester maître de
toi : tout est là. Ta volonté n'y suffisant peut-être pas (car, je
je l'ai dit, ces émanations affaiblissent), j'ai donc imaginé ceci :
relier Ariane et toi par un fil, figuration tangible du devoir. Ce
fil te permettra, te forcera de revenir à elle après que tu te seras
écarté. Conserve toujours le ferme propos de ne pas le rompre,
quel que puisse être le charme du labyrinthe, l'attrait de l'inconnu, l'entraînement de ton courage. Reviens à elle, ou c'en
est fait de tout le reste, du meilleur. Ce fil sera ton attache-
ment au passé. Reviens à lui. Reviens à toi : car rien ne part
de rien, et c'est sur ton passé, sur ce que tu es à présent que tout
ce que tu seras prend appui.

Concession à l'esprit d'aventure et de fantaisie, certes! mais
non point abandon : l'homme garde sa lucidité, se tient en main,
assure la constance de sa personne en se reliant à son passé, et la
fécondité de son action en l'insérant dans une tradition. Nous voilà
bien loin de *L'Immoraliste*, bien loin de l'anarchisme moral de *Si le
Grain ne meurt* et de l'anarchisme social de *L'Enfant prodigue*.
Beaucoup plus près, en vérité, du positivisme traditionaliste de
Maurras, et surtout du savant équilibre de Barrès entre l'appel fiévreux de l'Orient et l'âpre sagesse du vent lorrain. Dans cette perspective nouvelle, l'individualisme prend un autre sens : non plus
clos sur le plaisir, mais ouvert sur l'action, et capable d'éterniser le
moi dans une œuvre. « Car il ne suffit pas d'être, puis d'avoir été :
il faut léguer, et faire en sorte qu'on ne s'achève pas à soi-même,
me répétait déjà mon grand-père... » (Qui a écrit cela? Barrès?
Maurras? Eh non! Gide, en 1945.) Même le « Passez outre! »

prend un autre sens dans cette perspective, et règle moins la course
fantaisiste du jouisseur que la marche volontaire du héros :

> Donc, ne t'attarde pas au labyrinthe, ni dans les bras
> d'Ariane, après l'affreux combat dont tu sortiras vainqueur.
> Passe outre. Considère comme trahison la paresse. Sache ne
> chercher de repos que, ton destin parfait, dans la mort. C'est
> seulement ainsi que, par-delà la mort apparente, tu vivras, iné-
> puisablement recréé par la reconnaissance des hommes. Passe
> outre, va de l'avant, poursuis ta route, vaillant rassembleur de
> cités.

Voilà donc résolu le problème de la vie, qui est de jouir raisonnablement de la terre, et par surcroît celui de l'immortalité, qui ne
peut être que la gloire terrestre. Thésée, en effet, ne croit qu'à la
terre. Il est un contempteur tranquille du ciel. Avant lui, « tout
paraissait divin qui demeurait inexplicable, et de la terreur s'épan-
dait sur la région, au point que l'héroïsme souvent semblait impie.
Les premières et plus importantes victoires que devait remporter
l'homme, c'est sur les dieux ». Icare, en qui s'incarne l'inquiétude
métaphysique, et dont la chute en symbolise la vanité, lui paraît
un doux maniaque. Quant à Œdipe, il l'honore comme quelqu'un
d'aussi grand que lui, et il tient la rencontre de leur destin à
Colone « pour le couronnement de (sa) gloire ». C'est en effet
sur le dialogue des deux héros que s'achève *Thésée*, et ce
pourrait bien être, par la hauteur du ton et par le sens des mots,
le sommet de l'œuvre de Gide. Œdipe, ce n'est pas seulement celui
qui a deviné l'énigme du Sphinx, percé le secret des dieux : c'est
l'homme de douleur, qui s'est enfoncé vertigineusement dans l'horreur tragique de sa destinée, qui a crevé ses yeux pour ne plus voir
la lumière du jour, mais a découvert dans l'obscurité « une lumière
surnaturelle, illuminant le monde des âmes ». Œdipe est tourmenté
par le besoin de contempler le divin, anxieux d'ailleurs de sentir
l'humanité blessée par la tare originelle et vouée à se perdre si quelque « divin secours » ne lave « cette souillure première ». En face
de l'humanisme athée de Thésée, Œdipe représente le mysticisme
chrétien dans ses aspirations essentielles : croyance au surnaturel,
à la valeur de la souffrance, crainte du péché, appel à la grâce. Or
Thésée honore et salue Œdipe, mais il se détourne de lui et se donne
raison contre lui :

Je reste enfant de cette terre et crois que l'homme, quel qu'il soit, et si taré que tu le juges, doit faire jeu des cartes qu'il a... Si je compare à celui d'Œdipe mon destin, je suis content : je l'ai rempli. Derrière moi, je laisse la cité d'Athènes. Plus encore que, ma femme et mon fils, je l'ai chérie. J'ai fait une ville. Après moi, saura l'habiter immortellement ma pensée. C'est consentant que j'approche la mort solitaire. J'ai goûté des biens de la terre. Il m'est doux de penser qu'après moi, grâce à moi, les hommes se reconnaîtront plus heureux, meilleurs et plus libres. Pour le bien de l'humanité future, j'ai fait mon œuvre. J'ai vécu.

« C'est consentant que j'approche la mort solitaire » : qui ne perçoit l'accent à la fois solennel et allégorique de ces mots, leur ton de testament? Thésée est un homme qui a choisi la ligne de son destin et qui le voit achevé. Il ne faut plus parler avec lui d'inquiétude, ni même de perplexité; le comparant à Hercule, héros enclin à la tristesse et au souci, Dédale le loue de sa joie. Si l'attitude qu'il incarne a un nom, c'est celui d'humanisme : un humanisme sans épithète, qui fait de l'homme la mesure de toute chose, le place au centre du monde et l'invite à cultiver son bonheur dans le mépris souriant des dieux — dans l'ignorance apaisée de Dieu.

A vrai dire, on pourrait se demander si la morale de Thésée est tout à fait claire, si elle ne cache pas encore une antinomie, une fissure ruineuse. Car enfin, peut-on affirmer, en même temps, d'une part la royauté du désir et de l'instinct, et d'autre part la nécessité du devoir personnel envers une œuvre à construire et du devoir social envers l'humanité à servir? Si l'individu pose comme fin suprême son plaisir et le développement de soi, ne sera-t-il pas tenté, quelque jour, de refuser ce qui le contraint encore, même débarrassé de Dieu : les règles de l'action, les lois de la cité, le service des autres?

A y réfléchir, la solution proposée par Gide ne le satisfait que parce qu'il se reconnaît, à la fois, une nature d'artiste et un cœur, enclin à l'amour. Artiste, il obéit à une vocation de créateur, qui le plie spontanément à l'obéissance des règles; il croit donc n'avoir rien à craindre de l'instinct. Ecoutons-le nous avouer d'autre part : « A revendre ce que j'achète aux dépens d'autrui, je ne peux prendre plaisir; c'est d'augmenter celle d'autrui que je fais ma plus grande joie. » Si son cœur est bon, comment hésiterait-il à lui céder en tout? En fait, l'ascétisme contre lequel il continue à s'in-

surger, le seul qui lui paraisse présenter un danger pour l'individu,
c'est celui qui pourrait le gêner dans les impulsions de sa vie charnelle. Il ne faudrait pas forcer beaucoup les choses pour découvrir
une analogie entre cette morale active et libérale et le naturalisme
humanitaire des Encyclopédistes, spécialement celui de Diderot.
Pour Diderot, la plus haute vertu est la *bienfaisance*, et elle est
naturelle. Si j'aime l'humanité et si je fais du bien à mes semblables,
qu'est-ce qui me défend de chercher en toute autre chose mon plaisir? La lutte contre les concupiscences est une fausse idée chrétienne, ou même — Gide l'a-t-il assez répété! — le résultat d'une
fausse interprétation de l'Evangile par saint Paul. L'homme se sauve
lui-même, il est assez fort, avec sa raison, pour conduire son cœur
et sa chair : c'est le principe même de l'humanisme qui n'est que
cela et ne se corrige d'aucun contrepoids religieux. Vue peut-être
naïve et présomptueuse, en tout cas optimiste et débarrassée enfin
de toute espèce d'inquiétude surnaturelle, et de toute anxieuse référence aux notions chrétiennes de péché, de grâce et de salut.

« Seul l'art m'agrée, parti de l'inquiétude, qui tente à la sérénité. » Cette victoire de la volonté lucide sur le cœur fiévreux a
toujours été, en effet, le but avoué de l'esthétique d'André Gide.
Peut-être était-elle aussi le but secret de sa morale. En tout cas, il
semble atteindre en sa vieillesse à la sérénité d'une âme contente de
son sort terrestre. Faut-il l'en louer? Faut-il, au contraire, le plaindre de s'être guéri d'une inquiétude, d'une soif spirituelle qui était
peut-être le signe d'une plus haute noblesse? Chacun répondra ici
selon sa foi. Mais, au cas où ce que j'ai dit donnerait à croire que
Gide vieillissant a pu s'installer tout entier dans la sagesse de Voltaire, assouvir dans le jardin trop sec de *Candide* une faim d'éternel
et d'infini amour, je veux citer encore ces lignes palpitantes de
poésie secrète, de tendresse et de mystérieux appel que, précisément,
Voltaire n'aurait pas écrites et qui ont le timbre de l'âme gidienne
— c'est un passage du *Journal* à la date tragique du 18 mai 1940.

Nuit admirable. Tout se pâme et semble s'extasier dans la
clarté d'une lune presque pleine. Les roses et les acacias mêlent
leurs parfums. Les sous-bois sont étoilés de lucioles. Je songe à
ceux pour qui cette nuit si belle est la dernière, et je voudrais
pouvoir prier pour eux. Mais je ne comprends plus bien ce que

ces mots, « prier pour quelqu'un », veulent dire, ou plutôt je
sais qu'ils ne peuvent plus rien dire pour moi. Ce sont des mots
que j'ai soigneusement vidés de tout sens. Mais mon cœur est
gonflé d'amour.

IN MEMORIAM

Quelques semaines après que fut prononcée cette conférence,
André Gide mourait, tranquille et content, comme Thésée. Et Sartre pouvait le louer, dans *Les Temps modernes*, d'avoir été celui qui
a délivré de Dieu l'homme du XXe siècle. Mais il ajoutait que son
mérite fut d'avoir accompli cette délivrance au prix d'une lutte
âpre et longue, qui l'aurait rendue définitive. Si je cite ce témoignage, ce n'est pas parce qu'il répète la vieille prophétie de la mort
de Dieu, mais parce qu'il confirme, d'un tout autre point de vue
que le mien, l'hypothèse de cette étude : à savoir que le problème
de Dieu est au foyer de la pensée de Gide.

Quant à la volonté de Gide de conclure son œuvre et sa vie en
moraliste affirmatif et non en esthète perpétuellement disponible ou
en mystique hésitant, qu'il me soit permis de citer quelques lignes
d'une lettre personnelle, qu'il m'adressait le 11 décembre 1946. Rendant compte, dans un article, du livre de M. Jean Hytier, j'en avais
récusé le principe, fourni cependant par une affirmation de Gide
lui-même : « Le point de vue esthétique est le seul où il faille se
placer pour parler de mon œuvre sainement », et j'avais montré,
au contraire, que le dessein moral va s'accentuant d'un bout à l'autre de l'œuvre, et surtout vers la fin. (*)

> Oui, m'écrivait Gide, je souscris pleinement à ce que vous
> dites. Il est évident que mon appréciation du livre de Hytier et
> le point de vue exclusivement esthétique où je le félicitais de
> se placer pour juger mes écrits, valable encore lors de la pre-
> mière édition de ce livre (en 1938), et tout juste, a cessé de
> plus en plus d'être de mise à mesure que je... progressais, ainsi
> que vous le faites fort bien remarquer. Rouvrant par hasard le
> livre de Hytier, je tombe sur cette phrase : « En dépit des appa-
> rences, André Gide ne vise pas à détruire, il vise à construire, il
> vise surtout au progrès moral. » Et c'est ce qui ressort aussi de
> votre article...

PAUL VALÉRY

...ou l'esprit pur

P AR un grand matin de juillet 1945, sur l'esplanade ensoleillée
de Chaillot, la France rendait à Paul Valéry le rare hommage
de funérailles officielles. Aucun poète n'avait eu telle apo-
théose depuis Victor Hugo; et, avant Victor Hugo, depuis l'abbé
Delille. Mais elle n'étonnait point dans le cas du poète de *La
Légende des Siècles* et des *Misérables*, qui avait été le plus populaire
des écrivains de son temps et qui s'était fait le héros d'une idée
politique; au lieu que ces honneurs officiels et, plus précieux, ce
deuil profond d'une foule, avaient quelque chose de paradoxal dans
le cas de Paul Valéry.

Quoi donc? Voici le plus ésotérique des poètes, qui a écrit, pour
quelques amateurs, de rares et courts chefs-d'œuvre d'une extrême
subtilité; d'ailleurs prosateur difficile qui, dédaignant les grands
ouvrages, a répandu son génie en fragments, ébauches, mélanges,
variétés, discours et préfaces; enfin, profond sceptique et maître
cruel d'ironie, beaucoup plus appliqué à fournir de négations
intelligentes les esprits de grande culture qu'à inspirer au peuple
des raisons de croire et d'agir. Et c'est ce destructeur qu'on célé-
brait comme un héros national! C'est cet aristocrate anarchiste que
la démocratie française, à l'heure où elle essayait de renaître de ses
cendres, saluait comme son patron! Paradoxe, dis-je, et problème
auquel il vaut de s'arrêter un instant.

D'où vient l'immense prestige dont a joui Paul Valéry pendant
l'entre-deux-guerres? Comment expliquer cette fonction de repré-

sentant spirituel de la France qu'il a remplie jusqu'à sa mort et que,
pas sa pensée vivante, il occupe encore d'une certaine façon aujour-
d'hui? Je crois qu'il faut d'abord invoquer la séduction de la personnalité. Paul Valéry a incarné une fort noble et belle tradition :
celle du grand écrivain qui ne tient pas tout entier dans son métier
d'homme de lettres. Homme du monde qui s'impose par sa culture,
par sa conversation, par ses vertus de sociabilité et d'honnêteté, par
sa puissante intelligence, partout disponible et nullement spécialisée.
Tous ceux qui l'ont connu sont d'accord, et le beau *Cahier du Sud* [1]
qui lui est consacré multiplie les témoignages et nourrit le concert
des louanges : c'est à qui vantera la gentillesse, l'humour, l'esprit,
le charme de Valéry, la rencontre bouleversante de son regard bleu,
le geste génial de sa main nerveuse. Bien mieux, telles sont les qualités personnelles de cet homme que la critique, chaque fois qu'elle
butte à un défaut de l'œuvre, craint de le dénoncer, car il semble
disparaître dans la vertu inverse de l'homme. Accuserons-nous de
sécheresse l'auteur de la *Soirée avec Monsieur Teste* et d'*Ebauche
d'un Serpent*? On nous apprend que Paul Valéry était le plus aimable
et le plus aimé des amis, au demeurant homme d'intérieur, familier
et bon. Lui reprocherons-nous d'avoir pensé dans une tour d'ivoire
et fermé son oreille et son cœur aux malheurs de son temps? Non,
il était dévoué, acceptant, à l'Académie, de se charger des plus
grosses besognes de bienfaisance, au point d'y compromettre
sa santé et de proposer à ses amis, pour lui-même, cette plaisante
épitaphe : *Ci-gît moi, tué par les autres.* Et l'on ne saurait lui
reprocher de n'avoir point été citoyen : la défaite de 1940 l'a
plongé dans le désespoir, sans l'abattre pourtant, ni dans son courage ni dans sa dignité. On l'a vu, par exemple, à la mort de
Bergson, dans Paris occupé et alors que sévissaient les lois anti-
juives, prononcer à l'Académie l'éloge du philosophe et le louer
d'avoir démontré la culpabilité de l'Allemagne en 1914. On l'a
même entendu en Sorbonne, en 1944, peu de temps avant sa mort,
dans son grand discours sur Voltaire, faire l'éloge de la littérature
engagée. Son œuvre étroite et serrée nous incline-t-elle à le croire
un génie stérile? Nous apprenons que sa conversation était éclatante, qu'il aimait les mots et ne se lassait pas d'en improviser.
Nous effraie-t-il par son humeur pessimiste? Son ami Jean Ballard
nous répond qu'il y avait « un étrange contraste entre son entrain,

1. *Paul Valéry vivant. Cahiers du Sud*, 1946.

la chaleur de ses propos et son nihilisme ». Enfin, sommes-nous
tentés de nous détourner de ce personnage officiel, accablé d'honneurs et de décorations, et toujours en représentation? Mais il était,
nous dit-on, la simplicité même, avec une pointe charmante de gami-
nerie, et Georges Duhamel admirait « son allure, sa démarche, sa
manière de porter le génie..., son air de collégien ». Et ce n'est pas
par jeu rhétorique ou par goût de l'anecdote que je développe
d'abord ces contrastes : ils ne sont ni fortuits, ni insignifiants. Où
est la vérité profonde de Valéry? Est-elle dans le charme expansif
et la légèreté de sa personnalité concrète? En ce cas, il faut interpréter la distance entre le poète et l'homme comme le résultat d'une
esthétique qui consistait à construire l'œuvre dans le détachement
le plus complet de soi-même, aussi loin que possible des inspirations
du cœur et de l'instinct et par un acte lucide et concret de l'intelligence. Ou bien, comme le veut Gérard Bauer, la vérité de son
tempérament était-elle le désespoir? Alors, cette gentillesse dont il
s'enveloppait dans la vie lui aurait été un masque et une protec-
tion : aimant à jouir de la société, il aurait éprouvé le besoin de
cacher à son milieu le fond désespéré et désespérant de sa nature,
afin de ne laisser émousser son génie par aucune rencontre et de ne
point glacer ses proches et ses amis par la froideur coupante de son
esprit. Mais faut-il choisir entre les deux hypothèses? Sans doute ne
s'excluent-elles pas dans la complexité d'une personnalité forte et
vivace. Artiste pur qui a prétendu — sans toutefois y réussir
absolument — donner à son œuvre des racines qui ne plongeaient
pas dans son cœur; philosophe inquiet qui s'est fait un jeu, et peut-
être un devoir, de dérober son angoisse : Valéry a été l'un et l'autre
et, par ces deux attitudes, il a intrigué, intéressé, séduit ses contemporains.

Mais il ne lui aurait pas suffi d'attirer la sympathie par son
charme, si la puissance et l'originalité de son esprit ne l'avaient
rendu admirable. Esprit clair et solide, qui a peut-être voilé quelquefois ses idées de derrière la tête, mais qui fut habile et généreux
à se définir dans sa forme, dans ses qualités et ses dimensions. On
discerne ainsi, associés en lui, un méditerranéen, un mathématicien
et un mallarméen.

Le méditerranéen d'abord. Que Valéry soit né à Sète, qu'au début et à la fin de sa vie il ait longtemps habité le midi de la France (Languedoc et Provence) ; qu'il soit d'origine corse par son père et génoise par sa mère : ce ne pourraient être que des circonstances fortuites, mais, en fait, elles ont fortement marqué son tempérament, son goût et sa culture. Ce n'est pas en vain qu'un jeune homme sensible apprend à penser dans un air toujours sec, sous un ciel lumineux, au bord d'une mer d'un azur violent qui souligne les lignes nettes et blanches de la terre. Si ce jeune homme appartient à une génération que tente le Symbolisme, c'est-à-dire l'esthétique du songe, il l'inclinera spontanément dans un tout autre sens, il le revêtira d'une tout autre atmosphère que n'ont fait les fils des brumes. Non plus le vague des formes, l'indéfini du sentiment, le balbutiement du cœur, mais une méditation qui cernera toujours son objet, qui possédera l'âme par l'analyse et qui portera la mélancolie ou le désespoir même dans le jour lucide de l'intelligence. Charles Maurras, Jean Moréas, Paul Valéry : qui ne voit comment ces trois méditerranéens, pour n'en pas citer d'autres, ont corrigé, en l'intellectualisant, le style poétique issu de Baudelaire, de Verlaine et de Rimbaud?

Reportons-nous ici, dans *Variété III*, à une page non seulement caractéristique, mais, sous un certain angle, explicative de Valéry : il y montre comment le spectacle de la mer invite l'homme à penser :

Demandez-vous un peu comment peut naître une pensée philosophique. Quant à moi, je ne tente de me répondre, si je me pose cette question, que mon esprit aussitôt ne me transporte au bord de quelque mer merveilleusement éclairée. Là, les ingrédients sensibles, les éléments (ou les aliments) de l'état d'âme au sein duquel va germer la pensée la plus générale, la question la plus compréhensive, sont réunis : de la lumière et de l'étendue, du loisir et du rythme, des transparences et de la profondeur... Ne voyez-vous pas que notre esprit ressent alors, découvre alors, dans cet aspect et dans cet accord des conditions naturelles, précisément toutes les qualités, tous les attributs de la connaissance : clarté, profondeur, vastitude, mesure!... Ce qu'il voit lui représente ce qu'il est dans son essence de posséder ou de désirer. Il lui arrive que son regard sur la mer engendre un plus vaste désir que tout désir qu'une chose particulière obtenue puisse satisfaire.

Magnifique commentaire en prose des premières strophes du *Cimetière marin*; mais surtout, remarquable introspection d'une intelligence sur son domaine, sur son mécanisme et sur ses tendances. Clarté, profondeur, vastitude, mesure : « toutes les conditions naturelles de la connaissance », dit Valéry. Toutes, en effet, sauf une, celle-là, précisément, qui semble toujours manquer à son esprit, ou du moins qu'il mettra systématiquement hors de jeu : un élan d'adhésion aux êtres et aux choses, un mouvement d'amour vers le monde, sans quoi il ne saurait y avoir de connaissance totale.

Pris au sens historique du mot, c'est d'abord de la Méditerranée qu'est né l'humanisme, puisqu'il est nourri de la pensée grecque et latine; déjà, en ce sens restreint, le méditerranéen Valéry est parfaitement un humaniste, car il a absorbé la culture antique à sa source et dans son climat, et ne l'a laissé modifier ou contaminer par aucun élément étranger. Le catholicisme ne l'a guère touché, le mysticisme chrétien lui est radicalement impénétrable. Ce n'est point hasard si l'un de ses premiers livres est une *Introduction à Léonard de Vinci* : sa pensée commence à la Renaissance. Gide a lu largement les Anglais, profondément Dostoïevski, et il a aimé la musique de Chopin. Mais aucun nuage de cette sorte n'a promené son ombre sur l'humanisme méridional de Valéry.

Seconde dimension de l'esprit valéryen : cet homme de lettres, ce poète a une assez bonne formation scientifique et un goût décidé pour les mathématiques. Par quoi son besoin de rigueur et d'évidence logique a été confirmé. Dans une lettre à Edmond Buchet, citée par celui-ci dans son essai sur *Les Ecrivains intelligents du XXᵉ siècle*, Valéry écrivait :

> Je sais bien que je pourrais, tout comme un autre, abuser des mots et sembler dépasser les pouvoirs de l'intellect, jouer de la sensibilité par des figures et des combinaisons abstraites qui donnent beaucoup d'espoir aux gens. Mais je n'appelle vérité que ce qui est vérifiable.

Donc, primauté de l'intelligence en tant que faculté qui saisit des rapports et qui fournit des preuves, recherche en tout domaine, esthétique ou moral, de l'évidence intellectuelle; exclusion du cœur, que ce soit au sens romantique ou au sens pascalien du mot. Car Valéry, d'une certaine façon, est l'anti-Pascal. Pascal est pour lui un objet de scandale : cet homme, dit-il, qui nous embarque dans un pari où il engloutit toute finesse et toute géométrie et qui, ayant changé sa neuve lampe contre une vieille, se perd à coudre des papiers dans ses poches quand c'était l'heure de donner à la France la gloire du calcul de l'infini.

Pascal représente exactement la valeur humaine que Valéry ne peut ou ne veut comprendre; il règne sur un monde auquel Valéry n'a pas ou ne veut pas avoir d'accès; il est le géomètre qui a trahi, ayant déserté l'ordre de l'évidence rationnelle pour celui de la certitude mystique — impardonnable erreur!

Mais voici la troisième circonstance déterminante de l'esprit de Valéry : à vingt ans, il est entré en relations d'école et d'amitié avec Mallarmé. Jusqu'à la mort de l'écrivain, il fut assidu à ses mardis, et il reste en somme le disciple le plus intelligent et le plus fidèle du plus abstrait et du plus intellectuel des artistes. Ce n'est point le lieu de tenter une définition de l'esthétique mallarméenne : on ne saurait le faire en trois phrases. Qu'il suffise de constater qu'elle fournit les charpentes de celle de Valéry, et que l'ouvrage capital de celui-ci, le texte d'où il faut partir pour expliquer sa position d'artiste et de philosophe, cette *Soirée avec Monsieur Teste* (écrite en 1895 et publiée en 1896 dans le *Centaure*) ne pouvait naître que dans le climat mallarméen.

Qu'est-ce donc que M. Teste? L'homme qui n'est que cerveau? Point exactement, car Teste ne veut pas dire *tête*, mais vient du latin *testis*, témoin. Teste, c'est exactement l'homme qui se détache du monde pour le comprendre en toute clarté d'intelligence et pour le juger objectivement. Le contraire, par conséquent, de ce qu'on appelle aujourd'hui l'intellectuel engagé — mais l'esprit dégagé de toute cause, de tout autre parti que de comprendre, et réduisant tout le réel en idées claires, afin de n'être dupe d'aucune illusion. « La bêtise n'est pas mon fort... Je rature le vif... Otez toutes choses, que j'y voie » — Teste multiplie les formules frappantes qui affirment son détachement supérieur et sa clairvoyance indéfectible. Certes, Valéry est trop cultivé et a trop réfléchi sur tout pour ne pas sentir ce qu'une telle position a d'extrême, d'insoutenable et d'inhumain. Aussi a-t-il fait suivre *La Soirée* de *La Lettre de Madame Emilie Teste*, où tout est dit de ce qui peut l'être pour et contre cette sécheresse admirable et mortelle. *Transivit classificando* : oui, M. Teste a bien choisi son épitaphe, et ce pourrait devenir l'épitaphe de l'intelligence si, par malheur, elle venait à mourir à force de se purifier, de se dessécher, de s'exténuer jusqu'à n'être plus que l'intellect — cette pointe de diamant qui circonscrit exactement les phénomènes et hiérarchise justement les rapports, mais n'atteint que des êtres de raison et tue la vie quand d'aventure elle la touche. *Transivit classificando* : le beau jardin botanique! Mais aussi l'horrible pharmacie! Voici donc tous les corps analysés dans leurs éléments, tous les êtres définis par leurs figures, toutes les apparences de l'univers précisément aperçues, toutes les essences du monde mises en bocaux et dûment étiquetées — comment, dans son laboratoire clair et glacé, M. Teste ne désespérerait-il point? « Il n'y a pas un grain d'espérance dans toute la substance de M. Teste », a bien dit la compagne désolée de son lit. Et Faust, la dernière incarnation de Valéry au soir de sa pensée, ira plus loin encore dans la reconnaissance amère du néant.

Ainsi, origines, culture, influences subies, tempérament, tout portait Valéry à jouer sur l'intelligence les chances supérieures de l'homme, tout le poussait à proclamer cette loi de sa conscience : « Les choses du monde ne m'intéressent que par rapport à l'intellect. » Tant il est vrai — remarquons-le en passant — que l'esprit le plus purifié, le plus tendu à se libérer des déterminations de l'existence, les subit néanmoins d'une certaine façon. Mais il faut tâcher d'aller plus outre dans l'intimité de cette conscience qui a eu la politesse de se livrer toujours superbement éclairée.

En un certain sens, Valéry est l'homme-pensée, comme Descartes. Et Valéry part de Descartes : « Je pense, donc je suis. » Mais qu'est-ce que penser? Dans ce qui apparaissait à Descartes un acte simple, l'analyse plus scrupuleuse de Valéry distingue une possibilité de confusion. Penser, c'est d'abord subir les impressions du monde extérieur en même temps que toute la pression du monde intérieur : dictées de la mémoire automatique, mouvements de la sensibilité, et même ces chocs décisifs qui nous viennent souvent de la vie du corps, de l'état de nos organes. Penser, au sens ordinaire du mot, c'est donc produire des états de conscience dont la source nous échappe, soit que nous acceptions le hasard des images imposées par le monde, soit que nous obéissions à des lois psychologiques subies et mal reconnues. Aussi longtemps que nous nous en tenons à cette espèce de pensée inférieure, nous n'y sommes pas contenus; notre esprit n'y est pas engagé : car l'esprit est d'abord liberté, et la pensée véritable, la seule qui compte pour nous révéler notre existence et pour nous donner quelque joie, est celle qui éclate comme un acte libre de l'esprit choisissant son objet, gouvernant son propre mécanisme, écartant les influences qui limitent sa souveraineté.

« Je pense, donc je suis », avait dit Descartes. Valéry répond, plus exigeant : « Parfois je pense et parfois je suis. » Or deux espèces d'hommes, selon lui, ont chance de s'élever à cette existence supérieure et à cette certitude de liberté qu'est la pensée pure : le géomètre, parce qu'il raisonne sur des figures qui sont des créations de l'esprit, et le poète, mais à condition qu'il soit vraiment le créateur, le ποιητής. Le poète que Valéry veut être et qu'il exalte, c'est l'inventeur d'une œuvre concertée par l'intelligence, construite selon des conventions choisies et soumise à une loi de rigueur, donc aussi éloignée que possible de la prose, laquelle est le langage de la conscience vulgaire, de la servitude sociale et de l'à-peu-près.

Il y a deux choses qui comptent — écrit-il dans *Propos me concernant* — qui sonnent l'or sur la table où l'esprit joue en partie contre lui-même. L'une que je nomme Analyse, et qui a la pureté pour objet; l'autre que je nomme Musique, et qui compose cette « pureté », en fait quelque chose.

« Analyse » représente la méthode éminente de l'esprit du géomètre; et « Musique » s'entend évidemment de tout art de construction volontaire en vue de réaliser une forme absolument harmonieuse, satisfaisante pour l'intelligence : les deux termes évoquent un effort de l'esprit pour secouer ses chaînes, pour tirer du chaos de la conscience des objets qui soient son bien. La pensée pure, réalisée par un exercice de l'intelligence pour éloigner d'elle la pression des choses et des sentiments et pour se mouvoir dans la parfaite liberté des idées, et la poésie pure, réalisée par le refus des hasards de l'inspiration et par une ascétique volonté de construire le poème : telles sont les valeurs suprêmes de l'homme valéryen.

Une grande âme — a écrit encore Valéry, et c'est une de ses plus belles formules — une grande âme a cette faiblesse pour signe de vouloir tirer d'elle-même quelque objet dont elle s'étonne, qui lui ressemble et qui la confonde, pour être plus pur et plus incorruptible et en quelque sorte plus nécessaire que l'être même dont il est issu.

Qui ne sent la noblesse de cet effort de l'homme pour se dépasser par ses propres créations et pour tirer de son être éphémère et fortuit une œuvre durable et nécessaire? C'est la plus haute leçon de Valéry; et c'est par là que, parti de Descartes, il le dépasse, car la formule véritable de sa pensée doit être, non pas « je pense », mais « je crée, donc je suis ». L'homme affirme son essence et la plus haute forme possible de lui-même dans l'acte de créer, qui est par excellence l'acte de sa liberté; et le mot de *création* se justifie, au plan de la pensée, dans le discours du géomètre ou dans la production du poème, puisque l'esprit tire alors de lui-même quelque chose qui, sans doute, y plonge des racines nécessaires, mais dont l'épanouissement est imprévisible et indéterminé. Ainsi, l'homme valéryen s'accomplit dans ses créations, et créer est l'acte pur de l'esprit.

Mais qu'est-ce que l'esprit? Pour Valéry, l'esprit doit se réduire à l'intelligence. Il n'est nullement puissance d'adhésion à l'être, faculté de connaissance intégrale et parfaite; il n'enveloppe ni le cœur de Pascal, ni l'intuition bergsonienne; il ne participe en rien à l'amour. Il est l'intelligence, c'est-à-dire la faculté d'abstraire, de généraliser et d'établir des rapports certains entre les idées ou entre les valeurs : la faculté du géomètre. Mais aussi — et il est visible qu'en progressant, la pensée de Valéry s'est fixée sur cet autre aspect — l'esprit est la faculté de conduire l'action pour des fins pratiques et esthétiques : la faculté de l'artiste et de l'ingénieur. Voici un texte de *Variété III* fort significatif :

> Par ce nom d'esprit, je n'entends pas du tout une entité métaphysique; j'entends très simplement une puissance de transformation que nous pouvons isoler et distinguer de toutes les autres en considérant simplement certains effets autour de nous, certaines modifications du milieu qui nous entoure (...). Certaines des transformations qu'accomplit cette puissance définissent un domaine plus élevé... Est-il prodige de transformation plus remarquable que celle qui s'accomplit chez le poète ou chez le musicien quand ils transposent leurs affections et jusqu'à leurs transes et leurs détresses en ouvrages, en poèmes, en compositions musicales, en moyens de préserver et de répandre leur vie sensitive totale par les détours d'artifices techniques?

D'où il ressort que l'esprit, dans sa perfection, s'accomplit chez l'ingénieur qui transforme le monde et chez l'artiste qui produit une œuvre selon une technique choisie et concertée. Le géomètre passe maintenant à l'arrière-plan, ce qui est normal si l'acte pur de l'esprit doit être un acte de création libre; car, en définitive, il était vain de dire que l'esprit géométrique crée son objet : il l'abstrait des données de l'expérience et il n'est pas libre d'y trouver d'autres rapports que ceux qui y sont; le géomètre qui pense le triangle est possédé par le triangle.

Mais, dans cette affaire, que devient la sensibilité? Où passe ce que le vulgaire appelle l'âme? Ecoutons encore Valéry :

> Qu'est-ce qui parle le plus mal? Quel est l'être qui patauge et balbutie, qui se sert le plus gauchement des mots les moins justes, qui fait les phrases les plus ridicules, les plus incorrectes, les plus incohérentes et tient les raisonnements les plus absurdes? Qui est le plus méchant écrivain possible? Le pire des penseurs? C'est notre Ame. Avant qu'elle se souvienne qu'il y a des oreilles extérieures, et des témoins, et des juges pour les pièces de sa pensée; avant qu'elle appelle la vanité et les idéaux à son secours — Idées de la Clarté, de la Rigueur, de la commune mesure, de la Puissance, etc. — elle est à chaque instant au-dessous de tout.

Défions-nous de notre âme, et même, si c'est possible, dépouillons-nous de notre moi, rejetons ce vêtement de hasard qui couvre et qui étouffe le dieu intelligent dont nous sommes habités.

> Notre personnalité elle-même, écrit encore Valéry, que nous prenons grossièrement pour notre plus intime et plus profonde propriété, pour notre souverain bien, n'est qu'une chose muable et accidentelle. Chaque personne étant un « jeu de la nature », jeu de l'amour et du hasard, la plus belle intention et même la plus savante pensée de cette créature toujours improvisée se sentent inévitablement de leur origine.

Le problème capital qui se posait pour cet impitoyable analyste des confusions et illusions de la conscience, c'était donc bien d'atteindre, au-delà du moi empirique et concret, un *sur-moi* absolument libre de ses démarches et de son destin — ce qui ne se peut que par le renoncement à toutes les déterminations possibles de l'existence : à la personnalité, à l'action, aux sentiments, à l'amour, à la vie instinctive; et ce qui doit aboutir, comme l'a bien dit un des meilleurs critiques de Valéry, Mme Noulet [1], à « la mort par l'esprit ». La tentation de cette mort, de cet isolement orgueil-

---

1. E. Noulet, *Paul Valéry*, Bruxelles, 1951.

leux de l'esprit dans la contemplation de soi-même, nous la sentons partout dans l'œuvre : elle commande l'éthique de M. Teste (« Je rature le vif »), l'esthétique de *L'Introduction à Léonard*, et jusqu'à l'inspiration des plus grands poèmes : *La Jeune Parque, Fragments de Narcisse, Le Cimetière marin, Ebauche d'un Serpent.*

*
**

Telle est, approximativement définie, l'attitude philosophique de Valéry. Est-il besoin de dire que, s'agissant d'un écrivain, et spécialement d'un poète, les vues théoriques, aussi intelligentes qu'elles soient, ne sont absolument déterminantes ni de la forme de l'œuvre, ni même du mouvement de la pensée? Il importe donc d'examiner maintenant ce qu'est la poésie de Valéry et ce qu'est sa pensée vivante, et de montrer que l'une et l'autre, orientées d'une certaine manière par sa philosophie abstraite, ne coïncident pas cependant avec elle.

Parlons d'abord de la poésie. Il est superflu d'insister sur ce que l'esthétique valéryenne, prise à son principe, a d'essentiellement antipoétique. Elle comporte, en particulier, une méfiance absolue à l'égard de l'inspiration. Valéry dit quelque part — ce qui est tout à fait logique dans les perspectives de sa philosophie de l'esprit — qu'il préfère une œuvre médiocre, construite et écrite en pleine lucidité, à une œuvre géniale, conçue dans les transes[1]. Le génie, en effet, est un don de la nature : il n'est pas libre. La conception de l'art comme étant une occasion pour l'esprit d'affirmer sa propre liberté conduit Valéry à prononcer fréquemment l'éloge de la convention poétique, non point acceptée en faveur de tel avantage esthétique (harmonie, eurythmie, euphonie, etc.), mais élue en tant qu'elle est contrainte choisie, obstacle arbitrairement opposé aux élans de la nature, et donc gymnastique de la liberté.

La rime a ce grand succès de mettre en fureur des gens simples, qui croient naïvement qu'il y a quelque chose sous le ciel plus important qu'une convention. Ils ont la croyance naïve que quelque pensée peut être plus profonde, plus durable... qu'une convention quelconque.

---

1. Et dans *Tel quel* : « L'idée d'inspiration contient celle-ci : se glorifier le plus de ce dont on est le moins responsable. »

Toujours dans le même sens, il dira, ou plutôt il affectera de dire que la pensée n'a aucune espèce de rapport avec la poésie. Le poète n'écrit pas parce qu'il a quelque chose à exprimer : son discours n'aurait pas alors un mouvement assez libre, il ne serait pas quelque chose de créé; mais ce discours, il le construit en choisissant et alliant les mots selon une exigence purement esthétique, en les faisant entrer dans une forme conçue par sa volonté d'artiste. Or c'est la forme qui est première : « Les belles œuvres sont filles de leur forme, qui naît avant elles. » La pensée, le sens n'ont pas d'importance. L'ordre des idées, la composition et le mouvement du discours, que le poète soigne particulièrement, ne tendent pas à donner de sa pensée une expression rigoureuse, adéquate à un objet précis; mais le poème a une infinité de sens possibles, abandonnés à l'interprétation du lecteur : c'est une musique de signification polyvalente, c'est un ordre possible et librement choisi, et il n'importe de savoir ce que le poète a prémédité de dire. « Il m'est arrivé, a écrit Valéry, de publier des textes différents des mêmes poèmes : il en fut même de contradictoires, et l'on n'a pas manqué de me critiquer à ce sujet. Mais personne ne m'a dit pourquoi j'aurais dû m'abstenir de ces variations. »

Ici apparaît, sur la notion de pureté poétique, l'équivoque devant laquelle nous laisse Valéry. Cette pureté, par l'aspect que nous venons d'apercevoir, il semble que ce soit le caractère d'un discours intraduisible selon la logique de la prose. Il existe une pureté intellectuelle, et c'est, selon le sens commun, le caractère d'une pensée qui enserre rigoureusement son objet et ne peut coïncider qu'avec lui. Mais la pureté poétique en serait l'inverse, puisque la pensée du poète devrait être toute gratuite, sans contours et sans objet. Où la question se complique, c'est que tous les grands poèmes de Valéry — *La Jeune Parque*, *Le Cimetière marin*, *Ebauche d'un Serpent*, etc. — sont les développements d'une méditation métaphysique. Or de deux choses l'une : ou il est un pur musicien des mots, indifférent à la signification de ses poèmes (c'est ce qu'il prétend) — et alors, pourquoi alourdir son style poétique de tout un vocabulaire abstrait et de toute une armature dialectique qui sont loin de le purifier? Ou il est vraiment un poète philosophe (et certes, comment douter qu'il le soit?) — mais alors, que devient la théorie du poème pur, simple variation verbale conduite par un esprit qui joue, et capable d'une multiplicité de sens également indifférents?

« C'est un art de profond sceptique que la poésie savante », a écrit Valéry. Mais il a dit aussi : « Un poème doit être une fête de l'intellect et ne peut être autre chose. » La « fête de l'intellect » n'est donc point de voir resplendir l'évidence du vrai dans la lumière du beau, mais de jouer librement de ses pouvoirs, et c'est ce jeu qui serait l'essence de la poésie. Ainsi se découvre la limite absolue qui sépare l'affectivité de l'esthétique. La pureté poétique, c'est l'absence dans le poème de tout ce qui n'est pas construction intellectuelle et volontaire; c'est l'exclusion du spontané, de l'instinctif et de l'affectif. Pureté analogue à celle de l'épure, qui n'a pas son modèle dans la réalité sensible, mais qui est d'abord une création de l'esprit. Le poème est d'autant plus pur, selon Valéry, que la volonté lucide du poète a tenu une plus grande part dans sa naissance, et la grâce du dieu, l'ivresse dionysiaque, une part moindre. On se rappelle les belles disputes qui passionnaient les esprits autour de l'heureuse année 1925, quand l'abbé Bremond et Valéry croisaient leurs épées éclatantes pour la poésie pure. Ils n'étaient pas d'accord. Bremond faisait résider la pureté poétique dans cette sorte de résidu qui est au fond du poème quand, l'ayant traduit en prose, on constate que le poème disait quelque chose ou produisait un choc qui ne se retrouve pas dans la prose : pour lui, la pureté poétique était, en fin de compte, de l'ordre du cœur, et naissait de l'enthousiasme; au lieu que, pour Valéry, elle était strictement intellectuelle et ne pouvait être produite que de sang-froid.

Mais une telle théorie poétique est-elle autre chose qu'une vue de l'esprit? Peut-on concevoir un poème dont le sens soit absolument indifférent? Peut-on surtout faire œuvre de poète en refusant les chances de l'inspiration, les trésors spontanément offerts par les mouvements gratuits de la conscience ou par le travail secret de l'inconscient — en aveuglant la source? Nous rencontrons ici une formule, précisément de Bremond, et qui dit tout : « Paul Valéry ou le poète malgré lui. »

Ecoutons un aveu. A propos du *Cimetière marin*, Valéry a écrit que cette méditation est née, « comme la plupart de mes poèmes, de la présence inattendue en mon esprit d'un certain rythme. Je me suis étonné un matin de trouver dans ma tête des vers décasyllabiques. Ce type a été assez peu cultivé par les poètes français, etc. ». Qu'est-ce à dire, sinon qu'à l'origine du *Cimetière marin*, il y a eu une impulsion, une invitation à chanter qui était de l'ordre de l'inconscient, et non point de la sur-conscience, et que l'intelligence de l'artiste a dû au moins accepter cette forme, qu'elle n'a aucunement créée? Valéry a dit d'ailleurs lui-même que le premier vers est le don des dieux, l'art du poète apparaissant dans la fabrication du second — mais, dans ce cas, n'est-ce pas le premier qui est généralement le meilleur? C'est encore reconnaître que le travail de création poétique implique l'entrée en jeu d'une puissance qui n'est pas l'intellect [1]. Et d'ailleurs, quand nous lisons ses poèmes, ce qui nous frappe et nous charme, beaucoup plus que la sévérité voulue de leur architecture et de leur versification malherbienne, ce sont d'amples rythmes, des attaques sublimes :

> Tout-puissants étrangers, inévitables astres...

ou des images grandioses :

> Chienne splendide, écarte l'idolâtre!

ou enfin une extraordinaire concentration des impressions sensuelles :

> Dormeuse, amas doré d'ombres et d'abandons.

Comment croire que de telles réussites sont de pure fabrication et qu'elles ne sont pas d'abord la part de l'inspiré, du chanteur?

Il faut d'ailleurs insister sur la sensualité du style de Valéry. De tempérament assez sec, ou du moins pudique, se défiant du sentiment ou en détestant l'étalage, il avait pour lui la puissance d'un appareil sensoriel admirablement ouvert aux impressions du monde extérieur, et une extrême curiosité de voir, d'entendre, et de sentir. Ainsi, sa poésie, qui aurait pu n'être qu'un squelette, est devenue chair et corps. L'esthétique de M. Teste risquait de la condamner à n'être qu'une subtile dentelle d'abstraction; et sans doute l'est-elle d'abord; mais dans ce réseau se trouvent prises des impressions concrètes et vives, des images lourdes du poids des choses et chaudes de la chaleur du sang.

---

1. De *Tel quel* : « A la moindre rature, le principe d'inspiration totale est ruiné. L'intelligence efface ce que le dieu a imprudemment créé. Il faut donc lui faire une part, à peine de produire des monstres, etc. » Il ne s'agit plus ici que de « faire une part » à l'intelligence : part souveraine, en ce qu'elle contrôle la dictée du dieu. Mais Valéry reconnaît que c'est tout de même le dieu qui parle.

Que de choses tu n'as pas même vues, dans cette rue où tu passes dix fois par jour, dans cette chambre où tu vis tant d'heures par jour! Regarde l'angle que fait cette arête de meuble avec le plan de la vitre. Il faut le reprendre au quelconque, au visible non vu — le sauver.

Cette gourmandise de l'œil, ce sens de l'objet singulier et concret, cette volonté de le sauver en le définissant, en le nommant, c'est aussi un côté du tempérament de Valéry; il fait heureusement équilibre à son goût de l'abstrait et corrige le caractère exagérément intellectualiste de son esthétique; car c'est, tout simplement, le côté du poète, et Marcel Raymond a bien noté que cette pénétration sympathique du monde assurait « la survivance de ce qu'on voulait exclure : le monde de la sensibilité ».

Davantage : cette sensualité du tempérament de Valéry, qui a gonflé sa poésie d'images concrètes et d'impressions corporelles, s'est traduite dans sa pensée par un authentique sensualisme, une culture systématique de la sensation, qui le rapprochait de ses grands confrères, Proust, Gide et même (avec de grandes différences d'accents) Claudel; c'est là son côté *Nouvelle Revue Française*. « Ce qu'il y a de plus profond dans l'homme, c'est sa peau » : est-ce bien le théoricien de l'esprit pur qui a fini par dire cela? Oui, et la contradiction est d'ailleurs moins profonde qu'il ne paraît. Si l'intellectualisme a pour sens de réduire l'esprit à l'intelligence, c'est-à-dire d'exclure des parties supérieures de la conscience tout ce que nous entendons désigner — assez confusément, car il s'agit des zones les plus mystérieuses de nous-mêmes — quand nous parlons du cœur et de l'âme, il est fatal qu'il ne reste plus pour assise à la pensée que la sensation, seul matériau de l'idée et seul instrument de prise sur le monde. C'est un fait que le siècle le plus intellectualiste de notre histoire, le XVIIIᵉ, a été aussi le plus sensuel (et celui-là même qui a inventé, dans l'ordre de la spéculation, le sensualisme). Par les Idéologues, l'alliage l'intelligence-sensation s'est imposé à Stendhal, qui lui a donné la perfection de sa forme et de sa force, et l'a légué à sa postérité. Et nous le retrouvons chez Valéry.

Dès lors, on comprend pourquoi le mouvement intense de sa poésie, non seulement dans sa forme, où se marient étrangement l'abstrait et le concret, mais dans ses thèmes les plus familiers, est le balancement de la sensation à l'idée. Balancement qui, transposé dans l'ordre des significations métaphysiques, devient une hésitation pathétique entre l'amour de la vie et l'attrait d'une pureté qui, à force de s'exténuer par l'analyse, finit par devenir néant.

Voici d'abord, dans *L'Aurore*, le réveil des idées, qui se dégagent lentement de la confusion des songes nocturnes :

> Toujours sages, disent-elles,
> Nos présences immortelles
> Jamais n'ont trahi ton toit.
> Nous étions, non éloignées
> Mais secrètes araignées
> Dans les ténèbres de toi.
> Regarde ce que nous fîmes :
> Nous avons sur tes abîmes
> Tendu nos fils primitifs,
> Et pris la nature nue
> Dans une trame ténue
> De tremblants préparatifs.

Mais ces idées, qui ont posé sur les gouffres de la conscience le réseau subtil et abstrait de la pensée, qu'en va faire le poète?

> Leur toile spirituelle
> Je la brise, et vais cherchant
> Dans ma forêt sensuelle
> Les oracles de mon chant.

On ne saurait dire avec plus de force que les racines du poème plongent dans les données élémentaires de la sensation, dans le spontané et le vital, non dans l'intellectuel et le volontaire.

Et voici *Le Cimetière marin* : symbole admirable de la conscience valéryenne, la mer s'étend devant les yeux fatigués de l'homme méditatif :

> O récompense après une pensée
> Qu'un long regard sur le calme des dieux!

— la mer, surface lumineuse et calme qui reflète le soleil perpendiculaire de midi, mais aussi mouvante et foisonnante profondeur. Or que faut-il chérir davantage : cet immobile miroir d'absolu, si pareil à la mort, ou ce réservoir inépuisable de force, de vie éphémère et précieuse? Valéry choisit la vie :

> Le vent se lève!... Il faut tenter de vivre.

Déjà, *La Jeune Parque* concluait par une conversion à la vie et au soleil sa méditation nocturne, désolée de lucidité stellaire :

> Je te chéris, éclat qui semblais me connaître,
> Feu vers qui se soulève une vierge de sang.

Et c'est encore au soleil que le poète, tenté par la pureté de la mort, demande une illusion qui l'en sauve :

> Soleil! Soleil! Faute éclatante!
> Toi qui masques la mort, Soleil,
> Sous l'azur et l'or d'une tente
> Où les fleurs tiennent leur conseil;
> Par d'impénétrables délices,
> Toi, le plus fier de mes complices
> Et de mes pièges le plus haut,
> Tu gardes les cœurs de connaître
> Que l'Univers n'est qu'un défaut
> Dans la pureté du Non-Etre!

Tentation du Néant, reconnu par l'esprit à l'extrême de l'Analyse; tentation de la Vie, inspirée à l'âme par la chair ivre de sa propre chaleur : entre ces deux attraits, le poète se divise, et c'est parce qu'il a subi aussi le second qu'il a sauvé sa poésie de la *Catastrophe d'Igitur*, de la stérilité finale de Mallarmé, et que sa rhétorique splendide, secrètement dramatisée, est au-delà d'un supérieur jeu de mots.

Comme il y a, chez Valéry, suspendue à la notion d'un esprit qui n'est que liberté créatrice, une théorie de la gratuité poétique, à laquelle la vivacité de sa nature lui permet d'échapper, il y a aussi une théorie de la gratuité intellectuelle, qui devrait aboutir logiquement à une méditation sans objet et au suicide de la pensée. En effet, il semble parfois que le but de son effort intellectuel ne soit pas de conquérir une vérité toujours fuyante et d'ailleurs insignifiante, mais de posséder pleinement son esprit et d'atteindre à la parfaite maîtrise de cet instrument, de telle sorte qu'il puisse ensuite, selon les circonstances, l'appliquer à n'importe quel travail et à n'importe quelle recherche. Penser ne serait pas autre chose que d'exercer l'intelligence à jouir d'elle-même. Un critique, M. Lannes, a justement noté [1] ce qui fait la situation originale de Valéry parmi les grands créateurs de sa taille, Ronsard, Bossuet, Voltaire, Chateaubriand, Hugo : alors que ceux-ci ont toujours mis

---

1. Dans *Paul Valéry vivant. Cahiers du Sud*, 1946.

leur génie d'analyse et d'expression au service d'une cause qui touchait par quelque frontière à l'existence et à l'histoire (défense de la langue, de l'Eglise, du trône, de la liberté, du peuple), Valéry, lui, représente le cas exceptionnel d'un grand esprit, appliqué tout entier à découvrir ses propres lois, à assurer son propre fonctionnement, à conquérir la plénitude de sa liberté; il veut l'esprit au service de l'esprit. Mais qui ne voit combien peut devenir lassante et stérile cette sorte de gymnastique devant l'armoire à glace? Et surtout, comment serait-il possible de penser dans le vide, de séparer l'exercice de l'esprit du besoin de la vérité? Comment isoler radicalement la pensée de la vie et des problèmes que pose la vie? Gageure d'autant plus difficile à tenir pour Valéry qu'il n'était nullement un abstrait, un homme de cabinet et de bibliothèque, mais un génie vif, mobile et gourmand de tout; un homme de société avec les yeux bien ouverts sur le monde et sur l'histoire. Aussi ne s'est-il pas toujours complu à ses exercices de méthode et à ses gammes d'intellligence : il a porté sur les problèmes de son époque une attention et une faculté d'analyse que son hygiène intellectuelle avait rendues puissantes, et qui ont fait de lui un des grands témoins de ce siècle. Ici encore, le double attrait vers la négation et vers l'affirmation de la vie s'est résolu par une curiosité anxieuse des choses plongées dans l'existence, et d'autant plus précieuses qu'on les sent plus fragiles et plus menacées.

Regards sur le monde actuel : ce titre d'un volume d'essais de Valéry [1] recouvre assez bien toute une partie de son œuvre en prose. Regards d'une rare clairvoyance et qui l'induisaient à un pessimisme assez noir : ce n'est pas seulement la situation du monde d'aujourd'hui qui se découvre à lui catastrophique, c'est l'aventure humaine, considérée dans son ensemble, qui lui apparaît absurde et promise à une mauvaise fin. « Nous autres, civilisations, nous savons que nous sommes mortelles » — Valéry, dès 1919, dans l'euphorie d'une victoire qui semblait annoncer une ère de perpétuelles félicités, a poussé l'un des premiers le cri d'angoisse. Et c'est lui aussi qui, de cette angoisse, a donné une raison profonde : « Le temps du monde fini commence. » Tout son diagnostic de la civilisation moderne est un commentaire du mythe de l'apprenti-sorcier : l'esprit humain a réussi à construire des mécanismes si compliqués et si perfectionnés qu'il n'est plus capable, aujourd'hui, de les contrôler et de les conduire. Une escadre immo-

1. Stock, 1933.

bilisée dans la brume, voilà le symbole de notre monde d'ingénieurs déconcertés :

> Nous sommes aveugles, impuissants, tout armés de connaissances et chargés de pouvoirs dans un monde que nous avons équipé et organisé, et dont nous redoutons à présent la complexité inextricable. L'esprit essaie de précipiter ce trouble, de prévoir ce qu'il enfantera, de discerner dans le chaos les courants insensibles, les lignes dont les croisements éventuels seront les événements de demain.

Voilà ce qu'a fait la pensée — mais qui nous garantit que la pensée n'a pas été

> l'effet d'une sorte de crise, d'une poussée aberrante, comparable à quelqu'une de ces brusques variations qui s'observent dans la nature et qui disparaissent aussi bizarrement qu'elles sont venues? (...) Qui sait si toute notre culture n'est pas une hypertrophie, un écart, un développement qu'une ou deux centaines de siècles auront suffi à soutenir et à épuiser?

Effrayant détour de ce discours philosophique, parti d'une exaltation de l'esprit et constamment tourné à purifier son culte, et qui débouche soudain sur cette idée que l'esprit ne pourrait bien n'être qu'une erreur de la nature et un instrument de la mort!

Ainsi médite « l'Hamlet européen ». A ce point, le pessimisme tend au nihilisme, et c'est effectivement le nihilisme qui triomphe dans *Mon Faust* — ce testament de sa pensée, que Valéry écrivit durant les jours tragiques de 1940, et qui fut publié posthume. On y entend le cruel dialogue d'un Faust qui écrase Méphistophélès de son ironique dédain, parce que, désormais, il n'a plus besoin de lui. L'esprit du mal, c'est l'esprit de destruction. Jadis, l'homme croyait en lui-même, et il avait besoin du symbole de Satan pour représenter l'ennemi, la puissance du Rien. Aujourd'hui, cette poupée lui est devenue inutile : il suffit à l'homme de son esprit pour tout détruire en lui et hors de lui — convictions morales, raisons métaphysiques, institutions, lois et culture et jusqu'à la structure même des choses. La vie, pourtant, demeure attrayante : l'amour, la joie, les fleurs... Faust, au terme de sa route de désespoir, a rencontré les fées, et ces puissances bienveillantes de l'instinct essaient de le convertir au bonheur. « Non, non! » dit Faust :

... N'égarez point vos complaisances, fées.
Si grands soient les pouvoirs que l'on m'a découverts,
Ils ne me rendront pas le goût de l'univers,
Le souci ne m'est point de quelque autre aventure.
Moi qui sus l'ange vaincre et le démon trahir,
J'en sais trop pour aimer, j'en sais trop pour haïr,
Et je suis excédé d'être une créature!

Et les fées doivent reconnaître qu'elles ne peuvent rien pour lui, car leur charme se brise contre certains mots qui commandent le destin de certains hommes. « Sais-je l'un de ces mots? » demande Faust.

LA SECONDE FÉE. — Tu ne sais que nier.

LA PREMIÈRE FÉE. — Ton premier mot fut « non ».

LA SECONDE FÉE. — Qui sera le dernier.

Et telle est, en effet, la dernière ligne de la dernière œuvre de Paul Valéry. « De Léonard à Faust, a écrit André Rousseaux, la courbe est d'un dessin parfait où le poète de la connaissance s'épure et se vide dans la figure totalement négative du poète du Néant. » Mais alors, Emmanuel Mounier n'était-il pas justifié à reconnaître : « Cette pensée sans pli n'a pas de sillons pour nos plus pressantes questions »? Contre une théorie stérilisante, Valéry a réussi à sauver sa pensée du jeu pur, il l'a employée à une méditation grave sur l'avenir de la civilisation et sur le salut de l'espèce. Mais, cette méditation même, l'attitude habituelle de son esprit et les intentions de sa métaphysique l'ont inclinée, par une conséquence nécessaire de ses principes, vers une conclusion de négation et de désespoir. « Qui m'eût dit — avoue le disciple à son maître — que je trouverais dans l'illustre Faust cette profondeur d'amertume? Vous éclairez tout ce qu'on aime d'une lumière étrange et froide. »

S'il faut oser conclure, je le ferai en situant la position de Valéry par rapport à l'humanisme. Une pensée humaniste a deux mouvements distincts et complémentaires. Le premier mouvement est un recours confiant à l'intelligence comme faculté de discernement du vrai et du faux et comme faculté fabricatrice; il reconnaît et accepte une hiérarchie entre les fonctions de la conscience, la souveraineté étant dévolue à la raison. En ce sens, l'attitude valé-

ryenne — qui continue, en la poussant à ses extrêmes conséquences, l'attitude cartésienne et celle des hommes de la Renaissance —
est positivement humaniste et, sous cet angle, son exemple et sa
leçon sont salutaires. « Valéry, a écrit récemment Lucien Fabre [1],
en qui je m'accorde à reconnaître, avec Alain, le Descartes de notre
temps... » — un Descartes qui n'aurait écrit que le *Discours de la
Méthode*, mais non la *Dioptrique*, car il raisonne sur la science
sans contribuer à la faire, ni les *Méditations*, car il exclut par principe l'approche métaphysique de Dieu; un esprit néanmoins en qui
nous ne louerons jamais trop le goût de la perfection, la volonté
méthodique d'éclairer l'obscur, l'obstinée rigueur; un artiste — il
faut encore l'accorder à Lucien Fabre — « qui reste pour toujours
un facteur d'émulation et de perfectionnement » et dont la leçon,
au siècle du Surréalisme, de l'Existentialisme et autres formes d'un
irrationalisme périlleux, est particulièrement opportune.

Mais, ne l'oublions pas : il y a un second mouvement nécessaire
de la pensée humaniste, celui qui tend moins à élever l'esprit à un
point pur d'où il domine extérieurement le monde qu'à le plonger
au contraire dans l'épaisseur du réel et dans la chaleur du vivant
par un acte de pénétration intime et sympathique; celui qui fait
appel, par conséquent, aux puissances du désir, aux instigations
profondes de l'être allant vers l'être, pour atteindre à une forme
de connaissance qui soit conscience d'une solidarité de l'homme
avec l'homme et avec le monde. L'Eros spirituel de Platon, l'*amor*
de saint Augustin, le cœur de Pascal et, dans un autre sens, celui
de Rousseau, l'intuition de Bergson : autant de forces utilisées successivement par l'humanisme pour posséder l'intégrité de son
domaine en dépassant les frontières du rationnel pur.

C'est pour n'avoir pas franchi ces frontières que l'humanisme
valéryen apparaît froid et, s'il faut le dire, insuffisammment
humain. Valéry résume l'acte spirituel pur dans un acte intellectuel qui n'est pas même de saisir ou de déduire le vrai, mais d'imposer à la pensée un ordre et un rythme choisis. N'est-ce pas contester en même temps l'ordre de la charité et l'ordre de la vérité?
N'est-ce pas, au fond, dépouiller l'homme de cette part éternelle
de lui-même, de cette âme qui soupire vers le vrai, le juste et le
beau — étincelle tirée d'un foyer qu'elle n'a pas allumé, mais où la
rappelle le libre mouvement de sa nature? N'est-ce pas enfin

1. *Revue de Paris* septembre 1950.

étouffer, dans l'orgue poétique, la voix la plus suave et la plus
noble, cette voix humaine, souffrante et priante, si riche et si belle
de crier une absence et un désir qu'elle n'est pas indigne de s'accorder, dans le sonore abîme éternel, avec la divine harmonie des
sphères et le chœur parfait des anges?

Dans sa poésie comme dans sa pensée, Valéry hésite entre le goût
de l'idée sèche et abstraite et le plaisir de la sensation; disons
mieux : il corrige un idéalisme métaphysique par un sensualisme esthétique. Mais il y a un champ de forces qu'entre
ces deux pôles son discours ne traverse jamais, et c'est celui du
cœur. D'où l'impression déconcertante et décevante que nous laisse
cette grande œuvre. J'en vois, quant à moi, l'erreur fondamentale
dans la réduction du spirituel à l'intellectuel; tout le reste suit : la
négation des essences, l'art conçu comme un jeu et la pensée comme
un exercice, et le nihilisme final au terme d'une analyse qui a tout
décomposé. Triste esprit pur, en effet, celui qui serait pur intellect! L'esprit enveloppe l'intelligence, mais va bien au-delà. L'intelligence est connaissance des faits et des buts; l'esprit l'est des
valeurs et des fins. L'intelligence est un instrument au service de
la vie; l'esprit est le souffle même et le mouvement de l'être vers
sa plénitude. Alors que l'intelligence pense seulement des équations
de forces dans l'ordre du nombre, il comporte, lui, un sens de la
justice qui reconnaît des droits absolus et des valeurs immesura-
bles; il est instinct du beau et de la grâce quand elle n'est que
recherche et organisation de l'utile; enfin, tandis que, n'étant que
curiosité de connaître, l'intelligence peut être démoniaque, dans
son essence l'esprit est amour, et tend vers Dieu.

Je citais tout à l'heure cette page significative dans laquelle le
poète rapportait au spectacle de la mer le besoin que l'homme
éprouve de penser. Combien ce symbole est parlant! Surface mobile
et cependant immuable des flots, rythme pendulaire du flux et du
reflux : parfaite image d'une pensée qui est transparence sans
transcendance, exercice sans objet, balancement de la vie à la mort
et de l'être au néant, et qui dépose sur la plage quelques pensées dures et quelques vers solides comme de beaux coquillages
sonores, étincelants et froids. (*)

PAUL CLAUDEL
...ou l'esprit du monde

TOUS, ils cherchaient des dieux. Gide avait appelé Dieu son désir, et Valéry croyait aux Idées. Proust avait voulu vivre l'instant éternel en ces points éclatants de la durée que la mémoire conserve et que l'art immobilise. Maurras, vers le même temps, adorait les idoles de son intelligence, et Colette les élans de sa sensualité. Mais Claudel chantait devant Dieu.

Le règne intellectuel et littéraire de Claudel est un des faits essentiels de l'après-guerre. Historiquement, son cas est analogue à celui de Gide, de Valéry et de Maurras. Tous les quatre, ils avaient débuté dans les lettres vers la fin de l'autre siècle, et conquis avant 1914 une notoriété solide, bien que limitée à des élites encore restreintes. Dans les années 1920, ils atteignaient l'âge des maîtres; par ce qu'ils avaient mis dans leur œuvre de positif et de fervent, ils pouvaient l'être, et ils le furent en effet; le monde intellectuel français se soumit largement à leurs influences. Mais le cas de Paul Claudel était, à première vue, le moins clair et demeure le plus surprenant. Avec des accents fort différents, Gide, Valéry et Maurras faisaient figure de grands classiques français. Leurs œuvres s'inséraient dans une tradition longue et toujours bien fournie de moralistes et de maîtres à penser, et c'est de ce côté que l'esprit français se tourne le plus naturellement quand il veut admirer et suivre. Leurs styles avaient d'ailleurs, chacun dans son ton et selon son timbre, ces qualités logiques d'ordre et de transparence qui paraîtront toujours précieuses dans la nation de Descartes, de Pascal, de Voltaire et de Stendhal. Mais Claudel est inclassable. Ni la forme de son esprit, moins incliné vers l'analyse que vers la synthèse, ni la nature de ses préoccupations, plus métaphysiques que psychologiques et morales, ni la tendance essentiellement mystique de sa pensée, ni enfin l'irrégularité de son goût et le véhément désordre de son style ne le rattachaient aux plus larges courants de notre littérature nationale. Ce n'est pas à dire qu'il ne participait pas à l'âme de la France; tout au contraire, ce bourgeois catholique avait, comme le paysan Péguy, la terre de Jeanne d'Arc à ses souliers, et dans son cœur l'amour simple et fort qui a fait jaillir les cathédrales. Mais ce qu'il portait de la tradition française, n'était-ce point précisément ce qui, depuis la Renaissance et malgré le Romantisme, a tant de peine à s'exprimer dans notre culture : l'âme d'un peuple baptisé chrétien?

Par le sens de son inspiration, Claudel n'a de ressemblance qu'avec ceux de nos écrivains qui ont placé Dieu au centre de leur œuvre; ils ne sont pas nombreux, mais considérables, ne faudrait-il citer que Pascal, Bossuet et Rousseau. D'un autre côté, on lui sent une parenté avec ceux qui ont eu, si j'ose dire, l'âme peuple : un Hugo, un Michelet, un Péguy. Mais, des deux parts, ce sont des affinités bien générales et lointaines, et que d'ailleurs il récuse : car il déteste aussi cordialement la noble éloquence des Classiques que l'idéologie pathétique du Romantisme. Eschyléen et dantesque dans une nation dont le goût a déjà de la peine à comprendre la haute poésie de Sophocle et la mystique subtilité de Pétrarque, et prophète biblique qui bouscule l'élégante mythologie des classes de latin, son génie erratique avait beaucoup de raisons de déconcerter le lecteur français. Et non pas seulement, hélas! sa singularité : ses inégalités aussi. Car la puissance du génie claudélien ne doit point nous cacher ses faiblesses.

Peu d'écrivains ont eu des détracteurs plus sourds et des admirateurs plus bruyants : les uns et les autres ont généralement manqué le point d'une exacte critique. Qui ne sent le sublime des premier et dernier actes de *L'Annonce*, la profondeur humaine de certaines scènes de *L'Otage*, tantôt la grandeur et tantôt la fantaisie de quelques pages du *Soulier de satin*, le souffle lyrique des *Grandes Odes* et du *Cantique de Mésa*, ou l'insinuante poésie de *Corona Benignitatis* est manifestement un barbare. Mais on n'est pas un Bidens ou un Hinnulus parce qu'on fait des réserves sur une poétique et une stylistique éminemment discutables.

On sait, par exemple, que la grande invention de Claudel dans le domaine de la prosodie est d'avoir substitué au vers régulier et au vers libre le verset, lequel est essentiellement respiratoire. C'est le rythme de la respiration qui doit couper la strophe et l'accorder exactement au mouvement intérieur de l'émotion et de la pensée. Principe en soi fort admissible. Mais est-il certain que, dans la réalité, ce flottant découpage ne soit pas au moins aussi arbitraire que les nombres fixes du vers classique, et qu'il ne se réduise pas souvent à un artifice de typographie?

Soit cette strophe :

Faites que je sois parmi les hommes comme un homme sans visages et ma
Parole sur eux comme sans aucun son, comme un semeur de silence, comme un semeur de ténèbres, comme un semeur
[d'églises...

Imagine-t-on un récitant qui reprendra son souffle sur *ma*, entre le possessif et le substantif? Et s'il le faisait, quelle valeur de signification aurait cette anomalie? On dira d'ailleurs ce qu'on voudra pour la défense du verset claudélien : il est au moins une qualité que possède le vers des grands poètes, Virgile, Dante, Shakespeare ou Hugo, et qui lui manque : il n'est pas mnémotechnique. Or c'est assurément un des caractères les plus essentiels du style poétique que de composer un verbe qui, d'un seul bloc, avec son sens, ses harmonies, ses images et son élan, touche, frappe, ébranle l'esprit et adhère à la mémoire comme une flèche. Le verset claudélien se déroule plutôt avec des lenteurs sinueuses de lasso, mais d'un lasso qui manque quelquefois le but, ou qui cède quand l'intelligence ose tirer dessus. Il est très beau d'écrire : « Oh! mon âme, le poème n'est point fait de ces lettres que je plante comme des clous, mais du blanc qui reste sur le papier », car il est bien vrai que la poésie fleurit à la frontière ambiguë du verbe et du silence; mais encore faut-il que, par les mots impurs, règne cette puissance secrète qui pousse l'âme au pressentiment recueilli de l'indicible. Et quand, dans le poème qui a pour titre *Verlaine*, je me heurte à ce verset : « Sa femme lui notifie un jugement de séparation », je ne sens plus passer, je m'en confesse, dans cette phrase de clerc d'avoué, le flux poétique, et le blanc de la page ne me dit pas beaucoup plus que les lettres imprimées.

On dira que ces apparentes maladresses ou ces prosaïsmes apprê-

tés sont beaucoup moins des défaillances du génie que les conséquences d'un système. Il est exact que Claudel a eu le souci —
légitime à un certain point de vue — de briser définitivement le
moule du style noble et des conventions classiques. Il a voulu le
chant si pur qu'il' fût libéré, non seulement des fausses harmonies
de l'éloquence, mais des règles mêmes de la syntaxe (et, soit dit en
passant, cette fureur iconoclaste n'a pas pesé pour rien parmi les
raisons qui l'ont recommandé dans l'âge surréaliste). Toutes les
théories esthétiques sont admissibles, à condition d'arriver à l'effet.
Mais ce qu'il faut bien constater, en critique sereine et impartiale,
c'est que Claudel n'arrive pas toujours à l'effet. Sous prétexte de
délivrer l'inspiration de la syntaxe traditionnelle, il a créé une syntaxe artificielle et arbitraire qui, parfois, semble abîmer la langue
sans profit. Quand, par exemple, il s'agit de dire : « On s'entend
bien ensemble, vous et moi », où est la nécessité musicale et poétique qui fait écrire : « Ça fond bien ensemble nous deux vous »?
Et soit cette strophe où s'exprime l'enthousiasme de la création
poétique :

> Voici soudain, quand le poète nouveau, comblé de l'explosion
>   [intelligible,
> La clameur naïve de toute la vie roulée par le nombril dans la
>   [commotion de la base
> S'ouvre, l'accès
> Faisant sauter la clôture, le souffle de lui-même
> Violentant les mâchoires coupantes,
> Le frémissant novénaire avec un cri,

— Nous percevons sans doute, dans une nuée d'orage, un sentiment
sublime, un rythme exaltant et de grands fragments d'images.
Mais serions-nous moins bouleversés si la période était mieux
construite, et faut-il croire que la technique de la haute poésie soit
fatalement de massacrer de la prose? En tout cas, le résultat n'est
pas celui que l'on pouvait espérer. Nous allions peut-être avoir la
grande poésie nationale qui nous manque toujours, le chant simple
et fort où l'âme d'un vieux peuple chrétien retrouverait enfin son
visage et sa spiritualité. Mais cette fonction sacrée de poète populaire, il est peu probable que Claudel réussisse jamais à l'assumer :
contre les subtilités des pédants et les raffinements des lettrés, il a
inventé d'autres subtilités, d'autres raffinements, et il n'est accessible, en fin de compte, qu'à une élite rétrécie d'intellectuels
exercés.

Ai-je besoin de dire que mon propos n'est aucunement d'amoindrir ou de détourner l'admiration due à un très grand créateur d'images et à un profond poète de l'âme? Mais ce n'est pas diminuer sa gloire dans nos Lettres, que de souligner ce qu'il y eut de paradoxal dans la façon dont elle éclata malgré les caractères insolites et déconcertants de l'œuvre. Non pas, je le répète, le grand public, mais tout ce qu'il y avait de vivant et de fervent dans le public lettré a aimé, applaudi, vénéré Claudel. Quelques-uns des esprits les plus remarquables de notre temps, et de tendances fort diverses, non seulement un François Mauriac, un Jacques Rivière, un Francis Jammes ou un Charles Du Bos, mais aussi un Georges Duhamel ou un Drieu La Rochelle ont avoué une de leurs sources en lui. Les singularités de style, de musique ou même de pensée n'avaient pu empêcher que fût entendue cette voix vigoureuse qui criait, parmi tant de rumeurs mornes et de fines chansons moroses, la joie de sa certitude, de son espérance et de son amour.

Car Claudel enseignait et chantait la joie. Précisons : il enseignait et chantait la joie du chrétien.

Il n'y était pas arrivé du premier coup, mais au terme d'une rude montée qui dura quelque vingt ans. Jacques Madaule en a recomposé l'histoire, dans son magistral *Génie de Paul Claudel* [1], d'une manière si exacte et si subtile que le poète, dans la préface accordée à son exégète, a reconnu qu'il l'avait éclairé sur bien des points en lui demeurés obscurs à lui-même. Il serait prétentieux de se passer de ce guide pour approcher les secrets de cette âme.

Qui veut suivre l'évolution de Claudel doit partir de son enracinement à la terre. Né d'une bourgeoisie rurale, c'est une sagesse paysanne qui l'a formé, et un texte important de *Connaissance de l'Est* nous le montre, « enfant balancé parmi les pommes », regardant passionnément, de l'arbre où il est perché, son morceau de terre, et assumant intensément la réalité de l'univers. Esprit solide, avec quelque chose de trivial et parfois d'un peu fruste, Claudel a pris possession du monde par les yeux, par tous les sens, par tout le corps, avant de le pénétrer par l'intelligence, suivant la méthode

---

1. Desclée de Brouwer. Les Iles, 1933. Du même : *Les Drames de Paul Claudel*, Desclée de Brouwer, 1947.

paysanne et non pas suivant la méthode universitaire, et, sur ce point du moins, la première, toute concrète et vitale, est probablement supérieure à la seconde. Et c'est d'ailleurs en quoi l'auteur champenois de *L'Annonce faite à Marie* donne une main robuste au chantre beauceron de Notre-Dame de Chartres et de Jeanne d'Arc : à Péguy. Telle est bien l'intuition-mère autour de laquelle s'organisera une pensée vouée à se charger du poids de ce qui est et de la présence de Celui qui est : tout enfant, Claudel a fait une découverte simple et immense, il a regardé les choses et il a su que les choses sont.

Vers 1884, élève d'un lycée de Paris, ce jeune réaliste subit l'ambiance de son temps, et d'abord le matérialisme l'attire. Des délicats — Pierre Lasserre entre autres — le lui ont reproché; et de fait, ce choix dénote au premier abord une certaine vulgarité de pensée. N'était-ce pas le temps où *Les Déracinés* de Barrès faisaient pathétiquement leur philosophie, et pour un jeune catholique qui rejetait son catéchisme, n'y avait-il pas alors d'autres voies de fuite plus ascendantes et mieux aérées que le lourd matérialisme de Ribot? Par exemple, le kantisme rajeuni par Burdeau, la religion humanitaire dont la vieillesse de Hugo prolongeait le prestige, le positivisme conservateur de Taine ou l'idéalisme élégamment sceptique de Renan? Sans doute; mais le choix de Claudel ne doit point surprendre; c'est le choix d'un génie rustique qui pense avec son bon sens, et non avec son imagination et son cœur; si la vie n'a pas une signification surnaturelle, eh bien! obéissons franchement à la nature; installons-nous dans la matière, possédons les choses, soyons puissants par la machine, heureux par l'animal.

Ces lourdes chaînes du matérialisme, on sait — Claudel l'a répété dans maints textes — que c'est une lecture de Rimbaud, faite durant la crise intellectuelle de la dix-huitième année, qui les a brisées. C'est Rimbaud, l'obscène ami de Verlaine, c'est le « Satan adolescent » qui fut pour le jeune Claudel l'agent de la grâce. Paradoxe, bien sûr, mais non pas absurdité. Rimbaud a vécu dévoré de faim mystique, hanté par la curiosité de l'éternel, par le pressentiment d'un monde surréel dont il voulait que le poète fût le voyant. Que sa quête se fût trompée de route, qu'il eût cherché l'extase de l'esprit dans le dérèglement des sens et non dans l'ascèse purificatrice, n'empêchait point que son cri : « Nous ne sommes pas au monde », en plein triomphe du positivisme, ne fût libérateur. Grâce à lui, expliquera Claudel, « je sortais enfin de ce monde hideux de Taine, Renan et des autres molochs du XIXᵉ siècle, de ce bagne, de cette affreuse mécanique (...). J'avais la révélation du surnaturel. »

C'est ainsi qu'un jour de l'été 1886, la lecture des *Illuminations* nettoyait une jeune intelligence encombrée de scientisme, et frayait les voies à la grâce. Et six mois plus tard, aux vêpres de Noël, l'adolescent Claudel, dans la nef assombrie de Notre-Dame, tombait à genoux devant la face reconnue de Dieu et faisait un acte de foi que l'homme, le poète, le philosophe devait répéter durant toute une droite et longue vie de patriarche sans la moindre hésitation, le moindre doute, la moindre défaillance. Et pourtant, en cette soirée de Noël 1886, le cœur seul était possédé; des parties de l'intelligence résistaient encore. Quatre années jour pour jour passeront avant que Claudel ne fasse le pas décisif d'une conversion totale, c'est-à-dire s'approche des sacrements. Quatre années pendant lesquelles il lit la Bible, Dante et Aristote. Un peu plus tard, il découvrira le thomisme, dont le climat de sain réalisme lui plaira parfaitement. Mais si la pratique sacramentelle et l'adhésion intellectuelle ont fait de lui, dès 1890, un catholique fidèle, elles ne lui avaient pas encore imprimé ce sceau du chrétien accompli : la paix du cœur, la joie en Dieu. Au contraire, les premières œuvres, la première version de *Tête d'or*, commencée en 1889, et les *Vers d'exil*, écrits à Shanghaï en 1895, reflètent l'inquiétude, et parfois la désolation. Un conflit déchire cet homme vivant, qui adhère de toute la puissance de son tempérament vigoureux à la terre et aux choses, et qui sent d'autre part, non seulement proche de lui, mais installée au cœur de son être, la présence d'un Dieu exigeant dont la loi impose le détachement de soi-même et le renoncement au monde. A cette phase de vie, qui correspond exactement dans le temps à la période de la *Tentative amoureuse* et des *Nourritures terrestres*, Claudel est un frère de Gide. Un frère catholique, avec une formation plus dogmatique, une nature plus simple et plus saine; mais vivant le même drame fondamental : la division du cœur entre le Christ et le monde :

> L'inexorable amour m'a pris par les cheveux
> ...Me voici tout vivant entre vos mains sévères!

s'écrie-t-il alors avec plus de peur et de secrète colère que d'amoureux abandon.

Ainsi ἔρος et ἀγάπη, désir et amour, nature et grâce mèneront leur duel dans cette âme loyale et forte, dont le signe le plus évident de noblesse est qu'elle n'admet pas le compromis. Paul Claudel, comme André Gide — et c'est la raison première de leur passagère amitié, et aussi de leur double et profond empire sur les esprits — ne pouvait vivre que de ferveur et de sincérité intégrales, dans un engagement sans réserve à une loi choisie. Pour Gide, cette loi sera finalement de ne rien opprimer en soi, d'accepter, d'entretenir même les contradictions fécondes; Claudel, au contraire, avait besoin d'aboutir à une affirmation, à une constance et à un ordre. Le protestant, dont le rapport avec Dieu est sur le mode de la conversation, allait se complaire longtemps dans un état de dialogue intérieur; mais le catholique, plié au renoncement de son sens propre et à la soumission adorante, souhaitait l'unité d'âme et la simplicité de l'état d'oraison. Charnel et dévot, Claudel n'aura trouvé la paix, et dans cette paix la source de sa poésie, qu'en réalisant l'équilibre entre les deux pôles de sa personnalité, qui sont, au vrai, les deux puissances de la personne humaine : esprit et chair. Plus précisément, il devra la conquérir de haute lutte, en rejoignant son christianisme et son naturalisme dans une synthèse que Marcel Raymond a bien appelée un « réalisme mystique », et à laquelle le terme d' « humanisme intégral » pourrait aussi convenir.

Il est notable, en effet, que l'ascension de Claudel vers la joie (qui lui a coûté une quinzaine d'années d'efforts jusqu'aux *Grandes Odes*, vers 1905) a eu pour visibles repères moins des drames (*Tête d'Or, la Ville, l'Echange, Partage de midi*) ou des poèmes (*Vers d'exil*), qui traduisent plutôt le déchirement et le désarroi de l'âme, que des ouvrages en prose (*Connaissance de l'Est* et surtout *l'Art poétique*), dont le second a le caractère d'un discours métaphysique. C'est en élaborant une philosophie que Claudel entend surmonter l'obstacle intérieur à la joie; et à son principe, comme tous les penseurs systématiques, il place une théorie de la connaissance — ou plutôt de la *co-naissance*, car cette théorie repose sur un apparent jeu de mots. Pour Claudel, connaître le monde, c'est *co-naître au monde*, c'est-à-dire prendre conscience de la solidarité existentielle qui nous lie à lui. La création est une, et chaque chose, chaque être est partie de l'ensemble. Le cas particulier de l'homme est que, doué d'une âme intelligente, il est capable de porter en soi la conscience de l'univers en même temps que celle de son être individuel, qui en est une partie. Prenant ainsi son départ, la pensée de Claudel était en danger de glisser sur le versant panthéiste; mais elle y échappe par l'instinct profondément réaliste qui l'anime. L'intuition de l'existence distincte des choses est trop claire dans son esprit pour qu'il cède à la tentation de les confondre dans le grand Tout. En effet, pense-t-il, ce qui caractérise les êtres particuliers, c'est, d'une part qu'ils sont, et d'autre part qu'aucun ne se suffit à soi-même, chacun étant un effet qui dépend d'une cause et de toute une série de causes. Donc, il est évident que les choses participent à l'être, mais qu'en aucune d'elles ne se réalise l'être absolu, parfait, nécessaire que postule logiquement l'être relatif, imparfait, contingent. L'insuffisance des choses suppose une suffisance, et celle-ci ne saurait être située dans leur totalité, car on ne voit point comment on pourrait conférer au Tout un caractère de permanence et de subsistance dont sont manifestement dépourvues les parties. En clair, l'existence reconnue de l'univers postule, au jugement de Claudel, l'existence d'un Dieu transcendant. La valeur logique de ces déductions pourrait sans doute être discutée; mais peu importe : ce qu'il est intéressant de constater, ce ne sont pas les voies du raisonnement, c'est le but où il tend et où il arrive; retenons que la pensée de ce poète mystique ne donnera jamais rien au panthéisme et qu'elle se suspend tout entière à la transcendance de Dieu.

Voilà donc trois objets qui existent au regard de la pensée claudélienne : le monde; l'homme, qui est une partie du monde, mais qui ne se confond pas avec lui, parce qu'il a ceci de singulier que, doué d'une intelligence, il peut le connaître; et Dieu, qui est transcendant au monde. Nature, humanité, divinité : les trois existences sont fortement établies. Or ne sont-ce point les trois sources du lyrisme? Claudel les retrouve dans toute leur pureté et toute leur puissance. Mais l'originalité de sa position apparaît dans les rapports qu'il aperçoit entre les trois termes : c'est alors qu'il échappe totalement au Romantisme, qu'il en récuse avec force les principes, en évite les directions et en élude les suites. En effet, plus ou moins

consciemment, les Romantiques ont vécu, pensé et créé sur une
métaphysique panthéiste. Ils ont l'âme généralement religieuse : ils
disent bien Dieu, mais ce qu'ils appellent Dieu, c'est tantôt la
nature divinisée, tantôt l'humanité divinisée. La nature surtout :
« Elle est une mère », dit Lamartine dans une effusion optimiste;
« une marâtre », crie Vigny, dans un accès de mauvaise humeur;
« une mère universelle qui rêve à son Dieu », chante un peu confusément Hugo. En vérité, ces métaphores n'ont de sens, et la morale
romantique de la primauté de l'instinct n'a de sens, et la politique
humanitaire de Michelet et de Hugo n'a de sens que si la nature et
l'humanité sont, non les œuvres de Dieu, mais des parties de Dieu,
si l'univers enveloppe la puissance divine, et si les forces sponta-
nées de l'instinct et du sentiment réalisent un élan divin.

   Rien de tel chez Claudel. La nature existe, à ses yeux, comme
l'œuvre de Dieu, mais l'homme existe dans la nature comme sa
conscience et comme sa voix. Pour lui, comme d'ailleurs pour
Chesterton, la nature n'est pas la *mère* de l'homme, elle est sa *sœur*,
créée avec lui par le même Dieu et pour la gloire du même Dieu.
L'homme n'a donc aucune raison d'adorer la nature, et s'il souffre, ce n'est pas à elle qu'il devra demander sa consolation, ni d'elle
qu'il devra attendre quelque sympathie, car quoi de plus absurde,
se demande Claudel, que de s'attendre « à ce que nos joies fassent
reverdir nos potagers, et à ce que nos larmes influent sur la pression barométrique »? Mais l'homme, et plus singulièrement le
poète, doit chanter avec la nature et en son nom la gloire de Dieu.
Elle, infiniment riche de puissance inépuisable, fournira non seulement la matière de la vie, mais la matière de la pensée et du
chant — ces objets que l'esprit porte en lui en les nommant, ces
images qui découvrent en transparence et par reflet les réalités
essentielles. Lui, le poète, l'être par excellence intelligent et parlant,
il sera placé entre Dieu et le monde comme un témoin de l'un
devant l'autre, expliquant au monde la parole de Dieu et offrant à
Dieu l'hymne intelligible de la création :

Que le bruit se fasse voix et que la voix en moi se fasse parole!
Parmi tout l'univers qui bégaie, laissez-moi préparer mon cœur
     comme quelqu'un qui sait ce qu'il a à dire,
Parce que cette profonde exaltation de la Créature n'est pas vaine,
     ni ce secret que gardent les Myriades célestes en une exacte
     vigile;

Que ma parole soit équivalente à leur silence!
(...) Mais que je trouve seulement la parole juste, que j'exhale seulement
Cette parole de mon cœur, l'ayant trouvée, et que je meure ensuite, l'ayant dite, et que je penche ensuite
La tête sur ma poitrine, l'ayant dite, comme le vieux prêtre qui meurt en consacrant!

« Le prêtre qui consacre » : telle est bien, dans sa pureté définitive, l'idée que le poète se fait de sa vocation. Pour lui, l'ère de l'inquiétude, du déchirement entre Dieu et le monde est révolue : son âme peut se charger sans remords de tous les trésors de la terre, puisqu'elle a reçu mission et puissance de les porter devant le trône de Dieu et de consacrer par le verbe la création au Créateur. Réalisme mystique, et aussi poétique, puisque l'amour des choses et l'amour du Seigneur s'épousent, comme pour les anges musiciens, dans la paix souveraine d'une prière qui est chant. Et alors peut éclater ce *Magnificat*, jubilante offrande par la voix de l'homme des choses qui sont au Dieu qui est :

Soyez béni, mon Dieu, qui m'avez délivré des idoles, et qui faites que je n'adore que vous seul et non point Isis et Osiris,
Ou la Justice, ou le Progrès, ou la Vérité, ou la Divinité, ou les Lois de la Nature, ou l'Art, ou la Beauté,
Et qui n'avez pas permis d'exister à toutes ces choses qui ne sont pas, ou le Vide laissé par votre absence.
Comme le sauvage qui se bâtit une pirogue et qui, de cette planche en trop fabrique Apollon,
Ainsi tous ces parleurs de paroles, du surplus de leurs adjectifs, se sont fait des monstres sans substance,
Plus creux que Moloch, mangeurs de petits enfants, plus cruels et plus hideux que Moloch.
Ils ont un son et point de voix, un nom et il n'y a point de personne,
Et l'esprit immonde est là, qui remplit les lieux déserts et toutes les choses vacantes.
Seigneur, vous m'avez délivré des livres et des idées, des idoles et de leurs prêtres,
Et vous n'avez point permis qu'Israël serve sous le joug des Efféminés.
Je sais que vous n'êtes point le dieu des morts, mais des vivants,
Je n'honorerai point les fantômes et les poupées, ni Diane, ni le

Devoir, ni la Liberté et le bœuf Apis;
Et vos « génies », et vos « héros », vos grands hommes et vos
surhommes, la même horreur de tous ces défigurés.
Car je ne suis pas libre entre les morts,
Et j'existe parmi les choses qui sont et je les contrains à m'avoir
indispensable.
Et je ne désire de n'être supérieur à rien, mais un homme *juste*.
Juste comme vous êtes parfait, juste et vivant parmi les autres
esprits réels...

A ce point de son évolution spirituelle, Claudel a conquis une
joie qui ne cessera désormais de déborder dans son œuvre, et qui
était vraiment l'objet de sa quête. Joie, et non pas seulement bonheur; car, tandis que le bonheur dépend pour la plus grande part
de conditions qui sont hors de nous, la joie a sa source en nous-
mêmes, dans l'ordre et la paix de l'âme, et rien, pas même la douleur, ne peut l'ébranler. Qui cherche le bonheur s'attache à conquérir le monde. Qui veut la joie cherche plutôt à se détacher du
monde, non certes pour le haïr, mais pour le posséder en esprit et
l'aimer d'un amour épuré. Pourquoi souffrir, pourquoi hésiter,
douter et craindre dans un monde qui a la plénitude et la perfection de la sphère, avec Dieu en son centre? D'abord, il y a Dieu.
Devant le trône de Dieu, il y a la Nature et l'Homme, voués à
l'adorer dans une étroite communion. Là où l'homme accomplit sa
vocation adoratrice, il y a l'ordre et la joie. Que si, au contraire,
se détournant du foyer divin vers soi-même et vers la nature, il
cherche à se contenter de sa propre existence et à s'établir dans son
orgueil, c'est la rupture de l'ordre, le péché, et tout le mal qui s'ensuit pour l'individu et pour la société. C'est Besme, dans *La Ville*,
accumulant les ruines pour avoir construit une cité d'ingénieurs
qui attend son bonheur de la richesse et de sa puissance maté-
rielle; c'est Léchy, dans *L'Echange*, troublant l'ordre en elle et
autour d'elle pour avoir revendiqué la liberté des passions; c'est
Mara, dans *L'Annonce*, furieusement livrée à l'esprit de la terre, et
c'est surtout *Tête d'or*, « héraut d'une jeunesse dévorée de fureur
et de soif », immense incarnation de l'orgueil humain, et dont la
catastrophe, au sommet du Caucase, nous paraît avoir aujourd'hui
la grandeur d'une prophétie. Par contre-épreuve, il y a les purs et
les humbles, ceux qui prononcent le *fiat* et qui obéissent à la Loi

(Violaine ou Marthe), ou les fiers qui finissent par s'incliner, comme Rodrigue et Prouhèze; et ceux-là sont, à travers même le péché, faiseurs d'ordre et semeurs de joie.

La sagesse de Claudel, nie donc exactement et refuse toutes les tentatives de l'esprit moderne pour mettre l'homme au centre du monde, et la volonté de posséder la terre au milieu du cœur de l'homme. Claudel, c'est l'anti-Voltaire, l'anti-Gœthe, l'anti-Marx; et c'est surtout l'anti-Gide. Car, visiblement, le problème s'est posé, au point de départ, de la même façon pour ces deux hommes, l'un et l'autre ayant été d'abord en proie à l'enivrant désir d'épuiser la vie, et ils étaient nés tous les deux avec ce signe d'élection : le besoin d'adorer; mais Gide devait conclure par un abandon au monde et par une théologie de l'immanence, en divinisant les choses mêmes à l'instant où elles sont possédées; et Claudel a conclu, au contraire, par un abandon à Dieu et par une théologie de la transcendance qui lui fait aimer le monde en Dieu.

Qu'une telle démarche soit authentiquement mystique, c'est l'évidence même. Cette joie, qui est en même temps détachement et possession, renoncement et accomplissement, ce bonheur tranquille d'action de grâces ne sont possibles que pour une âme exercée à la vie spirituelle et pour un cœur purifié. Or tout s'est passé apparemment comme si Claudel avait résolu le conflit qui le déchirait — ce double attrait de la convoitise charnelle et de l'amour divin — par progrès dialectique et par découverte intellectuelle. Il semble que ce fût en élaborant une théorie de la connaissance et en arrivant, par celle-ci, à une vue rationnelle des rapports de l'homme avec Dieu et avec la nature, qu'il aurait découvert la solution de son conflit intérieur, la recette spirituelle pour concilier la fidélité à la terre et la fidélité à Dieu.

Est-ce manquer d'égards pour l'intelligence que de soulever un doute sur l'efficacité du procédé, et n'avons-nous pas là une explication donnée après coup? Sur ce que nous entrevoyons aujourd'hui de la biographie du poète, sur ce qu'on peut savoir d'une crise sentimentale qui a coïncidé avec ses années d'anxieuse recherche et dont *Partage de Midi* semble renvoyer un reflet, ne jetons pas d'indiscrets regards. Mais, à s'en tenir à l'aspect général du problème, n'est-il pas évident que, si un homme parle d'une division de son cœur entre l'amour de la terre et l'amour de Dieu, il faut donner au premier terme un contenu psychologique précis, où se retrouvent les convoitises de la chair et les élans de la passion? Et ces

émeutes de la nature, est-il vraiment au pouvoir d'une construction rationnelle, aussi forte et ingénieuse soit-elle, de les réprimer?
Ce n'est pas à dire que la méditation philosophique de Claudel ait
été sans efficacité morale et que les raisonnements abstraits de
L'Art poétique n'aient préparé d'une certaine façon le cantique
jubilant des *Grandes Odes*. Mais on peut tenir pour probable que
l'évolution ne s'est pas produite sur ce seul plan et que même, dans
ce qu'elle eut de décisif, elle a dû affecter un domaine plus secret,
invisible et indicible : le recès du cœur où s'affrontent la grâce de
Dieu et la volonté de l'homme. Ce qui est, en tout cas, certain,
c'est que la foi religieuse de Claudel telle que, depuis bientôt un
demi-siècle, toute son œuvre l'exprime, est autre chose et mieux
que la croyance en une existence : elle est le sentiment d'une présence; et la valeur de la littérature claudélienne réside certainement
moins dans sa charpente idéologique que dans son atmosphère spirituelle. Car on peut toujours contester l'itinéraire d'une intelligence
et le caractère subjectif de sa certitude; mais on ne peut que constater et envier l'exaltation d'une âme dans la joie et la paix d'un
amour.

Au point où nous a conduits cette analyse, et si l'on se reporte
à l'attitude intellectuelle de Valéry telle qu'elle nous est apparue
d'autre part, il saute aux yeux combien ces deux génies, découverts
et admirés dans le même temps, sont antagonistes : astres également éclatants, mais profondément différents par leurs spectres, et
d'influences contraires. Chez Valéry, tout cède à une analyse
rigoureuse, tout se subordonne à la poursuite d'une conscience pure
qui, à force de se purifier, finit par se confondre avec l'aspiration
au néant. Le monde existe-t-il? En tout cas, il n'a pas de signification ni de fin, et l'esprit seul importe. Les choses, pour autant
qu'elles existent, sont essentiellement impures aux yeux de l'esprit,
qui aspire, par une usurpation sacrilège, à se penser soi-même,
comme Dieu. Pour Claudel, au contraire, tout est réalité; non seulement le moi, l'âme, l'esprit, les réalités spirituelles indestructibles,
mais aussi bien le monde, le cosmos, l'univers organisé, créé par une
volonté divine et régi par une intelligence souveraine. La vie a sens
et valeur. Le monde a sens et valeur. Les choses sont véritables, étant
sorties des mains de Dieu, et l'acte suprême de l'esprit est non plus

de se contempler soi-même, mais de contempler la création et d'adorer le Créateur. S'il a jamais été permis d'opposer, dans leur signification métaphysique, les termes d'idéalisme et de réalisme, c'est bien le cas pour situer, l'un par rapport à l'autre, le père de M. Teste et le poète du *Soulier de Satin*. Et le contraste éclate dans leurs styles. Une poésie lourde de présence réelle, qui assume en même temps le poids du monde et la personne de Dieu, ne peut s'exprimer dans la forme claire, correcte et logique que choisissent les analystes du cœur et les lyriques de l'intelligence; de même que l'intellectualisme exaspéré de Valéry se traduit dans la forme la plus régulière et la plus concertée qui soit, le réalisme de Claudel tend naturellement à s'exprimer dans le mouvement torrentiel d'une prose rythmée par le sang, usant de tous les vocabulaires, du trivial au sublime, et charriant toutes les images de l'enfer, de la terre et du ciel. « Comment le poète — dit bien de lui Marcel Raymond — pourrait-il être un horloger, un fabricateur? C'est le fond qui lui manque le moins, la volonté, la matière, le souffle qui porte l'âme vers cette matière et l'anime. » Ce qu'il y a de plus savoureux dans ce style, c'est une espèce de familiarité de l'esprit avec les choses, lesquelles sont prises souvent dans leur aspect le plus banal, mais enveloppant pourtant une réalité profonde, un mystère où se pressentent la présence et la volonté divines. L'admirable symbole de *l'Annonce*, le domaine d'Anne Vercors, ce fief de Monsanvierge, nourrissant de son blé des moniales en perpétuelle prière et enveloppé par la voix mystique des cloches, vaut pour une langue poétique où la présence du divin se livre à travers des mots quotidiens et rustiques. Tels poèmes de *Corona benignitatis* — *Sainte Scholastique*, par exemple — sont, dans ce genre, d'admirables réussites, et j'ose me demander si je ne préfère pas cette manière simple de Claudel au sublime tendu des grands morceaux lyriques ou aux cataractes de métaphores qui tombent aujourd'hui de la plume prophétique du commentateur de la Bible.

L'histoire du Symbolisme français aura eu ceci de singulier que ce mouvement poétique a trouvé la perfection de son style non dans l'école qui l'a lancé, mais en deux grands écrivains qui ont élaboré leurs œuvres quand cette école n'était plus qu'un souvenir : Valéry et Claudel. Et encore, si l'on considère le fond des choses, faut-il reconnaître que l'expression symboliste s'accomplit plus franchement par la conjonction du réel et du mystique chez Claudel que par celle de l'intelligence et de la sensualité chez

Valéry. Le mérite et la nouveauté des Symbolistes avait été de comprendre que la réalité doit être, aux yeux de l'artiste, moins objet que signe; l'artiste étant celui qui découvre dans le monde sensible des analogies et des correspondances au monde spirituel. Mais, enfants d'un âge sceptique et positif, leur faiblesse avait été généralement dans la pauvreté de leurs intuitions métaphysiques; ils disaient que les choses étaient des signes, mais ils ne savaient pas de quoi. Ce qui les conduisait soit, comme le premier Moréas, à travestir superficiellement leur vision du monde, soit, ainsi que Mallarmé, à « exclure le réel parce que vil »; et ils se précipitaient tous dans un univers abstrait de songeries sentimentales ou intellectuelles. Pour finir, leur symbolisme n'était qu'un métaphorisme, puisque l'expression analogique n'allait pas de l'image à l'idée, de la surface à la profondeur, de l'être imparfait à l'être parfait, mais d'une image à une autre, d'une chose nommée à une chose suggérée, sans jamais échapper au plan horizontal du relatif et du sensible, et tout se résolvait en un jeu assez puéril d'énigmes et dans une stylistique précieuse : accident que Claudel a bien nommé la *Catastrophe d'Igitur*. En réalité, la théorie symboliste ne prend son efficacité que dans l'hypothèse d'un monde qui a un sens — soit qu'un principe divin l'informe et le meuve, soit qu'un Dieu hors de lui le crée et le gouverne vers une fin éternellement voulue. Ajoutons même que la seconde perspective, celle de la transcendance, se prête plus commodément que la première, celle de l'immanence, à l'expression symboliste, c'est-à-dire à une interprétation allégorique de la réalité. En effet, si la nature est divine en soi, le poète atteindra directement son essence — comme Rimbaud souhaitait de le faire — par l'élan dionysiaque, par une exaspération du cœur et des nerfs et, si l'on peut dire, par un acte de communion vitale; si la nature est, au contraire, la création d'un Dieu personnel et intelligent, alors il incombe à l'esprit du poète de se pencher sur ce grand livre, et d'en interpréter spirituellement la symbolique : et c'est ce que fait Claudel.

On voit d'ailleurs comment la position de Claudel devant l'univers est partiellement à l'origine de ce qu'on a pu reprocher d'obscurité à son style; partiellement, car il y a aussi des erreurs d'écriture et des fautes de goût. Mais enfin, vouloir suggérer la présence de Dieu ne simplifie jamais la besogne. L'écrivain qui s'arrête habituellement à l'ordre des apparences, des réalités concrètes et de la psychologie pure est en général un écrivain clair — qu'il s'appelle Voltaire, Stendhal, Gautier ou Anatole France. Il n'en va pas de même pour celui qui a conçu le dessein ambitieux de montrer l'envers des choses, de sonder l'infinitude mystérieuse du ciel ou de l'âme. Là, il faut, pour exprimer l'objet, toutes les ressources de la parole et tous les symboles de l'univers : la vitesse du vent, la force des marées, le tumulte des orages et la profondeur constellée de la nuit. « Faites — dit Claudel — que je sois comme un semeur de solitude et que celui qui entend ma parole rentre chez lui inquiet et lourd. » Cette inquiétude et ce poids intéressent l'âme à un niveau plus profond que la conscience claire, et le verbe qui les apporte ne saurait être élucidé parfaitement par les instruments de l'intelligence.

Non pas seulement le lyrisme, mais la forme dramatique de l'œuvre de Claudel subit l'inflexion de sa métaphysique. Madaule a démontré justement que celle-ci tendait de toute sa masse vers le drame. L'univers claudélien est essentiellement actif : un Dieu personnel le meut vers une fin voulue, mais sa volonté entre en conflit avec la malice des mauvais anges, avec la liberté de l'homme, avec la puissance du péché; et à cette puissance elle-même s'oppose, par les mérites du Christ, la force surnaturelle de la grâce. Donc Création, Incarnation, Rédemption sont les trois actes d'une immense tragédie; et, sur ce point, Claudel apporte une démonstration éclatante à la seule idée qui soit restée debout de l'esthétique un peu confuse du Romantisme, à savoir que la conception chrétienne du monde est essentiellement dramatique.

Dans la même perspective, il est logique que Claudel, mû par le désir d'élever le monde à Dieu avec tout son volume, toute sa substance mêlée de pur et d'impur, ait tendu à réaliser un théâtre qui ressemble beaucoup plus à celui du moyen âge qu'à la tragédie classique. L'idéal classique du théâtre — une crise choisie dans un instant choisi — convient à un psychologue, non à un prophète; à un artiste, non à un inspiré. Claudel, ayant tout à dire, ne veut se priver d'aucun moyen d'expression : temps, espace, mouvement, musique, spectacle, chant et rire, théologie et farce, tout y va, même parfois — oserai-je le murmurer? — le mauvais goût, car entre la candeur de l'enfance et l'enfantillage, comme entre la fantaisie et l'incohérence, la frontière est une ligne idéale que la lourde chaussure carrée de Claudel ne respecte pas toujours. Est-il lecture plus vertigineuse, par exemple, que l'admirable *Soulier de Satin*? Les habitués de la promenade pédestre sur les coteaux modérés sont

plus d'une fois déconcertés quand ils doivent suivre leur guide
téméraire dans sa marche à flanc de sublime, dans ses montées aux
sommets de la poésie et de la pensée, puis dans ses descentes brusques vers les expressions d'un dogmatisme si sommaire ou d'une
ironie si lourde qu'on croirait entendre le prône d'un curé de village, coupé par les plaisanteries de son sacristain.

On a dit que Claudel est un baroque, et aucun mot n'est plus
exact, à condition de le prendre sans aucune nuance péjorative,
mais dans sa compréhension historique. La phase baroque de l'esprit
européen se produit entre la Renaissance et le Classicisme, à un
moment où l'homme chrétien essaie de se réconcilier avec l'Univers, éprouve un besoin de confiance joyeuse dans la vie, qu'il traduit en art par les lignes embrassantes, la surcharge des ornements
et le mélange des styles, et dans sa vie morale par des formes de
dévotion précieuse et par une religion qui prétend assumer l'esprit
du monde. Quel artiste a mieux incarné ce temps que Rubens, et
qui a mieux parlé de Rubens que Claudel?

> Rien que d'entendre le nom de Rubens, cela me fait du bien,
> c'est un *électuaire* pour la santé que ce sang respirable, que cet
> hydromel miraculeux dans les mains de la déesse de la matu-
> rité, que cette chair sacrée à l'abri des intempéries, qui rayonne
> de sa propre lumière, que cette couleur de la femme, que cette
> corbeille portée jusqu'à mes lèvres, que ces roses humaines, que
> ce visage vers nous glorifié à grands pans et plis d'étoffes et de
> campagnes verdoyantes, sous un ciel vermeil comme l'azur!

Ce texte, débordant d'optimisme vital, nous conduit à poser, au
terme de cette étude, la question qui l'a secrètement provoquée :
que représente, en valeur humaine, pour les hommes du XXᵉ siècle, l'attitude morale de Claudel, le style de vie qu'il incarne à
leurs yeux avec une force singulière, et qu'il offre comme un
exemple à leurs hésitations et comme une réponse à leurs inquiétudes?

Claudel, ou l'esprit du monde : appliquée à ce grand poète mystique, la formule peut paraître surprenante. Et pourtant, voyons-
le bien : sa poésie et sa pensée reposent d'abord sur l'acceptation
enivrée de la vie; elles traduisent la joie de quelqu'un qui est

content de respirer l'oxygène de l'air, de marcher sur la terre,
d'exister parmi les hommes.

S'il est, dans la littérature contemporaine, une œuvre qui déborde
de santé physique, de foi dans les êtres, d'impavide confiance
devant les crises et les périls de l'histoire, une œuvre aux antipodes
du pessimisme tragique de Malraux et surtout de la nausée sartrienne, c'est bien celle de Claudel. Et l'homme lui-même, comme
il a su s'installer dans le monde! Actif, robuste, couvert d'honneurs,
en même temps qu'il bâtissait sa gloire et sa fortune de grand écrivain il a conduit une brillante carrière de diplomate. Parfois, il
voudrait nous faire croire qu'il est une espèce de hors-la-loi, de non-
conformiste en lutte avec les forces et les idées de son époque. C'est
vrai pour une part; mais qu'il ne cherche pas à nous tromper, qu'il
ne soit pas non plus dupe de lui-même! Claudel accepte trop le
monde pour renoncer à y tenir une grande place et à siéger parmi
les puissants. Je constate un fait, je n'en fais pas grief à un homme
qui a parfaitement le droit de s'épanouir dans son tempérament et
de se sauver avec sa nature. De même que tous les chrétiens ne
sont pas appelés à être des moines, tous les écrivains catholiques ne
peuvent pas être pauvres comme Bloy ou désintéressés comme
Péguy. Que Claudel ait tenu et réussi à être bien vu de tous les
régimes; qu'il ait été, dès qu'il l'a pu, l'homme des grands journaux et des grandes revues, et qu'il ait voulu enfin — suprême victoire! — obliger l'Académie française à avaliser les audaces de son
écriture : pourquoi le lui reprocher, et pourquoi plutôt ne pas admirer cette course constamment heureuse à la gloire? Si j'ai quelquefois envie de protester, en sourdine, c'est quand le parti pris
d'accepter l'ordre établi semble fermer les yeux du moraliste à ce
qui s'y trouve enveloppé de désordre substantiel, ou quand le
poète, s'avisant de se transformer en poète officiel, va donner de
la proue sur tous les écueils et sur tous les poncifs du genre. Ah!
ces affreux « poèmes de guerre » où Claudel peut si naturellement
parler comme le Démodocos de Giraudoux!

> Tant que vous voudrez, mon général!
> Si la bombe fait de l'ouvrage, qu'est-ce qu'une âme humaine
>   qui va sauter!
> Tant qu'il y aura de la viande vivante de Français pour marcher
>   à travers vos sacrés fils de fer,
> Tant que notre vocation éternelle sera de leur marcher sur la
>   panse...

Laissons ces misères qui s'excusent par le malheur des temps, et lisons plutôt, dans *L'Œil écoute*, cette page d'orgueil qui, sous la plume du vieil écrivain triomphant, ne manque pas d'allure :

> C'est vrai, j'ai réussi! j'ai enfoncé l'horizon et il n'y avait personne à côté de moi pour m'aider ou m'accompagner. Et si l'on m'avait dit alors que personne jamais ne s'apercevrait de moi, rien ne m'aurait rendu plus heureux! Tout ce que la grammaire et le bon usage autour de moi m'enseignaient, tout ce que les professeurs de force ont essayé de me bourrer dans l'estomac, c'est vrai, je l'ai rejeté avec enthousiasme! J'ai pré-féré l'inconnu et le vierge, qui n'est autre que l'éternel. Le bon-heur d'être catholique, c'était d'abord, pour moi, celui de com-munier avec l'univers, d'être solide avec ces choses premières et fondamentales qui sont la mer, la terre, le ciel et la parole de Dieu! et ensuite, possesseur d'une tête et d'un cœur, de deux mains et de deux jambes, d'insulter glorieusement à la face de tout mon temps, de tout l'art, de toute la science, de toute la littérature de mon temps, de toute cette civilisation laïque, mécanique, matérialiste, et mérétrice; et moi-même, cet ennemi pire que tous les autres, d'en être venu à bout en grinçant des dents! Tout ce qui pouvait m'arrêter, je l'ai traversé! Et c'est avec contentement, c'est avec un consentement et un repaisse-ment de tout mon être que je considère ce chemin au travers de toutes les routes banales qui n'est pas fait autrement que de mes propres pas!

Ce robuste, assis sur son roc de certitude, ce Bossuet sans camail et libéré des prudences cartésiennes, qui met une poésie abyssale au service d'un dogmatisme intempérant, je conçois qu'il puisse par-fois déconcerter ou agacer l'incroyant, car plus d'un chrétien ne se défend pas d'une certaine gêne devant tant de souveraine tran-quillité. Il arrive qu'à force de se montrer impérieuse et satisfaite, la foi déborde hors de son domaine surnaturel et envahisse indû-ment celui des incertitudes et des difficultés où il convient à tout homme de se montrer humble et circonspect. Qui oserait prétendre que Claudel fait toujours exactement ce départ, et qu'il ne lui arrive pas de limiter l'horizon de l'intelligence, en opposant aux démarches de la pensée moderne un refus colérique et buté? Il est un fond irréductible de l'inquiétude humaine, un sens du tragique et de l'obscur de notre destin temporel que nous ne saurions élimi-ner sans briser la communion des fils d'Adam; et nous ne constatons pas, d'habitude, chez les grandes âmes pleines du Christ, cet agressif isolement dans la sérénité [1].

Mais quoi? Claudel n'est éminemment, et quoi qu'il prétende, ni un théologien, ni même un philosophe, mais un poète, et c'est comme un poète qu'il faut le juger : ce qui n'est pas dire comme amuseur de badauds et virtuose de la phrase, mais comme un homme qui sent avec force certains aspects profonds de la réalité, et qui invente une forme, des images, des rythmes, tout un beau jeu d'analogies pour l'exprimer. Ce que l'on demande à un poète, même s'il appuie sa poésie sur une idée de l'esprit ou sur une théorie de la connaissance, même s'il est Valéry ou Claudel, ce n'est pas tant la synthèse de ses idées et son système du monde qu'une intuition fulgurante, un bouquet de sensations et une musique verbale qui nous touchent à l'âme, avivent le sentiment que nous avons des choses, approfondissent la conscience de ce que nous sommes. Or le vieux Claudel, même un peu tendu dans ses affirmations présomptueuses et ses exégèses discutables, demeure un grand poète, un puissant explorateur de l'univers, un extraordinaire créateur d'images et un musicien émouvant; et il est aussi celui qui a opposé à la formule barrésienne, sage mais un peu triste : *La Terre et les Morts*, l'autre formule de jubilation cosmique et d'infinie espérance : *La Mer et les Vivants*.

Claudel a défini sa vocation :

> un grand désir, un grand mouvement vers la joie divine, et la tentation d'y rattacher le monde entier (...), de rappeler l'univers entier à son rôle ancien de paradis.

Et il a écrit, dans une lettre à Arthur Fontaine :

> Il me sera doux, quand je serai sur mon lit de mort, de penser que mes livres n'ont pas ajouté à l'épouvantable somme de ténèbres, de doutes et d'impuretés qui affligent l'humanité, mais que ceux qui les lisent n'ont pu y trouver que des raisons de croire, de se réjouir et d'espérer.

Ce souci de n'écrire que pour l'ordre et la paix des consciences, quand, depuis le Romantisme, tant de poètes n'ont élevé la voix

---

1. Dans une lettre publiée par *le Figaro littéraire* le 10 mars 1951, Claudel, à propos du problème du mal, écrivait : « La loi de dévoration réciproque qui règne dans le monde animal et qui scandalise les esprits légers est une loi d'amour, une loi de communion. Il ne faudrait pas beaucoup me presser pour me faire dire que toutes les guerres qui n'ont cessé de désoler le genre humain sont inspirées du même désir d'assimilation... » Pangloss lui-même oserait-il pousser jusque-là l'optimisme providentiel?

que pour répandre le trouble qu'ils éprouvaient en eux, est exceptionnel et, tout bien pesé, assez beau. Grande et belle aussi, cette méditation qu'inspirent à Claudel, dans *Présence et Prophétie*, les plaques photographiques d'un atlas céleste :

Désirables populations! Richesses comblant le cœur qui ne font qu'aiguiser l'enthousiasme! Quand sera-ce mon tour de partir? Quand plongerai-je à corps perdu dans le paradis mathématique? Quand, associant mon élan à ces immenses forces entrecroisées, m'embarquerai-je enfin sur cette mer intellectuelle et planterai-je une route inflexible vers ces constellations au-dessus de moi l'une sur l'autre, qui équilibrent dans le noir leurs édifices algébriques? C'est en vain que, pour me décourager, vous parlez de milliards d'années-lumière... Toutes vos computations, je les engloutis d'une bouchée. Ce n'est pas quelque chose d'étrange et d'effrayant pour moi. C'est à ça que j'appartiens. C'est pour cela que je suis fait! C'est là-dedans que je suis chez moi... On m'a donné l'ouverture illimitée, quelque chose à la fois de peuplé et de complémentairement désert, un sahara lumineux dans le noir absolu fait de millions de grains de sable, et je sais que de ce côté est ma véritable patrie. Soit le vide sans fond, soit le nombre sans interruption, tous deux sont à la dimension de mon désir. Combien de temps encore resterai-je attaché à cette morne rive où ma nostalgie n'a pour ailes que le compas et ce lent crayon qui inscrit quelques chiffres interrogatifs sur les marges de mon cahier de navigateur?

Le vieux Claudel, sur son promontoire de Brangues, levant les yeux de cette terre, qu'il n'a point fini de chérir, pour regarder le ciel étoilé où un désir infini l'appelle, c'est la haute image qu'il convient de garder de lui. Nous connaissons une autre image finale, grandiose aussi, mais moins chargée d'espérance : celle d'André Gide offrant à la nuit sans prière son cœur en vain gonflé d'amour. Et puis, celle de Valéry proche de la mort, travesti en Faust, et tendant vers l'avenir humain un regard de lucidité désolée. Même si l'attitude de Claudel nous paraît parfois déformée par le parti pris intellectuel et par des frémissements d'orgueil, elle demeure cependant exemplaire en un temps où la civilisation penche à sa ruine par un poids de matière que l'esprit ne soulève plus. Il n'est pas besoin, je pense, d'adhérer au credo d'une religion pour accorder l'estime et l'admiration au geste salutaire de ce poète exta-

sié. Qui de nous n'a point souffert, aux plus clairs et meilleurs instants de sa conscience, de mesurer tout ce qui, dans notre existence
éphémère et précieuse, a été gaspillé en vanités, livré aux parties les
moins intéressantes de nous-mêmes, soustrait à une exigence de plénitude, à une vocation de joie à la fois intense et paisible? Qui de
nous ne doit point consentir, en quelque sens que ce soit, art,
amour, action ou prière, à l'invocation jetée par ce prophète harmonieux :

Seigneur! qui m'avez fait pour proférer la parole et connaître
[la vérité,
Délivrez ma pauvre âme, un jour, des choses qui n'ont pas de
[nécessité!
(*)

Henry de MONTHERLANT

...et le néant

IL n'est pas facile de parler des écrivains vivants. C'est d'abord dangereux, parce qu'à moins de les couvrir de fleurs, on ne leur fait jamais plaisir; et la moindre épine les met en rage. Le public lui-même, toujours prompt à se passionner quand il s'agit de contemporains, n'est jamais content, et il faut affronter les colères des fidèles, qui trouvent la louange parcimonieuse, ou celle des adversaires, qui voudraient la critique plus féroce. Et puis on s'expose à un danger d'une autre sorte : celui d'être démenti brutalement par les faits; car les écrivains vivants ont un défaut, c'est justement qu'ils ne sont pas morts et qu'ils sont toujours parfaitement capables d'écrire un nouveau livre non conforme, de brusquer leur évolution dans un sens imprévu, de prendre une tangente impertinente à la trajectoire savamment calculée par leurs exégètes. Ce n'est pas qu'il soit si commode d'élaborer la synthèse d'une œuvre dont l'auteur se promène depuis un siècle, ou deux, ou trois, aux Champs Elysées (ceux de la fable) : qu'on pense seulement à la succession des ouvrages également érudits, mais souven contradictoires, qui sont consacrés à Pascal, Racine, Rousseau, Stendhal ou Victor Hugo. A plus forte raison, avec quelle humilité ne devons-nous pas proposer une vue d'ensemble sur une œuvre inachevée, si, comme on doit le croire, la faculté essentielle de l'esprit créateur est la liberté, c'est-à-dire l'aptitude à briser ses propres formes!

Ces généralités, dont je m'excuse, venaient d'elles-mêmes, s'agis-

sant de Montherlant. Aucun, parmi nos grands écrivains d'aujour-
d'hui, ne rend un public plus chatouilleux. Son évidente grandeur,
sa race, son style appellent l'admiration; mais son insolence, son
cynisme, ses paradoxes, certains défauts difficilement tolérables
de son caractère et trop visiblement projetés dans ses ouvrages
soulèvent contre l'auteur des *Jeunes Filles* des animosités violentes.
Sans compter la mauvaise impression qu'ont laissée à ceux dont la
mémoire est plus sensible certaines défaillances de l'esprit civique,
singulièrement fâcheuses chez un hautain redresseur de nos torts
nationaux. Comment, dans ces conditions, parler de Montherlant
sans irriter? Et comment, d'ailleurs, enserrer dans un jugement un
génie aussi ondoyant, une pensée qui a fait sa loi de l'alternance,
du balancement amusé du pour au contre? Si, par exemple, je
dis que Montherlant, en dépit de certaines apparences et d'un certain vocabulaire, pense et sent en dehors du christianisme, quelle
figure ferai-je le jour où nous apprendrions — car tout peut arriver — que l'auteur d'*Aux Fontaines du Désir* et du *Solstice de
Juin* revêt la robe de bure d'un trappiste ou, que sais-je? ravit à
une illustre comédienne la corde du tiers-ordre de Saint-François?

Ayant consacré naguère une assez longue étude à Montherlant,
je me suis déjà vu reprocher par la critique un excès de sévérité.
Combien il est malaisé de se faire comprendre! Je crois avoir
décerné à cet auteur, et je vais le faire encore, des louanges dont
il ne convient pas d'être prodigue; j'ai dit, par exemple, et je vais
répéter qu'on doit le considérer comme l'écrivain de sa génération
le mieux doué pour le style, et aussi comme un des témoins considérables de son époque; j'ai salué et je salue en lui le représentant
d'une grande et haute tradition de nos lettres : celle qui vise
l'homme non en sa misère et ses chutes, mais dans sa grandeur et
son aptitude à se surpasser. Seulement, ces exceptionnels mérites
étant reconnus, est-il possible, à moins de tomber dans la flagorne-
rie et de prendre rang dans une troupe de thuriféraires qui n'ont
plus droit à être appelés des critiques, est-il possible de cacher que
la pensée de Montherlant manque de consistance, sa morale de véritable noblesse, son goût de rigueur et de sûreté, et, en somme, son
œuvre de sérieux? Et ne faut-il pas crier plus haut que le bluff et
que les tapages qu'en face d'hommes tels que, par exemple, Barrès
ou Gide, Valéry ou Claudel, Bernanos, Malraux, ou Saint-Exupéry, bien qu'il les égale ou parfois les surpasse par le style, Montherlant manque de poids? Comme Bossuet annonçait dans l'exorde

le thème d'une oraison funèbre (et bien qu'il ne s'agisse aucunement ici d'une oraison funèbre), qu'il me soit donc permis d'indiquer d'abord, avec une précision qui ne laisse pas de doutes, les deux idées qui vont constamment soutenir ce discours : d'une part, j'affirme que, parmi nos écrivains d'aujourd'hui, Montherlant est un de ceux qui nous donnent le plus souvent l'impression d'approcher de la grandeur; et d'autre part, je constate que les faiblesses de son caractère, et surtout certains vices de sa pensée, l'ont presque constamment exposé à la manquer. Encore un coup, messieurs (dirait Bossuet)..., et il répéterait éloquemment l'antithèse en termes plus pompeux. Je ne l'imiterai pas davantage; je ne dirai pas *Ave Maria*, et je me jette sans autre préambule dans le vif et l'épineux de la question.

**

J'ai assez vécu pour me rappeler la grande entrée que fit dans la littérature, au lendemain de l'autre guerre, Henry de Montherlant. Le jeune auteur de *La Relève du Matin*, du *Songe*, et bientôt des *Olympiques*, était celui-là que ses cadets attendaient : le grand écrivain sortant de la bataille et qui en dégageait les leçons héroïques. Des écrivains démobilisés, Roland Dorgelès, avec *Les Croix de Bois*, s'était installé dans l'anecdote; Duhamel, avec *La Vie des Martyrs*, dans l'homélie humaniste; Barbusse, avec *Le Feu*, dans la malédiction humanitaire; et Giraudoux, avec *Adorable Clio*, dans les souvenirs profonds, réfrénés d'ironie et mouillés de larmes pudiques. Drieu La Rochelle et Montherlant, presque seuls, avaient pleinement accepté l'héritage de l'héroïsme; mais Drieu était inégal, difficile et secret; Montherlant avait l'allure, la puissance et le style. Sa robustesse râblée, sa santé physique, son goût de l'action plaisaient et rassuraient en un temps où la loufoquerie de Dada rejetait des gamins désemparés dans la psychiatrie freudienne et la mystagogie surréaliste, où *Corydon* faisait école, où Jean Cocteau et Joseph Delteil amusaient la galerie avec des virtuosités de grands rhétoriqueurs. Enfin, dans cette génération forgée au feu des batailles, un poète du courage, de la vigueur et de la volonté — une voix digne de la France victorieuse!

Et quelle prose! Nombreuse, imagée, métallique, avec des fusées de lyrisme, des nonchalances heureuses, un jeu désinvolte entre le simple et le sublime, entre le pathétique et l'impertinent. Il fallait bien parler de Barrès, puisque Montherlant avouait implicitement qu'il venait de lui, en déclarant avec une insolente ingratitude qu'il le rejetait; Barrès, qui avait réussi avant lui la symphonie de l'intelligence et de la sensibilité, de la mélancolie et de l'ardeur, de la fièvre et de la raison. On disait aussi : petit-fils de Chateaubriand, ce qui n'était juste que pour autant que *René* a engendré le romantisme de l'ennui grandiose, des sentiments trop grands pour l'âme et des phrases parfois plus amples que l'idée. Mais l'éloquence n'avait pas le même accent : chez Montherlant, moins large, moins constamment noble, moins juste de ton; mais aussi, grâce aux leçons d'un siècle critique, débarrassée de la naïveté de trop croire à elle-même. Et surtout, la sensibilité n'allait pas au même objet : *Le Songe* de Montherlant, plein d'images de guerre et d'amour brutal, ne doit plus grand-chose au rêve hanté de sylphides et gonflé de la volupté des pleurs; et le culte précis des dieux du stade s'est substitué aux vagues élévations mystiques vers l'infini. D'ailleurs, ce qui, chez cet écrivain de race, apparaît plus admirable que ses dons, c'est son aptitude à s'en défaire — cet ascétisme de classique qui l'amènera très tôt à chérir plus que tout la concision, à ne rien mettre au-dessus du mot propre et du souci de n'y rien ajouter. Dès les *Olympiques*, en 1925, Montherlant tenait sa grande manière : le goût du sport, en lui donnant le culte du muscle, l'a obligé à se dégraisser, à tendre à la force simple; par où il rejoignait le sens de l'antique et les leçons de la version latine. Car il fut de ces trop rares élèves pour lesquels les classes d'humanités n'ont pas été perdues, et que les Anciens ont marqué : les Grecs moins que les Latins, et parmi ceux-ci, moins les classiques de la grande époque que ceux de la romanité descendante, moins l'élégance helléniste de Virgile et de Cicéron que la couleur et les pointes barbares de Lucain et de Sénèque. Enfin, pour achever en la compliquant la formation du bachelier français, il y eut très tôt l'attrait de l'Espagne, de sa lumière violente, de ses contrastes de nudité et de luxe, de sa passion de grandeur. Toutes ces influences, toutes ces traditions, toutes ces richesses étaient immédiatement sensibles dans la substance et la sonorité de cette prose d'une évidente qualité.

Ce n'est point que les défauts de Montherlant n'eussent aussi éclaté dès ses premiers écrits; et il en est dont il ne devait jamais se corriger : l'affectation du cynisme, l'abus du jeu et du « je », et une certaine manière de saccager les parterres, qui est plus souvent le signe d'une mauvaise éducation que d'une désinvolture de grand seigneur. Commençons par l'indulgence : acceptons que ce soient les rançons du tempérament et de la verve; il est vrai qu'on doit pardonner des irrégularités de ce genre à Retz, Diderot ou Stendhal...

✻✻

Il est fréquent de trouver, dans la jeunesse d'un écrivain, une expérience privilégiée qui a marqué son destin. Pour Montherlant, c'est vraisemblablement le fait d'avoir fait ses études dans un collège catholique et d'y avoir subi, dans l'exaltation sentimentale de l'adolescence, la double marque contrariée de l'esprit antique et de l'esprit chrétien. Quand l'homme est-il plus ouvert à prendre au sérieux la culture et à vivre intensément les passions graves — foi, amitié, honneur — qu'entre la quatorzième et la dix-huitième année? C'est dans les cours de Sainte-Croix de Neuilly que Montherlant a, pour la première fois, découvert sa grandeur, et qu'il s'est senti le plus pur : aussi gardera-t-il toujours, au foyer de son cœur, un culte et un amour de l'adolescence, et ce sera un des grands thèmes de son œuvre. Il faisait, dès les premiers livres, l'intérêt de *la Relève du Matin* :

> Ces garçons de treize à dix-sept ans — y écrivait-il — c'est la première et la dernière fois qu'ils ont le sens de la beauté, le désir de la vertu, le goût du divin; la première et la dernière fois qu'ils sont capables de souffrir; ils sont au zénith de la vie. Oui, ces gamins de treize à dix-sept ans, cette vie désordonnée et disloquée, c'est le champ de l'action de Dieu.

Et Peyrony, dit Dents-de-Chien, sera loué de représenter la raison dans sa triste famille bourgeoise, car — et il n'est pas insignifiant de le remarquer — l'apologie de l'adolescence n'est pas, chez Montherlant, comme chez tant d'écrivains qui, vers la même époque, épuisaient ce thème (de Radiguet à Lacretelle et de Louis Chadourne à Roger Peyrefitte), une apologie de l'inquiétude, mais, au contraire, de la vigueur et de la franchise. Pour ces collégiens joueurs de ballon et faiseurs de thème, il ne s'agit point de rêveries mystiques et d'amitiés particulières, mais de sport et de culture, d'un épanouissement harmonieux et simultané de l'âme et du corps.

Cependant, cette minute héroïque de l'adolescence, Montherlant l'a vécue en climat religieux, ce qui ne simplifie pas les sentiments. Peut-être est-il heureux que la grande majorité des enfants qui font leur humanité sur les bancs d'un collège catholique ne prennent pas une conscience trop nette de l'exercice périlleux qui leur est imposé, et de ces brusques changements de pression spirituelle à quoi on les expose en les faisant passer de la classe à la chapelle. Ce qui leur est enseigné en classe, à travers les poètes et les orateurs de la Grèce et de Rome, c'est la foi dans la nature et dans la raison, la sagesse de la terre, le culte de l'Etat. Mais la chapelle leur parle un autre langage : l'unique nécessaire de l'amour de Dieu, le bonheur dans le renoncement aux biens du monde, et une charité universelle qui ne fait pas acception des patries. Si elles sont fortement ressenties — mais plus souvent elles ne sont ressenties ni l'une ni l'autre! — ces impressions risquent de déchirer une âme. Que faut-il croire? Que l'homme est une belle plante qu'on doit cultiver prudemment en l'enracinant dans la terre, ou une âme qu'il en faut détacher le plus tôt et le mieux possible pour la rendre à sa céleste « conversation »?

C'est la vieille question de l'humanisme chrétien. Elle n'est certes pas insoluble, et je crois, quant à moi, possible une synthèse qui réconcilie la nature et la grâce, la raison et la foi. Mais elle ne peut s'élaborer qu'au terme d'une méditation grave, dont un jeune homme sensible, qui entend immédiatement les appels contrariés, n'est peut-être point capable. Montherlant a rencontré le conflit, l'a éprouvé avec force, et y a trouvé l'une des premières sources de sa poésie : celle qui rafraîchit et fertilise ses premiers livres, de *La Relève* aux *Bestiaires*, et dont il passera des infiltrations dans l'œuvre entière, de *La Petite Infante de Castille* au *Maître de Santiago*.

Mais parlons un peu de ce catholicisme de Montherlant : tantôt revêtu comme un vêtement de cérémonie ou comme un insigne de caste, tantôt rejeté avec dérision comme une défroque décidément importable, sans que l'écrivain puisse jamais se délivrer tout à fait d'y penser. Bizarre catholicisme, dont la seule chose à peu près certaine que l'on en puisse dire est qu'il n'a jamais enveloppé la foi au Christ et l'esprit de l'Evangile. Barrès, d'abord, est passé par là, pour inspirer la fidélité traditionnelle à la religion des ancêtres et le culte de l'Eglise qui veille sur les tombes : « Je vivrais dans l'athéisme, a écrit Montherlant, comme un poisson dans l'eau; mais, ajoute-t-il, depuis dix siècles que ma famille laisse des monuments d'elle-même, et bien au-delà dans la nuit sans doute, je trouve ce Christ dans mon héritage et je l'accepte avec le reste. » C'est un texte de 1923; dix ans plus tard, dans la préface de l'édition définitive de *La Relève du Matin*, Montherlant écrivait encore : « J'accepte le Christ par point d'honneur et par piété, comme on accepte la succession de ses parents, ne vous apportât-elle que des ennuis. Pour rompre avec ce vieux génie du foyer, il me faudrait des raisons irréfutables; je ne les ai pas. » Barrésienne, cette fidélité cérémonielle du hobereau qui assiste à la messe sans croire aux mystères; et plus barrésienne encore, une affectation de dilettantisme religieux, un besoin voluptueux de respirer l'encens et de s'essuyer des sueurs de l'action par quelque songe de tendresse mystique : ainsi, Montherlant souhaite qu'un angélus passe après la mêlée des athlètes sur le stade, « non certes afin qu'on écoute le texte même que prononcent les cloches, mais pour ce qu'elles évoquent : un peu de douceur ».

Et puis, proche de Barrès, il y a eu Maurras, et il est venu, par Maurras, tout un courant de paganisme esthétique, qui loue les réussites de la force, la sainteté de l'Etat, la part d'immoralisme nécessaire pour sauvegarder dans le temps les contructions de la volonté humaine, et qui s'efforce de faire entrer ces puissances de la nature dans l'appareil catholique. C'est ce syncrétisme du païen et du chrétien qui a constitué l'esprit de la Renaissance, et l'ambition d'être un « homme de la Renaissance » a, de bonne heure et toujours, hanté Montherlant. Le voici, par exemple, ouvrant la généalogie de sa famille, et qu'y trouve-t-il?

> 1338, Aymond tue un écuyer qui avait fait faucher une pièce de terre appartenant à sa mère; 1405, Jehan tue un homme; 1445, Guillaume, écuyer du roi Charles VII, commet quelque malversation sur les faits de guerre (entendez pillage); 1462, Alain, écoutant la voix de la nature, tue un matelot qui l'avait insulté; et ainsi de suite.

Et Montherlant de conclure : « Eh bien, c'est cela, la catholicité. » Car le catholicisme, c'est le christianisme exorcisé par l'esprit de Rome; c'est une morale des forts et des maîtres substituée à la bonne nouvelle des pauvres et des humbles : ce qui permet d'écrire : « Je n'ai pas l'esprit de l'Evangile : en quoi cela m'empêche-t-il d'être catholique? » Tel est, dans notre siècle, « l'homme de la Renaissance », dûment chapitré par l'auteur d'*Anthinea*, avec les parrainages plus lointains du Surhomme de Nietzsche et du *Prince* de Machiavel. Cependant, il importe de comprendre que, chez Montherlant, l'attrait du catholicisme ne se réduit pas à ce seul aspect de vigueur morale et de réalisme social : un fond de mysticisme s'y mêle encore, le goût des cérémonies et même l'émotion de rencontrer Dieu. Plus que le Surhomme, qui a vidé le ciel, plus même que le Prince perdu dans ses calculs politiques, son type idéal serait le condottiere dévot : un poignard, mais un chapelet dans la poche; des sbires, de jolis pages, des maîtresses, mais un confesseur à portée de la main. En ce sens, *Malatesta* livre un aspect très significatif de son monde moral et poétique.

Il lui arrive d'ailleurs d'être plus clairvoyant ou plus honnête, et de reconnaître l'incompatibilité de son éthique avec l'idéal de la religion chrétienne et le catéchisme catholique. Il finira par répudier, dans la préface de *Service inutile*, « ce grossier amalgame de paganisme avec un catholicisme décoratif et fantaisiste, d'où tout christianisme était absent »; et il dira aussi que ce n'est pas aux prêtres à enseigner « la morale du sport, qui veut former des individus maîtres d'eux-mêmes, c'est-à-dire libres ».

Former des individus « maîtres d'eux-mêmes », absolument autonomes, forts par les muscles, le courage et la volonté; en somme, accomplir la plante humaine dans la plénitude de ses dons et de sa beauté, tel a été presque constamment l'objectif de Montherlant. Mais ne laissons pas échapper la nuance essentielle : ce qui est « humain », à son jugement, ce ne sont pas les délicatesses du cœur ou les scrupules de la conscience — en quoi il stigmatise plutôt « la bassesse, la bien-aimée bassesse » — mais, au contraire, les qualités d'audace, de vigueur, de décision qui conviennent à l'homme — *vir* — en tant qu'il est le mâle, le soldat, le conquérant, le seigneur. Point de vertu plus vraie que la *virtù* : d'où l'amour de la guerre, exceptionnelle occasion pour l'exercer, pour se grandir par l'affrontement de la mort, pour libérer, dans l'abolition des lois de la civilisation, la puissance du héros. « Je vais bien m'amuser, dit Alban de Bricoule en partant pour la guerre (...), l'heure permet tout. » Beau texte pour illustrer la théorie de Roger Caillois, qui voit dans l'attrait exercé sur l'homme moderne par la guerre un instinct du sacré, un mouvement de retour à la fête pri-

mitive, à la « furieuse exubérance où la société retrempe son être »!
Mais là où Caillois discerne une « effervescence collective », Montherlant éprouve plutôt l'impulsion de l'individu supérieur à satisfaire un instinct d'agression, de risque et de violence. « Le mort le
plus hideux vous semblera beau si c'est vous qui l'avez tué. » Mot
de guerrier? Non; mais d'un poète qui romantise la guerre et
pousse les sentiments à un paroxysme où ce n'est pas seulement
l'humain qui est aboli : l'héroïque même, celui qui éclate dans une
générosité pénétrée de raison et de passions hautes, le ton sublime
de Corneille et de Péguy ne sort pas indemne de ces paradoxes
cruels qui ont perdu jusqu'au mérite de l'originalité.

Après la guerre, le sport : c'est le thème qui a le plus heureusement inspiré Montherlant. On trouve dans ses premiers ouvrages,
habilement associées, une poésie et une pédagogie du stade qui soutiennent les parties les plus valables de sa pensée, de son expérience
et de sa culture. Respect du corps, qui est autre chose que la
chair — organe de puissance composée et active, non de jouissance
passive et relâchée; apologie de la discipline, de la mesure et de la
connaissance de soi, vertus également nécessaires et habituelles à
l'athlète qui ne peut pas se payer de mots ni d'illusions, mais qui
contrôle son pouvoir par ses performances et son courage par ses
actes; rencontre d'une poésie austère, animée de pudiques ferveurs,
dans l'intimité du sportif avec les éléments : terre et eau, vent et
soleil. S'il ne fallait choisir que cinquante pages de l'œuvre de Montherlant, je crois que je les prendrais dans *Les Olympiques : La
Gloire du Stade, Mademoiselle de Plémeur*; là éclatent la beauté
dorienne de son style, la noblesse pindarique de son imagination,
avec je ne sais quoi de platonicien et de gœthéen dans la conception
d'une sagesse qui enveloppe l'âme et le corps.

Mais le cœur? Il faut reconnaître que sa place est petite dans la
morale guerrière et sportive du premier Montherlant : la dureté y
domine, et commande une conception de l'amour qui est indulgence à la chair et ivresse de l'esprit, à l'exclusion du sentiment.
Que le sentiment se laisse deviner, soit dans son propre cœur, soit
dans celui de la femme; que celle-ci sorte de son rôle de statue
désirable et désirante et laisse perler une larme de tendresse ou de
mélancolie, et le héros s'en va, ironique et méprisant, fuyant ou
refusant l'amour. C'est tout le thème romanesque du *Songe* et qui
annonce, sinon sous tous les aspects, au moins sous le plus éclairé,
la psychologie amoureuse des *Jeunes Filles*.

Cependant, cette sécheresse, affectée jusqu'au cynisme, n'est pas toute l'âme de Montherlant. Il est des formes de tendresse virile qui naissent naturellement de la morale guerrière : par exemple, la camaraderie des combattants, étendue parfois jusqu'à l'adversaire, et *Le Songe* ou *Mors et Vita* nous donnent des exemples de cette sensibilité homérique; ou encore l'amitié du stade, protectrice chez les aînés, admirative chez les plus jeunes, et le dialogue du demi-aile et de Peyrony en reçoit parfois des accents discrètement pathétiques. D'ailleurs, à cause même de sa force, le héros se sent porté à protéger la faiblesse et à détester ce qui l'écrase : *La Rose des Sables* traduit cette forme de la bonté greffée sur un sentiment délicat de l'honneur. Enfin, le guerrier le plus brutal n'a-t-il pas des heures de détente, où il éprouve intensément le besoin de caresser, de toucher la douceur, de rencontrer la femme? Et le contempteur le plus mordant de la sentimentalité sophistiquée par la civilisation sera-t-il insensible à la grâce quand elle est naturelle et au don du cœur quand il est ingénu? Il existe ainsi un Montherlant reposé, qui aime les animaux, les enfants, les jeunes filles simples, les êtres primitifs et instinctifs. Et l'on n'a pas eu de peine à composer un recueil de ses textes choisis sous le titre *Pages de Tendresse.*

Dureté, tendresse : ce conflit entre les deux appels de sa nature, Montherlant l'a symbolisé dans la dissertation sonore qui ouvrait, en 1923, la première édition du *Paradis à l'ombre des épées : Tibre et Oronte.* Par la suite, il a affecté de désavouer ces pages, d'une rhétorique en effet un peu scolaire et d'une pensée trop peu nuancée, qui opposaient la religion romaine de la force individuelle et de la discipline sociale à la mystique orientale de la sensibilité et du rêve. Sans doute y avait-il quelque naïveté à entrechoquer dans un ciel abstrait des couples de concepts mal définis : catholicisme contre christianisme, classique contre romantique, monarchie contre démocratie, nationalisme contre cosmopolitisme. Et pourtant, l'opposition n'était pas vide, ni tout arbitraire : Dieu sait si elle avait divisé, sous la forme Lorraine-Orient, la méditation de Barrès! En tout cas, elle correspondait, chez Montherlant, à une complexité de sa nature, et elle annonçait une ambiguïté dont les traces devaient être sensibles d'un bout à l'autre de son œuvre.

*
**

Dès les ouvrages de jeunesse, de la *Relève* aux *Bestiaires,* les grands thèmes constants de la pensée de Montherlant se trouvaient déjà posés, mais à un ton de hauteur et de noblesse qui en composait une symphonie héroïque. Culte ardent de la force et appel de la sagesse, fidélité aux traditions et amour de la culture, goût du sport et attrait de la vie intérieure, volonté de puissance et inspirations de l'amour et de la pitié : toutes ces tendances morales non seulement s'équilibraient, mais se développaient dans une dimension et à un niveau d'âme qui donnaient à la poésie de Montherlant le sens d'une introduction à la grandeur.

Mais, autour de la trentaine, le poète de la gloire et de l'énergie allait connaître une crise dont *Aux Fontaines du Désir* en 1927 et *La Petite Infante de Castille* en 1929 portaient le symptôme, et qui devait laisser dans la conscience de l'homme une espèce de lésion morale dont la solidité de l'œuvre aurait toujours à souffrir. Non que le style en fût abîmé : le chant profond a pu changer, et dire la frénésie de la jouissance après la joie de l'action, le dégoût de la vie après les fiers élans de la force, le bonheur de la facilité après les joies du héros, et l'âpre orgueil de douter de tout après la volupté virile d'affirmer et de construire — les dons de l'écrivain demeurent et la prose ne cesse de tendre vers la perfection du classique. Ce qui pourrait inspirer à quelqu'un de me dire : « N'est-ce pas l'essentiel? Et que pouvons-nous exiger de plus? Si Montherlant est un grand artiste, et qu'il le reste dans tous les mouvements et à tous les tournants de sa pensée, est-il juste de lui demander compte de celle-ci, et faut-il le critiquer ou le condamner sur sa morale, comme on ferait pour un professeur? » L'objection m'a déjà été faite, j'en comprends la force et, cependant, je revendique le droit de l'écarter. Tout ce qu'on peut dire en faveur de l'art pur n'empêche pas qu'une grande œuvre soit toujours une déposition au procès de l'homme : ainsi est-on toujours justifié à demander à celui qui élève une voix souveraine et les raisons et la valeur de son témoignage — à plus forte raison quand, à la façon de Montherlant, il n'a cessé de se présenter en directeur et redresseur des consciences, en conseiller de la nation et en éducateur de la jeunesse.

Voilà donc le chantre pindarique de *La Gloire du Stade* devenu pour un temps l'élégiaque des *Voyageurs traqués*. Le romantisme de la satiété, de l' « à quoi bon vivre? » coule dans cette prose qui avait convoqué les héros. Puis, le tempérament prenant le dessus, c'est un nouvel hymne à la vie qui s'élève, mais accompagné maintenant des flûtes lydiennes, car la vie, c'est le plaisir des sens et le bien-être, non la tension des muscles et la joie de vaincre. Et le thème de la pitié s'estompe dans les revendications d'un égoïsme monstrueux :

> En somme, qu'est-ce que je veux? La possession des êtres qui me plaisent dans la paix et dans la poésie; pour tout le reste, me désolidariser. Mon affaire à moi est de ne me contrarier en rien et, secouant toute obligation, de me consacrer uniquement à mes désirs et à la poésie. Quel vœu, comme une flèche qui part, quelle résolution de se tuer de plaisir!

Cette crise de sensualisme chez un homme jeune à qui s'ouvrent la gloire et la fortune ne serait pas encore trop grave, cette fringale de volupté aurait peu de conséquence, si elle ne s'accompagnait d'une crise intellectuelle, d'une érosion de l'âme par un scepticisme qui risque de tout emporter. Que le fier instituteur des *Olympiques* en arrive à cette formule de sagesse et de bonheur : « Se suspendre tout entier à une citronnade convenablement glacée », c'est assez décevant. Mais ce qui est plus inquiétant, c'est de l'entendre proclamer : « Je n'ai que l'idée que je me fais de moi pour me soutenir sur les mers du néant. » Désormais, un nihilisme dépourvu de toute espèce de justification métaphysique — car Montherlant n'est pas un philosophe — mais commandé par les poussées de la sensibilité et par les dépressions d'un tempérament, va multiplier les affirmations de l'inanité de tout, et ne laisser subsister d'autre valeur que l'orgueil ou les fantaisies de l'individu.

Et cependant, l'instinct de l'action demeure : « Il faut décider d'agir, c'est-à-dire, en fin de compte, de s'agiter, comme si tout avait une importance. » Tel est bien, après 1930, le problème de Montherlant : sur un nihilisme, fonder un pragmatisme; dire qu'il n'y a rien qui vaille, et cependant poser des actes comme s'il valait la peine de vouloir quelque chose. Ici, deux voies se présentaient : celle de l'aventurier, qui choisit arbitrairement un parti et s'y tient, ou celle du dilettante, qui refuse de choisir, mais accepte successivement ou simultanément toutes les vérités pour les servir selon

l'opportunité ou le caprice du moment. C'est à ce parti — assez
gidien dans son principe — que se rangea Montherlant, en tentant,
cette fois, de le justifier par une philosophie que définit la formule
Syncrétisme et Alternance. Rien n'est vrai absolument, mais tout
est vrai successivement. Le jour n'a pas plus raison que la nuit, le
christianisme que le paganisme, l'austérité que les délices; mais il
a raison, celui qui, acceptant la loi de la nature et de la vie, est disponible à tous les mouvements et capable d'accorder les contraires.
Il faut savoir « garder une patte sur ce qu'on abandonne » et se
prêter à tous les courants, vivre successivement « le catholicisme
non pris au sérieux, c'est-à-dire à l'italienne », et « le catholicisme
pris au sérieux, c'est-à-dire le jansénisme ».

Philosophie, je le reconnais, avantageuse et commode pour un
artiste qui peut éprouver le besoin d'exprimer des sentiments
contradictoires et de situer sa poésie dans des climats différents.
Reste à savoir si le plus grand artiste n'est pas celui qui sait envelopper tout le réel et comprendre tout l'humain sans se déplacer
de lui-même, sans se détacher d'une idée de la vérité qui est le
souffle de sa pensée et l'âme de son œuvre. L'affirmation du pour
et du contre n'est peut-être pas toujours le signe d'une mauvaise
qualité de l'esprit, mais elle n'est jamais le fait d'un esprit souverain, car le dilettantisme n'est pas le sommet de l'intelligence. Dilettante, Montherlant accepte de l'être, mais dilettante de l'action :
passée la grande crise épicurienne des années 1926-1930, il prétend
revenir à une morale positive et virile qui devra néanmoins reposer
sur ce qui est acquis désormais, à savoir l'inanité de toutes choses,
la non-valeur universelle. On n'est grand, on n'est noble que par
l'action et le service; il faut donc agir; il faut même servir par respect de soi-même, mais en sachant que cela n'aura aucune utilité,
ni pour nous, ni pour le corps social. C'est la thèse de *Service inutile. Ædificabo, et destruam* : construire et puis détruire ce qu'on a
construit — que ce soit la règle de l'homme supérieur, qui réconcilie l'idéalisme du service et le réalisme d'une clairvoyante négation de tout! Ainsi prendra-t-il ses grades dans le plus aristocratique de tous les ordres, « la chevalerie du Néant ». D'où la leçon
du *Solstice de Juin* :

Que voulons-nous en fin de compte? Un intelligent, et qui
ait du sang. Son sang le pousse au combat, son intelligence postule l'incroyance. Le combat sans la foi, c'est la formule à

laquelle nous aboutissons forcément si nous voulons maintenir
la seule idée de l'homme qui soit acceptable : celle où il est à la
fois le héros et le sage.

*
**

Le paradoxe de Montherlant n'est pas encore dans cette formule
très équivoque, et que l'on serait naïf de discuter; il est dans la
prétention de faire reposer sur elle une morale positive, capable
de remettre dans la voie de la force et de la grandeur une jeunesse
amollie et aveulie, une nation décadente et infirme. C'est la morale
dite de la « qualité ». Le mot n'est guère précis; il faut l'entendre
au sens où l'on dit qu'il y a des « gens de qualité ». En somme,
morale de seigneurs : le seigneur a pour lui la noblesse des sentiments, l'élégance des attitudes, la droiture, le courage, la fierté; sa
générosité est puissance de vie, expansion de force; elle enveloppe la
pitié, cette charité de l'orgueil, mais elle n'est rien d'autre. On peut
être sensuel, cruel, méchant, menteur; on peut même, dans certains
cas, piller et voler : les actes condamnés par la morale commune
n'enlèvent rien à la qualité s'ils sont accomplis avec une désinvolture
aristocratique. Davantage : une certaine forme de cynisme, spécialement en amour, par ce qu'elle enveloppe de fierté virile, est signe
de qualité.

Aussi obscure et ambiguë que soit cette notion morale, j'accorde
qu'elle correspond à quelque chose : à un instinct, à un mouvement
de la nature noble, en tout cas à une exigence du tempérament de
Montherlant; elle lui commande parfois des attitudes sympa-
thiques et elle communique à son œuvre un accent. La « morale
des midinettes », la sentimentalité de cinéma, la politique d'aban-
dons qui a conduit la France à Munich ont trouvé en lui un cen-
seur mordant et superbe. Cependant, il y avait trop de faiblesse
dans sa pensée, et un terrain métaphysique trop glissant sous l'édi-
fice de sa fière morale, pour que celle-ci demeurât cohérente et
solide. Ouvrons, par exemple, *Les Célibataires*, de beaucoup le meilleur de ses romans : on voit bien qu'en faisant la peinture de ces
nobles déchus, de ces gens qui se laissent descendre sur une pente
médiocre et dont l'un pourtant, M. de Coandré, se relève par un
geste de défi à l'heure de sa mort, on voit bien que l'auteur a
voulu montrer en creux ce que la qualité doit être en relief : énergie, tenue, respect de soi. Mais, après *Les Célibataires*, lit-on *Les*

Jeunes Filles, dont le héros, Costals, incarne visiblement l'homme de qualité selon Montherlant? Avouons-le : cette fameuse « qualité », on ne sait plus très bien ce qu'elle est. Rappelons-nous la conclusion à laquelle arrive Costals : « C'est un des devoirs de l'Européen moderne qui veut vivre raisonnablement que le devoir de la grossièreté en amour. » Et il précise sa pensée en termes trop brutaux pour qu'il soit décent ou plaisant de les citer. Costals affirme encore ce principe : « La nature ne commande pas de se dévouer, elle commande de vivre. » Enfin, il aspire à réaliser en lui cette sorte de pureté gidienne qui consiste à s'accepter tel qu'on est, quel qu'on soit. Je ne vois plus beaucoup de « qualité » en tout cela. J'y vois, par contre, le renoncement à toute espèce de style héroïque, puisqu'il n'y a d'héroïsme que dans la volonté de se construire selon la plus haute idée qu'on se fait de soi.

Et la qualité sur le plan de la morale civique, quelles injonctions va-t-elle donner à l'homme? Voici, par exemple, Montherlant méditant au lendemain de Munich : « Je serais donc parti le 24, date de l'équinoxe de septembre, quand le jour est égal à la nuit; en la fête de ce saint mystère que le *oui* est égal au *non*, qu'il est indifférent que le *oui* ou le *non* l'emporte. Et le jour de la paix et la nuit de la guerre sont égaux pour moi; l'un ou l'autre, *no importa*. » *No importa* — rien n'a d'importance : c'est la philosophie de l'alternance qui revient; et voici le nihilisme moral : « Tout homme qui, à la veille du combat, s'interroge comme Cassius sur la valeur de sa cause ne peut qu'être saisi de désespoir s'il est un homme intelligent. Aussi n'est-ce pas par ce bout qu'il faut prendre l'événement. Peu importe la cause. Il s'agit de savoir si, sous sa bannière, en soi indifférente, on s'accomplira. » Néant de tout; et sur ce grand vide, surnageant, le moi de l'individu supérieur. Bénie soit la guerre si elle lui permet de s'accomplir par l'affrontement du risque et par le sentiment du devoir! non d'un devoir envers quelqu'un ou quelque chose, puisqu'il n'y a Rien ni Personne, mais envers soi-même. Ainsi, ce qui est en question pour la France de 1938, et dans la conscience d'un homme qui se pose en professeur des Français, ce n'est pas proprement le dilemme paix ou guerre — *no importa!* — et, devant la guerre même, ce n'est pas la justice de la cause, pas même le sort de la patrie : c'est que l'homme supérieur, c'est que M. de Montherlant puisse poursuivre, « à travers des circonstances imprévues, son aventure personnelle et son accomplissement personnel ». De cet égotisme inconsistant, l'énergie dont avait besoin la France malade et menacée pouvait-elle sourdre? Et sur une aussi radicale négation des valeurs transcendantes, quelle éthique de la valeur humaine était-il possible d'appuyer?

D'ailleurs, la guerre est venue, et il vaut mieux ne pas se demanner comment M. de Montherlant y a conduit son « aventure personnelle ». Il vaut mieux ne pas ouvrir *Le Solstice de Juin*, où nous apprendrions qu'en ce cruel été 1940, la « qualité », pour un Français de grande nature et de haute culture, c'était, assis devant une table de café à Marseille, d'insulter l'armée française en déroute et de saluer dans sa défaite la victoire d'un principe nouveau, d'une religion du Soleil et de la Force, dont la croix gammée relevait l'emblème. Par son nihilisme fondamental, par son dédain des valeurs de l'esprit, par son opposition profonde au christianisme, par son aspect naturaliste et aristocratique, la pensée de Montherlant n'était pas sans consonance avec celle des théoriciens du nazisme, et d'une certaine façon, il est normal que, dans le triomphe passager des « divisions Panther », un écrivain français ait joui de son propre triomphe. Ce qui l'était moins, c'est que ce Français, toujours enclin à parler en instituteur de civisme, n'ait pas trouvé dans l'instinct de sa race et dans le plus simple sentiment de l'honneur, un mouvement de conscience qui l'eût au moins obligé à cacher sa joie, à se taire, et même à souffrir avec sa patrie. Et le très affligeant paradoxe fut que ce professeur d'énergie, dont la voix, quinze ou vingt ans plus tôt, avait si noblement parlé pour la grandeur, n'eût alors à donner à la jeunesse française que ce conseil de prudence sénile : « Ecartons toute réflexion sur l'héroïsme guerrier, puisqu'il est vraisemblable que la France, d'ici longtemps, n'en fournira pas l'occasion. » Sans y mettre aucune malveillance, aucun esprit de parti, sans échapper en rien aux méthodes et aux intentions d'une critique objective, il faut bien que l'historien des idées constate ici la faillite morale de Montherlant.

Mais on va me dire encore qu'il ne sert de rien de s'arrêter aux faiblesses de l'homme, et même aux erreurs du moraliste; que seule importe l'œuvre d'un écrivain, et que celle de Montherlant s'élève sur le siècle avec une grandeur incontestable. Les lecteurs et les spectateurs de *La Reine Morte*, du *Maître de Santiago* et de *Malatesta* ajouteront que, depuis une dizaine d'années, les expériences de la vie et l'approche de la vieillesse ont donné aux tragédies de Montherlant un poids, une pureté de ligne, une vigueur dramatique sans analogues, depuis longtemps, sur la scène française, et qu'il est injuste de le juger sur *Service Inutile*, sur *Les Jeunes Filles* et sur *Le Solstice de Juin*.

Il est exact que Montherlant a accompli, par les parties réussies de son théâtre, une conversion à l'austère et au sublime qui lui fait retrouver le fond authentique de son génie et la perfection de son style. Certes, on n'aurait pas de peine à montrer que le vice profond de son esprit, son nihilisme associé à son orgueil, l'empêchent d'aller tout à fait à la grandeur tragique et l'arrêtent généralement au pathétique grandiose. Le roi Ferrante ne sait pas, au fond, pourquoi il tue Inès, si ce n'est pour la punir d'avoir appelé et entendu l'aveu de son désespoir : crime gratuit, acte monstrueux qui sort de l'humain par la démence et non par le courage; or le monstrueux n'est qu'une forme abâtardie du tragique. Désespoir et orgueil dessèchent aussi le cœur d'Alvaro et ne lui laissent que la rhétorique de la sainteté. Quant à Malatesta, sa volonté est trop instable, il se laisse trop jouer par les événements et par les hommes pour figurer un authentique héros. Mais enfin, reconnaissons à Montherlant, comme à n'importe quel artiste, le droit de voir ses personnages à travers son tempérament, et d'incliner leur drame dans le sens de son propre drame.

Ce que je revendique, pour conclure, c'est le droit de porter un jugement moral sur une œuvre où partout s'affirment des intentions morales. Montherlant, dans un instant de sincérité et d'humilité, a écrit : « Le caractère, il est vrai que j'y brille quelquefois, du moins sur le papier; on met sans peine sur le papier ce qu'on échoue à mettre dans ses actes. » Et là-dessus, un critique affirme : « Montherlant, un homme de papier qui surmonte son impuissance par l'imagination de la puissance. » « Un homme de papier », non je n'irai pas jusque-là; ni jusqu'aux sévérités psychanalytiques par lesquelles Simone de Beauvoir venge son sexe outragé, en dénonçant chez l'auteur des *Jeunes Filles* les complexes de la lâcheté et de la peur. A supposer que l'appel vers la grandeur ne fût, chez Montherlant, qu'une aspiration compensatrice de la faiblesse, eh bien! il faudrait encore lui en tenir compte comme d'un signe de noblesse qui peut conférer un bel accent à une œuvre, sinon à un destin. Il y a en lui une âme seigneuriale qui a le goût de la hauteur, mais aussi — et c'est ce qu'il importe de comprendre — un cœur plein d'égoïsme et une pensée rongée de scepticisme, incapable de soutenir une hiérarchie de valeurs ou de s'attacher simplement à une vérité. « J'hésite parfois, dit le chœur de *Pasiphaé*, si l'absence de pensée et l'absence de morale ne contribuent pas beaucoup à la grande dignité des bêtes, des plantes et des eaux. »

Or il est certain que, dans la négation de toute transcendance, de toute conviction, de tout engagement de l'homme à ce qu'il pense et à ce qu'il fait, il ne peut y avoir ni sagesse ni héroïsme. Le sage ne saurait partir d'une affirmation de « l'inanité de tout », ni le héros s'accomplir dans « le combat sans la foi ». Ces paradoxes sont, au fond, de très pauvres pensées, même si, pour les jeter au vulgaire, on se donne les airs d'un esprit supérieur qui a fait le tour des choses. Ainsi n'avons-nous pas eu en Montherlant le maître et le prince que la génération des hommes qui ont passé la quarantaine a pu un moment espérer. Avouons-le, il y a une place cruellement vide aujourd'hui dans nos lettres, si souvent aviles par la médiocrité du goût et toutes les perversions de l'argent : c'est celle du grand écrivain qui serait authentiquement un gentilhomme. J'aime suivre cette ligne de noblesse où je vois se répondre de loin en loin Ronsard, d'Aubigné, Retz, La Rochefoucauld, Vauvenargues, Chateaubriand, Vigny; à la fin du XIXᵉ siècle, c'est un bourgeois qui a tenu la place, et qui l'a fort bien tenue : Barrès. Montherlant, quand il fit son entrée, avait la prestance et l'allure; on a cru qu'il allait être le grand écrivain qui pense grand, qui résume dans la fermeté de son style quelques principes indiscutés, un sentiment inné de la vérité morale, un sens indéfectible de la dignité de l'homme. Hélas! ce chevalier n'était qu'un « chevalier du néant », bien incapable de fonder, sur sa philosophie de poussière, une morale aristocratique, de tenir sa poésie au ton de l'héroïsme, et même de cultiver un orgueil qui n'éclate en fort désobligeantes vanités. Quand nous lisons certains articles indiscrètement publicitaires, ou, tout récemment, dans un hebdomadaire aux grandes manchettes, des titres tels que : « Mesdames, Montherlant vous prend dans ses bras » et « Jusqu'à quel âge un homme peut-il être aimé? par M. Henry de Montherlant » -- nous sommes bien obligés de reconnaître que ce donjuanisme spectaculaire et commercialisé nous entraîne fort loin des aristocrates de la littérature.

Mais ne laissons pas Montherlant sur une égratignure et sur une mauvaise impression; et cherchons de lui un texte qui le prenne dans sa dimension grande : il n'est certes pas difficile d'en trouver. Celui-ci, par exemple, qui vient des *Bestiaires* :

> Rentré, Alban ne voulut pas rester seul : n'importe quoi pour l'empêcher de penser. Il acheta un roman, en lut quelques pages avec une stupéfaction croissante : tous les personnages de ce roman aux plates petites existences, on eût donné sa fortune pour n'avoir pas de rapports avec eux dans la réalité; et voilà qu'on payait pour les retrouver dans un livre. Non, on dirait ce qu'on voudrait, il fallait avoir quelque chose de médiocre pour pouvoir s'intéresser pendant trois cents pages, auteur ou lecteurs, à des médiocres... Il rejette avec dégoût une histoire dont il attendait qu'elle le séduisît et dont les héros sont au-dessous de ce qu'il est. S'il a besoin de se sauver, c'est lui-même qui le sauvera de lui-même.

Ces lignes ont du ton, et j'en aime la fierté; elles font penser à la phrase fameuse d'André Gide dans la préface de *Vol de Nuit*, de Saint-Exupéry :

> Les faiblesses, les abandons, les déchéances de l'homme, nous les connaissons de reste, et la littérature de nos jours n'est que trop habile à les dénoncer. Mais le surpassement de soi qu'obtient la volonté tendue, c'est là surtout ce que nous avons besoin qu'on nous montre.

Si, dans un monde qui n'est plus le monde futile d'entre les deux guerres, mais le monde tragique du demi-siècle, Montherlant mérite encore de fixer l'attention de la jeunesse, c'est par ce besoin de grandeur et ce souci de qualité que l'on sent en lui, soit qu'il aille au-devant des livres, soit qu'il aille au-devant des hommes. Un critique a dit : « Montherlant n'est qu'un style. » C'est un jugement trop sévère. La tension et la hauteur de son style ne s'expliqueraient pas sans une certaine tension et hauteur d'âme. Après tout, il n'est pas si facile de construire une vie, et encore moins de construire une œuvre. Ce que la vue critique y décerne d'imperfections et d'échecs ne doit point effacer ce que la hauteur d'une intention mérite de sympathie. (*)

BERNANOS

...et le Saint

IL est trois ordres de grandeur selon lesquels peut être classée une œuvre littéraire. D'abord, l'ordre de la perfection : certains ouvrages donnent l'impression du parfait par l'équilibre de la composition, par l'harmonie et la rigueur du style, par l'exacte convenance de la forme à l'idée; enfin, plus généralement, par le caractère typique qui les fait correspondre exactement à la définition de leur genre. Quand, par exemple, nous lisons *Le Diable au corps*, nous avons le sentiment de rencontrer un échantillon parfait du roman psychologique français. Il y a, en second lieu, l'ordre de l'originalité : d'autres ouvrages, qui nous paraissent inégalement écrits, confus quelquefois, inclassables en tout cas — par conséquent, en un certain sens, des monstres littéraires — nous frappent néanmoins et nous séduisent par une lumière qui n'appartient qu'à eux et par un air qu'on ne respire pas ailleurs; ils font l'effet d'un commencement absolu, parce qu'ils apportent une image du monde radicalement neuve. Ainsi, les premiers lecteurs de Proust ont pu ressentir, à travers le déconcertement d'une forme dont l'ordre ne leur apparaissait pas immédiatement, cette sorte de choc révélateur. Enfin se distingue ce qu'il faut appeler l'ordre de la valeur spirituelle : il est tels ouvrages dont nous sentons, dès le premier contact, que leur signification est bien au-delà du plaisir esthétique pur, au-delà même des conceptions morales et philosophiques qui s'y trouvent formulées et développées; même si notre goût est choqué, même si nos convictions sont heurtées, nous sommes pris comme malgré nous, saisis de force, contraints de suivre, obligés de regarder vers des abîmes de nous-mêmes que nous aurions préféré peut-être laisser sous le brouillard d'une reposante inconscience. Oui, il y a des livres qui nous jettent dans les problèmes fondamentaux de la vie, de l'amour et de la mort et qui ne nous laissent plus tels que nous étions avant de les avoir lus. Un Dostoïevski, un Nietzsche ont de ces façons de nous emporter; plus près de nous, et à une moindre altitude, un Malraux ou un Camus. Péguy disait qu'il y a des écrivains qui ont l'air de tirer les mots de leur poche et d'autres qui ont l'air de les tirer de leurs entrailles. Eh bien, appelons *spirituels*, au grand sens du terme, ces écrivains, toujours un peu prophètes, qui tirent les mots du profond d'eux-mêmes pour s'adresser au profond de nous-mêmes.

A la lumière de ces généralités, il est possible de situer d'abord l'œuvre de Bernanos et d'en caractériser l'importance. Bernanos n'est pas grand spécialement par l'ordre de la perfection. Son style est puissant, mais inégal, avec plus d'intensité que de clarté; emporté par une véhémence lyrique, il n'évite pas toujours d'être oratoire et prolixe, et l'idée apparaît parfois entraînée par l'image. Les romans, écrits avec une pareille insouciance de la vraisemblance et de la composition, donnent rarement l'impression d'harmonie achevée d'une œuvre classique. La pensée se dégage, non sans quelque lourdeur, à travers des discours démesurés, sur lesquels se détachent des scènes d'une valeur symbolique. Il ne faut pas oublier que Bernanos est venu tard à la littérature. *Sous le Soleil de Satan* est de 1926; l'auteur faisait ses débuts à trente-huit ans, et il n'embrassa qu'à son corps défendant la carrière des lettres. Nous savons d'ailleurs qu'il travaillait dans des conditions très difficiles et qui expliquent peut-être, indépendamment du caractère de son talent, l'espèce de désordre et de confusion que nous trouvons quelquefois dans ses livres.

J'écris, a-t-il confié, dans les cafés, au risque de passer pour un ivrogne (et peut-être le serais-je en effet, si les puissantes républiques ne frappaient de droits impitoyables les alcools consolateurs). A leur défaut, j'avale à longueur d'année des cafés-crème douceâtres avec une mouche dedans; j'écris sur les tables de café, parce que je ne saurais me passer longtemps du visage et de la voix humaine dont je crois avoir essayé de parler noblement. Libre aux malins de prétendre dans leur langage de pédants que j'observe. J'écris dans les salles de café, ainsi que

jadis j'écrivais dans les wagons de chemin de fer, pour ne pas
être dupe de créatures imaginaires, pour retrouver, d'un regard
jeté sur l'inconnu qui passe, la juste mesure de la joie et de la
douleur...

Méthode peut-être excellente pour rester au contact de la vie,
mais qui serait beaucoup moins sûre s'il s'agissait d'un romancier
qui voulût construire toujours son roman comme une œuvre d'art.
Une récente étude d'Albert Béguin [1] nous apprend aussi que la
pauvreté de Bernanos, qui attendait d'une plume assez rétive le
pain de sa nombreuse famille, l'obligeait parfois à écrire pressé par
le temps et les échéances, ce qui ne crée pas des conditions favorables à une forme équilibrée et impeccable.

Mais, avec tous ses défauts littéraires, Bernanos demeure, parmi
les écrivains de l'entre-deux-guerres, celui qui a réussi à créer
l'atmosphère de la plus intense poésie. Il y a dans *Sous le Soleil de
Satan, Le Journal d'un curé de campagne* ou *La Nouvelle Histoire
de Mouchette*, par exemple, un climat bernanosien absolument
irréductible à tout autre. La valeur d'originalité est ici de première
grandeur. Mais plus éclatante encore la valeur spirituelle : car Bernanos a introduit dans le roman français un sujet absolument neuf,
ce qu'il faut bien appeler le drame de la sainteté; et dans l'exploration du monde surnaturel, il a apporté une connaissance des secrets
intimes de l'âme, une intensité de passion à cerner le mystère de la
grâce et une sincérité à le vivre en sa propre conscience qui ont
forcé l'attention et la sympathie d'un vaste public.

En effet, de ce que Bernanos a voulu être le romancier de la sainteté, il ne faudrait pas conclure que son œuvre n'intéresse qu'un
public catholique, ou qu'il faut être au moins un mystique ou un
croyant pour le suivre. La sainteté, au sens essentiel du mot,
qu'est-ce autre chose que le problème du salut de l'être? Et quel
être, s'il est conscient, peut se désintéresser de soi-même, de son
épanouissement dans la joie et la paix, de sa victoire sur le néant
et la mort? C'est pourquoi Bernanos, comme Dostoïevski, est de
ces écrivains qui, non seulement par leur génie, mais par leurs
intentions et leurs thèmes, saisissent le lecteur à la gorge et ne le
laissent plus respirer — quel qu'il soit, quoi qu'il croie ou espère,
et à la seule condition que le monde de l'esprit ne lui soit pas
étranger.

1. Donnée en préface au *Mauvais Rêve*, roman posthume. Plon, 1951.

Au reste, deux écrivains se rencontrent en Bernanos : le polémiste et le romancier. Le plus grand n'est pas le polémiste. Certes, l'auteur de *La Grande Peur des Bien-pensants* ou *des Grands Cimetières sous la Lune*, de *La Lettre aux Anglais* ou de *La France contre les Robots* mériterait toute une étude. Mais aussi intéressant soit-il, on voit trop vite ses lisières et ses défauts. Démesuré dans l'invective, passionné dans la critique, incertain dans la construction, Bernanos se jette sur la philosophie politique sans avoir ni fermes principes ni sûre information pour en juger. Ce qu'il faut attendre de lui, dans cet ordre, c'est non pas une vue cohérente et synthétique des problèmes, mais, au point de départ de chaque discours, une intuition puissante, généreuse et partiellement juste. Ainsi, dans *La Grande Peur des Bien-pensants*, c'est le mépris d'une certaine prudence transactionnelle de la bourgeoisie chrétienne et libérale, qui refusa de s'engager à fond sur ses croyances et qui donna partie gagnée aux adversaires de l'Eglise. Dans *Les Grands Cimetières*, au contraire, éclate l'indignation d'une conscience chrétienne qui voit, au moment de la guerre d'Espagne, des chrétiens couvrir du signe de la croix un égoïsme de caste et de classe, des violences et des crimes de guerre civile. Dans la *Lettre aux Anglais*, c'est la colère du patriote contre la politique de collaboration et contre le pharisaïsme vichyssois. Et *La France contre les Robots* élève la protestation de l'esprit contre une civilisation mécanisée qui achève de tuer les hommes libres. Chacune de ces affirmations est valable, mais elles enveloppent une réalité historique complexe, qui appellerait des réserves et des correctifs : Bernanos préfère les asséner avec un poing de lutteur, les répéter inlassablement, en les poussant à des conséquences impraticables; or il n'est pas de philosophie de l'histoire qui ne doive tenir compte de l'expérience et aboutir au possible.

Là est, selon moi, la faiblesse de la politique de Bernanos — et non pas dans ce qui a déconcerté d'abord ses lecteurs : l'inconstance de ses partialités, la contrariété de ses attitudes, qui le portait de *L'Action française* aux confins de la démocratie chrétienne, et de la mystique de la Résistance à l'anticommunisme passionné. En fait, il ne serait pas difficile de montrer qu'elle a obéi à des tendances profondes et même à un idéal qui a peu varié. Bernanos est, par tempérament, un violent; et ce qu'il déteste, c'est tout ce qui est médiocre et moyen. Il hait le juste milieu, la modération, les attitudes conciliantes et prudentes : ce qui fait qu'il a toujours été l'adversaire de l'esprit bourgeois. Mais, comprenons-le, l'esprit bourgeois, dans son vocabulaire, ne s'oppose pas seulement à l'esprit des masses, comme l'entend un ouvrier du xxᵉ siècle; il s'oppose en même temps à ce qui est au-dessous de la bourgeoisie : au peuple, et à ce qui est au-dessus : à l'aristocratie du sang et du service, comme l'entendait un noble avant 1789, et même à l'aristocratie de l'esprit, selon le poncif romantique. Bernanos a fondé toute sa politique sur une idée qui a bien des chances d'être une utopie de poète : l'idée ou, pour mieux dire, l'image de vitrail d'une ancienne France chevaleresque, composée de nobles et de paysans que lieraient spirituellement la fidélité à une monarchie paternelle et un atavisme de haute moralité chrétienne; or cette ancienne France aurait été cassée deux fois, et toujours par la bourgeoisie : d'abord par la Révolution égalitaire de 1789, et ensuite par les progrès du capitalisme; et ainsi fut substituée à une hiérarchie naturelle l'ignoble et absurde tyrannie de l'argent.

Bernanos est donc en même temps — et il n'a jamais cessé d'être — l'adversaire de la démocratie et celui de la ploutocratie. Il est traditionnaliste et chrétien contre la gauche; il est révolutionnaire et anticapitaliste contre la droite; et, par-dessus tout, il exige la pureté spirituelle, il déteste les compromissions de l'Eglise dans la politique. « Lorsque l'Eglise fait trop de politique, a-t-il écrit, c'est qu'elle ne fait plus assez de saints, comme un malade, faute d'exercice, fait de l'eczéma. » Sa position n'est pas sans analogie avec celle de Péguy, avec cette différence que Péguy, né du peuple et formé par l'école primaire de la IIIᵉ République, a aimé la Révolution et assumé dans son socialisme chrétien une part de la tradition jacobine. Au total, Bernanos ne met son suprême espoir que dans une résurrection massive du sens de l'honneur chrétien, qui devra se réveiller dans le peuple même, où le feu couve encore, car, ose-t-il demander, « d'un brave ouvrier parisien qui, sans être allé jamais au catéchisme, se révolte contre l'usage des gaz en Ethiopie, ou d'un dévot italien qui l'approuve, lequel est le plus chrétien? »

On trouverait donc, à parcourir l'œuvre du polémiste, nombre d'aperçus intelligents, on verrait se lever de très actuels et intéressants problèmes; mais là n'est pas pourtant, je le répète, la plus haute dimension de son génie : elle est dans la création d'un monde romanesque où est rendue sensible la présence du Saint.

La situation de Bernanos comme romancier, c'est d'abord celle d'un écrivain catholique, qui a bien appris son catéchisme et qui a décidé de prendre sa religion au sérieux. Aux yeux du chrétien qui a réfléchi lucidement sur sa foi, l'histoire de l'humanité, comme la destinée de la personne, se subordonne à deux grands faits insérés dans le temps : la Chute et la Rédemption, et subit constamment la distension de deux forces : le péché et la grâce. Or, pendant trois cents ans, dans le roman et la littérature profane, il est notable que les écrivains nés chrétiens et français — et souvent même des croyants ou des dévots — ont construit leur psychologie et leur morale en dehors de ces perspectives. Avant la fin du XIXᵉ siècle, il n'existe pas, à proprement parler, un roman français de la conscience religieuse. Le mouvement des passions, s'il n'est pas seulement décrit et analysé sous l'éclairage de l'objectivité pure, comme dans *Les Liaisons dangereuses* ou *L'Education sentimentale*, et si la distinction du bien et du mal s'y trouve impliquée, n'est jamais considéré autrement que sous l'angle de la morale naturelle ou sociale : la théologie de la grâce et du péché en est rigoureusement absente. A ce point de vue, aucun exemple n'est plus frappant que celui de *La Princesse de Clèves* : comme l'auteur du roman, l'héroïne, est une bonne chrétienne; élevée et avertie par une mère pieuse, elle ira s'enfermer dans un couvent pour échapper aux tentations du monde; et cependant, à l'heure où elle lutte pour rester une honnête femme et une épouse vertueuse, son christianisme est mis comme entre parenthèses; sa chute possible, elle la voit toujours comme une faute, non comme un péché; et nous ne connaissons rien de sa prière, nous n'entrons pas dans son oratoire. Il y a plus de christianisme — on a même dit du jansénisme — dans *Manon Lescaut*; Des Grieux a de la foi, de la piété, il sait qu'il pèche; et Manon ne demanderait pas mieux que de concilier son amour du plaisir avec l'intérêt du ciel; mais, dans leurs deux cœurs, la passion humaine est fatale, la grâce est absente, la psychologie se ramène à démonter le mécanisme des affections naturelles. *La Nouvelle Héloïse* pourrait être un roman chrétien; Julie est sincèrement croyante, elle prie, elle invoque le secours de Dieu contre le péril; mais le péril est encore pensé comme moral : il s'agit d'honneur, de loyauté, de l'ordre d'un foyer à maintenir, et non, à proprement parler, du salut des âmes. Avec *Atala* et *René*, l'auteur du *Génie du Christianisme* a eu précisément l'intention de faire entrer le religieux dans le romanesque, mais la théologie de Chateaubriand est d'une pauvreté et d'une puérilité qui le condamnaient à se tenir très loin d'une authentique expérience chrétienne. Balzac, qui a tout fait, a parfois entrevu la direction d'un roman qui peindrait les passions de l'âme religieuse ou qui élèverait, au-dessus de la corruption sociale, l'image de la perfection évangélique : ainsi *Le Curé de village*, *L'Envers de l'Histoire contemporaine* et *Le Médecin de campagne*, qu'il avait conçu comme une sorte d'*Imitation de Jésus-Christ* poétisée [1]. Mais il n'atteignit jamais que les surfaces sentimentales de l'âme chrétienne, ou les projections sociologiques d'un évangile dont le principal mérite aurait été de dire « au pauvre de souffrir et au riche de soulager la misère du pauvre ». On voit encore Emma Bovary, dans une heure de détresse, se tourner vers le prêtre et frapper à la porte du curé Bournisien; mais celui-ci ne la comprend pas, la reçoit mal, et elle s'en ira plus désespérée : cette confession manquée de l'héroïne de Flaubert a un caractère symbolique, elle signifie que la route du roman français, avant la fin du XIXe siècle, contourne l'église et n'y conduit pas.

Il faut reconnaître à Bourget, au critique des *Essais de Psychologie contemporaine*, au romancier du *Disciple*, mais surtout à celui, beaucoup plus profond, du *Démon de midi*, d'avoir tenté, dans notre littérature profane, une des premières explorations systématiques de la conscience chrétienne. Exploration fort prudente et encore superficielle, car, pour le sociologue positif qu'il est demeuré, la religion reste subordonnée à la morale et ne semble regarder le bien des âmes qu'en vue de l'ordre de la cité; il y a la vertu et le vice, la santé et la maladie, et le Dieu dont il suggère l'existence plutôt que la présence et inspire la crainte plutôt que l'amour, n'est ni le Créateur, ni le Rédempteur, mais le souverain magistrat de l'ordre moral; ce qui correspond à la finalité propre de la religion, l'épanouissement spirituel, la vie de grâce et de charité, n'apparaît pas chez Bourget. Deux de ses contemporains en ont une intuition plus juste : Huysmans et Léon Bloy. *En route* et *La Femme pauvre* évoquent, avec des accents différents, mais beaucoup plus intérieurs

---

1. Cf. Bernard Guyon : *La Création littéraire chez Balzac*, Armand Colin. 1951.

que les romans mondains de Bourget, les drames propres à l'âme
chrétienne. Cependant, la sensibilité de Huysmans était trop singulière, la pensée et la forme de Bloy s'enveloppaient d'un romantisme
trop fumeux pour atteindre à la généralité et à la souveraineté
d'expression du grand art. C'est d'ailleurs vers la même époque que
la France découvrait les Russes, Tolstoï et surtout Dostoïevski : fer-
tilisante rencontre de deux mondes romanesques dont le naturalisme, enveloppé dans le premier d'une vague sentimentalité évangélique, pénétré dans le second d'un mysticisme incontestablement
chrétien, allait inviter les romanciers français à pousser leurs inves-
tigations psychologiques au-delà des conflits de la conscience claire,
à des profondeurs où l'on ne sait plus si l'appel des instincts et des
passions vient de la nature, ou de quelque chose qui la dépasse.
Comment, en effet, interpréter sans référence à une théologie d'essence chrétienne *Les Possédés*, *L'Idiot* ou *Les Frères Karamazov*?
Barrès n'avait probablement aucune dette directe envers les Russes
quand il écrivit *La Colline inspirée*, mais un certain sens des valeurs
mystiques était-il sans rapport avec l'ambiance créée par eux, et le
« vent de la prairie » n'y prolongeait-il pas le souffle des steppes?
En tout cas, Gide fut parmi les premiers à s'imprégner d'eux : il
écrivait, dès 1908, un article sur Dostoïevski pour *La Grande Revue*,
et *La Porte étroite* transposait, dans la forme classique la plus pure,
la tentation de Dieu.

C'est après 1920 que ce courant du roman chrétien, hésitant,
secret et souvent perdu dans les sables, s'épanouit soudain avec une
grande vigueur chez deux écrivains qui vont porter le genre à sa
perfection et l'imposer à un grand public : Mauriac et Bernanos.
Mauriac et Bernanos : je demande pardon aux mânes de ce dernier
de produire une fois de plus le couple de ces deux noms dont il
n'aima jamais la rencontre; et pourtant, ils demeureront liés devant
l'histoire littéraire, car ils appartiennent à un même épisode, ils
évoquent ensemble une même conquête : l'annexion de la psychologie religieuse au roman profane. Associés malgré eux, mais
combien différents! Mauriac reste, tout compte fait, un moraliste
classique; son investigation psychologique est au plan de la conscience claire, et ce sont les passions de la nature qui mènent leur
jeu et leur drame dans l'âme tourmentée de ses personnages; la
grâce, certes, y intervient, le jeu et le drame se spiritualisent et se
surnaturalisent, et c'est en quoi Mauriac fait accomplir au roman
chrétien une avancée considérable, qui le porte bien au-delà de

Bourget et de ses pâles épigones édifiants; en deçà, pourtant, de Bernanos. Avec Bernanos, nous entrons dans la vie surnaturelle proprement dite, dans les zones les plus mystérieuses de l'âme. Ses personnages n'hésitent pas seulement entre l'attrait des concupiscences
sensuelles et l'exigence de la pureté, entre les nourritures terrestres
et les joies du ciel : ils sont tentés par la sainteté, et ils se sentent
aspirés par l'enfer. La contemplation, l'union en Dieu les attire, la
possession démoniaque les menace. Ici, le surnaturel apparaît dans
toute son étendue, depuis le conflit intérieur entre la grâce et le
péché, jusqu'à la manifestation extérieure des puissances d'en-haut
ou d'en-bas. L'abbé Donissan, c'est le curé d'Ars, avec toute l'ambiance diabolique et miraculeuse d'une sainteté très exceptionnelle.
L'extase apparaît dans *La Joie*, la possession par l'esprit du mal
dans tous les romans. En un sens, de Mauriac à Bernanos, il y a
d'abord la distance d'un classicisme à un romantisme du
roman chrétien.

Autre différence : pour Mauriac comme pour Bernanos, la grande
force psychologique qui règle le comportement et les actes de
l'homme, c'est la puissance du péché; mais ils ne regardent pas
habituellement le même péché. Les pécheurs de Mauriac sont généralement des charnels, des luxurieux, des avares. Les biens de ce
monde dressent un obstacle entre eux et Dieu, mobilisent et détournent leur faculté d'amour; ils font le mal par faiblesse, ou par
ignorance du vrai bien, ou parce que la grâce leur manque; même
des plus obscurs, des plus corrompus et des plus méchants, on ne
peut affirmer qu'ils aiment intimement le mal; comme Thérèse
Desqueyroux ou le héros du *Nœud de Vipères*, ils semblent dans la
sourde attente d'une eau lustrale qui les laverait de leurs convoitises, de leurs haines; et si la lumière les fuit, si la grâce leur manque, leur volonté n'en est peut-être pas complètement responsable.
Chez Bernanos, on ne constate pas la même obsession charnelle;
c'est moins la chair pécheresse que la chair malade qui est présente
et lourde dans ses romans, et sa fonction est d'être une occasion de
souffrance par laquelle tantôt elle favorise l'ascension de l'âme,
tantôt elle la précipite au désespoir. Le piège de la chair, ce n'est
pas tant la luxure que les désordres nerveux qui donnent des chances au démon. C'est que, chez Bernanos, ce qui égare l'homme, c'est
une force beaucoup plus redoutable que la sensualité : c'est le
péché même de l'esprit, l'attrait du gouffre, la répulsion de la grâce,
l'amour du mal; et ce qui les perd, en dernière analyse, c'est le

désespoir. Or le désespoir est, pour les appelés de Dieu, la tentation suprême : il semble qu'ils ne puissent aller vers Lui que par un chemin escarpé où le vertige du mal, de la perdition définitive, les guette à chaque pas. Chez Mauriac, le mal n'est que dans la conscience des méchants, et ils n'ont qu'à se produire pour le montrer; chez Bernanos, ce sont les êtres purs qui ont souvent le privilège de reconnaître le mal, tout près d'eux et chez les autres, et de le faire sortir de son repaire comme une bête malfaisante.

Car voici, entre les deux romanciers chrétiens, la distinction décisive. Le problème du mal est au foyer de leur pensée; le signe et l'effet du mal, pour l'un comme pour l'autre, est la privation de Dieu, le désert de l'amour. Cependant, pour Mauriac, plus psychologue que métaphysicien, le mal n'est pas considéré comme une entité qui existerait en dehors de l'âme du pécheur, il n'est pas autre chose qu'une déviation spirituelle, un amour qui se trompe de route, une soif qui s'étanche à des sources empoisonnées. Au contraire, chez Bernanos, le mal existe positivement; il est une force et un souffle. « L'historien, écrit-il, le moraliste, le philosophe même ne veulent voir que le criminel : ils refont le mal à l'image et à la ressemblance de l'homme. Ils ne se forment aucune idée du mal lui-même, cette énorme aspiration du vide et du néant. » Il ne faudrait pas beaucoup forcer les choses pour apercevoir chez lui une tendance manichéenne : il y a le Dieu du Bien et, sinon le Dieu du Mal, du moins la Puissance du Néant, la volonté de perdition et de haine qui s'oppose à la volonté de création et d'amour. La place qu'il donne à Satan dans son univers est l'expression de cette tendance.

Il est notable que, sur ce point, d'ailleurs essentiel, de sa pensée, Bernanos se trouve en opposition flagrante avec l'humanisme. L'humaniste, qu'il soit laïque ou chrétien, et même si sa clairvoyance l'incline au pessimisme, fait cependant confiance au fond de la nature : il pense, avec Platon, que, si l'homme fait le mal, c'est par ignorance du bien, ou par erreur de jugement, ou par faiblesse, mais non par malignité intime, car il est conforme à la loi de son être d'aller vers la plénitude de l'être, dont le mal est la négation. Telle n'est point la vue de Bernanos : pour lui, l'homme a l'instinct du mal, il ressent directement l'appel du vide, et la nature ne peut rien fonder sans la grâce. Bernanos n'aime pas les humanistes, qui comptent sur eux-mêmes, ou sur leur culture, pour se sauver. Il n'aime pas les savants, qui entendent ramener la psychologie à un système de lois purement mécaniques; et il déteste singulièrement les psychiatres, qui voudraient faire du mal spirituel la conséquence d'un désordre du corps. Pour lui, le mal existe; l'homme n'y va pas par erreur, mais par perversion de son vouloir. C'est ce que l'abbé Menou-Segrais expliquait avec une grande force à l'abbé Donissan :

> Chacun de nous — ah! puissiez-vous retenir ces paroles d'un vieil ami! — est tour à tour, de quelque manière, un criminel ou un saint, tantôt porté vers le bien, non par une judicieuse approximation de ses avantages, mais clairement, singulièrement par un élan de tout l'être, une effusion d'amour qui fait de la souffrance et du renoncement l'objet même du désir; tantôt tourmenté du goût mystérieux de l'avilissement, de la délectation au goût de cendre, le vertige de l'animalité, son incompréhensible nostalgie. Hé! Qu'importe l'expérience accumulée depuis des siècles de la vie morale? Qu'importe l'exemple de tant de misérables pécheurs et de leur détresse? Oui, mon enfant, souvenez-vous, le mal, comme le bien, est aimé pour lui-même et pour lui-même servi.

Ce pourrait être, ici, l'intuition métaphysique autour de laquelle s'organise l'univers moral de Bernanos. Il croit, il sait et il montre qu'il y a des êtres qui se perdent, qui aspirent à se détruire, à se gaspiller, à se gâcher; et aussi à détruire les autres, à les pervertir; des êtres qui aiment à « casser », comme dit un personnage d'Anouilh. Tel est, sous sa forme la plus tragique, le péché : la haine de soi-même, la haine des autres, la haine de la vie. D'où, chez tant de personnages bernanosiens, la hantise du suicide et, presque chez tous, même chez les plus saints — surtout chez les plus saints — la tentation de cette espèce de suicide spirituel et de ce péché définitif qu'est le désespoir. Qu'est-ce que désespérer, sinon choisir contre Dieu, et prendre le parti du néant?

Vue profonde et intensément dramatique, qui donne au monde romanesque de Bernanos une valeur de poésie et de signification étrangère à celui de Mauriac. Non que celui-ci manque de tragique ou de vérité : l'écartèlement d'une âme entre l'unique nécessaire et « l'usage criminel et délicieux du monde » est la destinée même du chrétien, et l'on sait tout ce que l'auteur du *Désert de l'Amour* a jeté de lumières sur le cœur de l'homme et suscité de pathétique en peignant « la chair triste en proie aux péchés bien-aimés ». Mais, encore un coup, les péchés de la chair s'enracinent moins intérieurement dans la nature de l'homme que le péché de l'esprit. Les chrétiens tourmentés de Mauriac, aussi loin qu'ils aillent dans le mal ou dans la pureté, ne franchissent jamais ni le seuil de l'enfer, ni la porte du ciel; et souvent, ils n'atermoient qu'entre la dévotion et l'inconduite. Chez Bernanos, l'amplitude de l'oscillation spirituelle est plus large, elle va du désespoir absolu des damnés à l'héroïsme intégral des saints; et la vision du monde est plus sombre, plus effrayante — horizons mornes des grandes plaines boueuses du Nord, cieux bousculés par des vents de tempêtes, humanité anxieuse et malade, qui s'agite dans une lumière soufrée et respire mal un air impur. Dans *La Joie*, sur une dizaine de personnages, il y a sans doute une sainte, Chantal de Clergerie, mais un maniaque imbécile, un psychiatre qui devient fou, un mauvais prêtre qui se damne, une vieille femme en enfance, un Russe morphinomane qui se suicide après avoir assasssiné Chantal. Que sont les drames bourgeois du *Nœud de Vipères* — incompatibilité d'humeurs domestique, affaires de lit et querelles de successions — à côté de ces profondeurs de ténèbres dostoïevskiennes?

Un de ces caractères les plus frappants du monde romanesque de Bernanos est la place qu'y tiennent les prêtres. L'attrait qu'exercent sur lui les âmes sacerdotales n'a pas lieu de surprendre. Son propos étant de représenter, bien au-delà du conflit des passions, le grand combat mystique que se livrent l'esprit de Dieu et l'esprit du mal, où ce combat prendrait-il une forme plus aiguë et, au sens précis du mot, plus surnaturelle que dans l'âme du prêtre? Aux yeux du croyant, le prêtre n'est pas seulement l'objet de la grâce, il en est l'instrument; il n'est pas seulement la proie de Satan, il en est l'adversaire, pourvu d'armes redoutables, puisqu'il absout et exorcise. En lui, la sainteté brille d'un singulier éclat quand elle est présente; mais aussi, ses chutes sont singulièrement lourdes et ses défaillances désastreuses; car, dans cette bataille spirituelle du bien et du mal, de l'amour et de la haine, de la foi et du désespoir, le prêtre est le chevalier qui combat aux points les plus avancés et les plus menacés; et c'est lui qui défend les portes de la Cité de Dieu.

Sous le Soleil de Satan était déjà un roman de prêtres, où se dégageait la première figure du saint bernanosien, l'abbé Donissan.

L'Imposture, c'est le dialogue tragique de deux prêtres, dont l'un, l'abbé Chevance, pur et humble de cœur, cherche en vain à sauver de l'enfer l'autre, l'abbé Cénabre, âme vidée par l'orgueil et le mensonge. *La Joie* est pleine encore du souvenir pacifiant de l'abbé Chevance, et l'on y retrouve l'abbé Cénabre, confondu par le regard de Chantal et sombrant dans le désespoir et la folie. *Un Crime*, dans l'invraisemblance de sa fable policière — une femme qui se fait passer pour un prêtre — souligne curieusement l'obsession du mystère de la vocation sacerdotale chez Bernanos. Et *Le Journal d'un curé de campagne* imposait, parmi d'autres, deux inoubliables figures de prêtres : le curé d'Ambricourt et le curé de Torcy. Le premier témoigne pour la sainteté, et nous le retrouverons tout à l'heure; le second est d'une étoffe plus grossière, moins exceptionnelle — mais quelle admirable figure! Ce Flamand robuste et sanguin, ce « fort homme », on le prendrait d'abord pour une manière de curé de Meudon; mais il est bien autre chose : un réaliste intégral, qui voit l'homme sans illusion et sans frayeur, à la double lumière d'un grand bon sens et d'une grande foi. « Un peuple chrétien, dit-il, n'est pas un peuple de saintes nitouches... Le contraire d'un peuple chrétien, c'est un peuple triste, un peuple vieux. » Il affecte de tenir en défiance les mystiques, et il justifie les politiques. « Soyez d'abord respecté, dit-il au curé d'Ambricourt. L'Eglise a besoin d'ordre; faites de l'ordre à longueur de jour. » Et encore :

> Je ne suis pas un moine, je ne suis pas un supérieur de moines, j'ai un troupeau, un vrai troupeau... Du bétail, ni trop bon, ni trop mauvais; des bœufs, des ânes, des animaux de trait et de labour. Et j'ai des boucs aussi. Qu'est-ce que je vais faire de mes boucs?... Boucs ou brebis, le maître veut que nous lui rendions chaque bête en bon état.

Ce curé de Torcy occupe une place singulière dans le monde bernanosien : presque seul, il y représente la cordialité, la santé de la nature, un humanisme chrétien, certes débarrassé de tout optimisme ingénu, car il reconnaît d'abord toute la misère et toute la médiocrité de l'espèce humaine, mais bien défendu contre le désespoir, car il voit l'homme entouré de forces naturelles et surnaturelles contre le mal. Sur un plan de signification plus particulière, le curé de Torcy apparaît comme le vigoureux soldat d'une Eglise à la fois temporelle et spirituelle, condamnée à concilier perpé-

tuellement la nature et la grâce, les exigences de l'ordre et celles de
la justice, l'autorité et la charité. C'est proprement la dimension
catholique de l'âme de Bernanos qui se transpose dans cette très
riche figure de prêtre, aussi solidement installé sur la terre des
hommes que tranquille et fort dans son action pour la Cité de
Dieu.

Un tel personnage ne pouvait qu'être exceptionnel dans un univers où l'impulsion qui meut les âmes est l'élan vers une sainteté
difficile, accessible par des voies obscures; où le plus ardemment
appelé est aussi le plus exposé à se perdre, parce que l'esprit du
mal, le diable — *quærens quem devoret* — est puissant et acharné
contre les purs.

Mais d'abord, il règne sur les impurs; et les impurs ne sont pas
toujours les méchants. Mouchette, par exemple — et je pense surtout à la seconde, à celle de la *Nouvelle Histoire* — est-elle
méchante? Il ne semblait pas qu'elle le fût d'abord, mais seulement
malheureuse, accablée de misères physiques, de solitude, de dégoûts;
en elle a veillé longtemps un obscur instinct de pureté, que la bru-
talité d'un pervers a détruit. Alors, dans son âme en décom-
bres, il n'est plus rien demeuré que le désespoir, et toutes les
issues se sont fermées à elle hors le trou noir du suicide. L'histoire
de Mouchette, c'est bien celle d'un glissement vers l'enfer; mais
l'âme y est poussée comme malgré elle, par des forces extérieures et
fatales que la grâce de Dieu n'équilibre point.

Le cas de l'abbé Cénabre est différent. Il est « l'imposteur » (et il l'est d'une manière autrement pathétique, perverse et
intelligente que le médïocre exhibitionniste conjugal aux simula-
tions desquelles M. Jouhendeau prétend nous intéresser). Ici,
l'homme finit par devenir un possédé, mais il s'est livré lui-même,
dans les libres mouvements de son orgueil. Il a établi, renégat qui
fait semblant de croire, le mensonge dans son cœur; et le mensonge,
qui est l'arme préférée du démon, la machine à faire du néant, a
peu à peu tout détruit, tout rongé en lui, et ne lui a plus laissé
que la conscience anxieuse d'être un cadavre. L'abbé Cénabre est
un méchant, qui a choisi de se perdre. Un méchant aussi M. Ouine.
Oui...ne — l'affirmation et la négation liée : est-il vrai que Bernanos ait voulu incarner, dans cet intellectuel dépravé, le génie de la

contradiction, la perversité du non-choix entre la vérité et l'erreur, entre le bien et le mal — et, pour l'appeler par son nom, André Gide? En tout cas, ce qui nous est montré dans la peu cohérente aventure de M. Ouine, c'est la perte d'une âme, ou plutôt son anéantissement par ce qui apparaît à Bernanos la chose la plus horrible et la plus diabolique : une curiosité sans amour. Ame vidée d'être — car il n'est d'être que par l'amour — et devenue « une outre pleine de vent ».

Il n'y a en moi — dit M. Ouine sur son lit de mort — ni bien ni mal, aucune contradiction. La justice ne saurait plus m'atteindre, tel est le véritable sens du mot perdu. Non pas absous ni condamné, oui, perdu, égaré, hors de toute vue, hors de cause... je suis précisément tombé là où aucun jugement ne peut plus m'atteindre.

Exactement, M. Ouine est tombé en enfer; et, de l'enfer, Bernanos se fait une idée précise, strictement théologique : non pas cette sorte de chambre des tortures sensibles que lui a substitué une mythologie naïve, non pas un lieu, mais un état et un résultat, la victoire du mal, l'ultime défaite de l'être, c'est-à-dire, puisque l'être, en sa substance profonde, est amour et volonté, l'absence définitive de l'amour et le total désespoir. Il faut lire, dans *Le Journal d'un curé de campagne*, la page magistrale sur l'enfer :

... L'enfer, madame, c'est de ne plus aimer. Ne plus aimer, cela sonne à vos oreilles ainsi qu'une expression familière. Ne plus aimer signifie, pour un homme vivant, aimer moins, ou aimer ailleurs. Et si cette faculté qui nous paraît inséparable de notre être, notre être même — comprendre est encore une façon d'aimer — pouvait disparaître, pourtant? Ne plus aimer, ne plus comprendre, vivre quand même, ô prodige! L'erreur commune à tous est d'attribuer à ces créatures abandonnées quelque chose encore de nous, de notre perpétuelle mobilité, alors qu'elles sont hors du temps, hors du mouvement, fixées pour toujours. Hélas! Si Dieu nous menait par la main vers une de ces choses douloureuses, eût-elle été jadis l'ami le plus cher, quel langage lui parlerions-nous? Certes, qu'un homme vivant, notre semblable, le dernier de tous, vil entre les vils, soit jeté tel quel dans ces limbes ardentes, je voudrais partager son sort, j'irais le disputer à son bourreau. Partager son sort!... Le malheur, l'inconcevable malheur de ces pierres embrasées qui furent des hommes, c'est qu'elles n'ont plus rien à partager.

« L'enfer, c'est de ne plus aimer. » Sartre dira, dans *Huis-Clos* :
« L'enfer, c'est les autres », c'est-à-dire, en l'absence de tout principe transcendant de communion, l'incommunicabilité des êtres, la
solitude définitive à laquelle ils se condamnent réciproquement.
N'est-ce point avec des points de départ très différents et dans
un tout autre contexte métaphysique, formuler la même constatation de psychologue et se brûler au feu de la même vérité?

Tels sont les méchants : orgueilleux, menteurs, hypocrites, révol-
tés contre la vie; et telle est la catastrophe — ce néant de l'amour —
où ils se précipitent par la voie du désespoir. Les saints sont, à l'inverse, humbles, pauvres et confiants. Humbles, et même généralement humiliés : la nature leur refuse ses dons comme la société
ses biens. L'abbé Donissan, comme le curé d'Ars, a eu peine
à faire sa théologie; ses maîtres et ses confrères se sont moqués de
sa simplicité; il en a conscience, et il ne prend quelque confiance
dans son action et sa prière que muni d'armes surnaturelles qui
n'appartiennent pas à sa personne, qui ne sont que la force de Dieu
en lui. L'abbé Chevance est le confesseur des bonnes — vieil homme
timide, maladroit, banal et chétif jusqu'à l'heure de sa mort, qu'il
affronte avec toute la faiblesse de l'homme, résolu « non pas seulement à souffrir, mais, dans l'extrême ingénuité de son cœur, à
souffrir lâchement, bassement, et à scandaliser le prochain ». Le
curé d'Ambricourt? Un petit paysan gauche et malingre, fils
d'alcoolique, gouverné dans son corps par ses hérédités misérables,
vivant dans la crasse d'un presbytère abandonné et dans la détresse
d'une paroisse mourante. Voici pourtant une privilégiée de la fortune : Chantal de Clergerie est belle, noble et pure; mais loin de
se tenir dans cette part naturellement supérieure d'elle-même, loin
même de se fier à la secrète puissance que la transparence de son
regard lui donne sur les âmes pécheresses, elle se repaît du sentiment de ses faiblesses et de ses manques, elle s'humilie en tout et
devant tous. « Ce que vous appelez ma sérénité, mon allégresse,
dit-elle, c'est justement cette certitude de n'être bonne à rien et
aussi l'espoir d'être jugée au dernier jour comme telle, de bénéficier
d'un traitement de faveur. » Mot remarquable : le « traitement de
faveur », pour le saint de Bernanos, est dans l'abaissement de la
nature, parce que cet abaissement appelle la grâce; c'est l'infirmité

du corps, la simplicité de l'esprit, l'inefficacité et l'échec en tout ce qui est du monde; et c'est surtout la pauvreté. Nul écrivain moderne n'a mieux parlé des pauvres, sinon Léon Bloy; et il n'en parle pas pour les plaindre, mais pour célébrer leur royauté dans la fraternité du Christ, leur privilège dans une rédemption dont la bonne nouvelle leur a été apportée, à eux d'abord. *Exalta-vit humiles* : l'univers romanesque de Bernanos est construit comme une exacte projection de la pensée créatrice et rédemptrice du Dieu chrétien; il n'a pas de sens hors de la théologie de la Croix.

Mais il importe de le remarquer : la théologie de la Croix elle-même est interprétable sinon avec des sens, au moins avec des accents différents. Elle ouvre la voie à une méditation sombre et dure, mais elle fonde aussi bien un acte de confiance et d'espoir. Du dogme de la Chute et de la nature blessée, on peut tirer la con-séquence que la voie de la sainteté passe par la négation des valeurs naturelles, et que l'humain est toujours suspect. Mais, à cette vue rigoureuse et pessimiste, le dogme de la Rédemption et de la nature réparée apporte un correctif qui rend à l'homme une meilleure idée de lui-même, et un sens moins tragique à sa vocation. Sans doute, la Rédemption n'était pas à l'origine dans le plan divin, puis-que la Chute de l'homme n'y était pas nécessaire, et pourtant elle donne à l'accomplissement de ce plan une grandeur, une immensité d'amour, une surabondance de grâce, comme si le triomphe du Fils était le couronnement de l'œuvre du Père, comme si la faute elle-même — *félix culpa!* — avait été la condition d'un plus haut éclat. Or Bernanos est incontestablement du côté de ceux qui donnent du dogme chrétien l'interprétation la plus abrupte et la plus anxieuse. Non seulement il ne voit le salut de l'homme que dans et par la douleur, dans et par l'humiliation de la nature, mais, d'accord en cela — bien que pour de tout autres raisons — avec Sartre et Mal-raux, il n'imagine pas que la conscience de l'homme, dans son état naturel et à un degré suffisant de lucidité, produise autre chose que l'épouvante et l'horreur d'exister :

> Je crois de plus en plus, dit le curé d'Ambricourt, que ce que nous appelons tristesse, angoisse, désespoir, comme pour nous persuader qu'il s'agit de certains mouvements de l'âme, est cette âme même; que, depuis la chute, la condition de l'homme est telle qu'il ne saurait plus rien percevoir en lui et hors de lui que sous la forme de l'angoisse.

En ce sens, l'œuvre de Bernanos illustre et commente le mot
mystérieux de l'Evangile de saint Jean qui annonce, dans l'ère
même de la Rédemption, le règne du Prince de ce monde. Satan
règne encore, puisque le Christ est toujours sur sa croix. Car le
sacrifice de la Croix prête ici encore à deux interprétations, entre
lesquelles hésitent les mystiques; ou plutôt ils s'efforcent de les
rejoindre dans l'unité suprarationnelle d'un élan de foi et d'amour.
L'agonie du Christ, d'une part, accomplit la victoire de Dieu, la
défaite du péché, le salut de l'homme, et, sous cet angle, le Calvaire apparaît comme le lieu d'un haut triomphe et d'une immesu-
rable espérance. Mais, d'autre part, l'agonie du Christ, l'humiliation du Dieu crucifié, la torture de l'innocent mis à mort, c'est aussi
le plus formidable crime de l'histoire, donc la plus grande victoire de l'esprit du mal; et le Calvaire, sous cet angle, est le lieu du
scandale absolu et du plus intime désespoir. Or, dans les perspectives de la théologie chrétienne, le sacrifice du Calvaire continue;
tant que l'homme pèche, tant que l'esprit de violence, d'injustice
et d'impureté conduit l'histoire, tant que le règne de Dieu — que
le croyant appelle chaque jour en récitant son *pater* — n'est pas
arrivé, la Rédemption est inachevée et le Christ est sur sa croix jusqu'à la fin des temps. C'est là, je pense, une des intuitions fondamentales et constantes des saints de Bernanos : ils ne sont pas
encore dans la gloire du Christ, mais dans son humiliation et son
agonie. Ecoutons l'abbé Donissan :

> J'ai voulu voir sa croix : je l'ai vue; vous ne savez pas ce
> que c'est. Le drame du Calvaire, dites-vous? Mais il vous crève
> les yeux, il n'y a rien d'autre. Tenez, moi qui vous parle, j'ai
> entendu des choses que je ne peux pas dire... Ils parlent de la
> mort de Dieu comme d'un vieux conte... Ils l'embellissent, ils
> en rajoutent... Prenez bien garde! Entre Satan et lui, Dieu nous
> jette comme son dernier rempart.

De même, le curé d'Ambricourt devient comme « prisonnier de
la Sainte Agonie ». Et l'abbé Chevance, mourant, lègue à Chantal
de Clergerie sa tristesse, comme la part la plus secrète de sa sainteté. Enfin, dans un des derniers textes de Bernanos que nous ayons
lus depuis sa mort, *Le Dialogue des Carmélites*, le personnage central n'est-il pas cette jeune sœur qui a choisi d'être appelée Blan-
che de la Sainte Agonie?

Ainsi, tandis que Claudel, robuste et jubilant dans sa foi et pleinement réconcilié avec le monde, est un chrétien du matin de Pâques, Bernanos est un chrétien du Vendredi Saint : il nourrit dans son cœur le scandale de l'invincible iniquité, il maintient dans toute sa rigueur la séparation entre le monde de la nature et de la raison et celui de la foi et de la charité — comme si l'homme ne pouvait en même temps construire sa grandeur dans l'un et dans l'autre, comme si la sainteté ne pouvait en aucun cas couronner l'héroïsme. Avec Graham Greene, il ne veut pas reconnaître d'autre puissance que celle du Seigneur, qui relève surnaturellement sa créature misérable, ni d'autre gloire que celle qui éclate dans l'humiliation du pauvre. Si l'on entend par humanisme chrétien l'attitude des esprits qui cherchent à établir un pont entre la sagesse naturelle et l'esprit de l'Evangile, en mettant l'accent sur l'alliance de Dieu et de l'homme dans l'incarnation du Christ, on est bien obligé de dire que Bernanos, si profondément humain et si profondément chrétien qu'il soit, répugne à cette tendance, méprise ou redoute cette synthèse. On dirait qu'ayant pris un sentiment douloureux de cette espèce de démesure du mal, de la haine et du mensonge qui éclate dans une civilisation abandonnée au culte de la matière, il veuille lui opposer, par compensation, une autre démesure, seule capable de l'équilibrer : non la sagesse dévote, mais la folie de la Croix.

Et cependant, si nous quittions Bernanos sur cette idée d'un univers spirituel livré à l'angoisse des ténèbres; si nous nous laissions envahir par l'impression de contrainte et d'asphyxie que nous donnent souvent ses récits âpres et tendus, ses paysages mornes et dévastés et ses personnages tentés par le désespoir, nous n'aurions pas compris le fond de sa pensée, nous aurions manqué son miracle. Le miracle de Bernanos, c'est que, cette épaisseur d'ombres, non pas froides mais brûlantes de la respiration de Satan, une lumière secrète les éclaircit, une fraîcheur d'innocence les exorcise. La puissance du mal nous enveloppe et nous pénètre, et le Christ n'a pas fini de saigner sur sa croix, ni le pauvre, crucifié sur sa misère, de supporter l'injustice du monde. Cependant, nous ne sommes pas désarmés contre l'adversaire. Bernanos n'a jamais varié, jamais faibli dans sa foi. Il croit à l'Eglise et à ses promesses; il fait confiance à l'action du curé de Torcy, mais surtout à la prière de l'abbé

Donissan, de Chantal de Clergerie, de l'abbé Chevance et du curé
d'Ambricourt. Que, chez lui, les êtres purs et saints apparaissent
humainement infirmes et humiliés, peu importe, s'ils ont en vérité
la vigueur qui donne la victoire, et si une gloire leur est donnée,
non seulement invisible et surnaturelle, mais dès aujourd'hui éblouis-
sante aux yeux mêmes des charnels. Devant Cénabre, fier de son
intelligence et de sa culture, combien Chevance, tout faible et
humble, se relève, redoutable de la force divine qui passe par lui!
Et en face de la grande dame dédaigneuse qu'est la comtesse, voici
le curé d'Ambricourt, d'abord méprisé et bafoué, qui parle mala-
droitement — mais le feu de la charité brûle dans ses paroles, l'abo-
minable secret couvé au fond d'un cœur pourri doit sortir, et l'être
d'orgueil tombe à genoux devant l'être de faiblesse, dont les mains
bénissantes lui offrent le pardon et la paix.

Le monde Bernanos n'est pas désespérant, parce qu'il montre ou
laisse pressentir la victoire des purs. Je serais tenté de dire aussi :
la victoire des enfants. Retrouver, au-delà des péchés et des
angoisses de l'homme, la joie et l'innocence de l'enfant, c'est un des
appels de cette âme déchirée, et ce n'est pas sans raison qu'à un
des livres où il s'emporte avec le plus de rage contre les perversions
du monde moderne, Bernanos a donné ce beau titre : *Les Enfants
humiliés*. Ceux qui l'ont personnellement connu savent que, dans la
conversation, dans la polémique, il était souvent dur, intolérant et,
il faut l'avouer, intolérable; et puis, tout d'un coup, il avait un
extraordinaire sourire, d'une transparence et d'une douceur comme
on en voit rarement dans les yeux d'un homme; et l'on ne pouvait
plus lui en vouloir de rien, on ne voulait plus connaître de lui
que cette lumière d'enfance qui soudain avait reconquis son
âme. L'auteur, sur ce point, ressemblait à l'homme : le monde
romanesque de Bernanos, c'est, derrière le spectacle dramatisé du
mal, la frémissante nostalgie d'une joie et d'une pureté perdues. En
quoi il s'oppose encore au monde mauriacien : Mauriac peint, en
général, des êtres apparemment honnêtes, socialement respectables,
pourvus de biens et de dons, et que leurs péchés corrompent : c'est
une humanité qui s'enlise dans le mal. Au contraire, chez Bernanos (comme aussi, mais avec un accent fort différent, absolument
déchristianisé, chez Anouilh), c'est l'inverse qui se produit : du
fond de l'abîme où s'agite une humanité anxieuse et misérable, il
monte une voix, un cri parfois à peine audible, mais invincible-
ment jeté vers les hauteurs — un cri qui appelle la joie et la pureté.

Ce cri n'est pas perdu : qu'il y ait parfois des saints, cela veut dire qu'il a eu sa réponse; et les misères mêmes de l'homme ne sont pas vaines si, en suscitant la force de l'appel, elles provoquent la réponse de Dieu. « Qu'est-ce que cela fait? Tout est grâce » : les derniers mots du curé d'Ambricourt donnent à l'œuvre romanesque de Bernanos sa plus haute conclusion [1].

Il y a, dans *Monsieur Ouine*, un significatif dialogue entre le curé de Fenouille et un médecin, à propos d'un vieux débauché rendu fou par l'obsession de ses fautes, et en qui le médecin voit un « obsédé sexuel banal », un gibier de psychiatre. Mais est-il vrai que tout, dans l'âme humaine, se réduise à des complexes que la science est capable de guérir et d'expliquer?

Plus que l'obsession de l'impur, dit le prêtre, craignez la nostalgie de la pureté. Il vous plaît de reconnaître dans la sourde révolte contre le désir la crainte entretenue depuis tant de siècles par les religions, servantes sournoises du législateur et du juge. Mais l'amour de la pureté, voilà le mystère, l'amour chez les plus nobles et, chez les autres, la tristesse, le regret, l'indéfinissable et poignante amertume, plus chère au débauché que la souillure elle-même. Passe pour les lâches, traqués par l'angoisse de la souffrance ou de la mort, qui viennent implorer du médecin leur grâce; mais j'ai vu, oui, j'ai vu se lever vers moi d'autres regards! Et d'ailleurs, il n'est plus temps de convaincre, le plus proche avenir se chargera de nous départager. Au train où va le monde, nous saurons bientôt si l'homme peut se réconcilier avec lui-même, au point d'oublier sans retour ce que nous appelons de son vrai nom : l'antique Paradis sur la terre, la Joie perdue, le Royaume perdu de la Joie...

1. Depuis que cette conférence a été écrite, un grand nombre de personnes, qui ignoraient ou connaissaient à peine Bernanos, ont été invitées à pénétrer dans son univers par le cinéma. Il est impossible de voir sans émotion le film que Robert Bresson a tiré du *Journal d'un curé de campagne*. Me sera-t-il permis, cependant, d'y faire une réserve? Par un noble souci d'absolue fidélité, le metteur en scène a tiré tous les épisodes. toutes les répliques, tous les « mots » du roman. Mais les conditions du genre l'ont obligé à concentrer, à choisir et à rapprocher les sommets de l'action, en éliminant l'ampleur lyrique et philosophique du discours bernanosien, où l'âpreté des thèmes et l'amertume des pensées se diluent, tandis que s'éclairent le sens et les raisons du tragique. Ainsi, le film donne une impression plus étouffante et plus déprimante que le roman. Du récit de Bernanos, le « Tout est grâce » se dégage par une secrète, mais forte logique; il passe presque inaperçu et apparaît plaqué dans le film.

Celui qui s'est mis en quête du Royaume perdu de la Joie, comment ne serait-il pas triste, livré à une nostalgie inquiète et déchirante? Mais aussi, cette joie qu'il ne chercherait point s'il ne l'avait pressentie, comment n'éclairerait-elle point d'un bouleversant et intime rayon son âme et sa poésie? Or ce mouvement entre le désespoir de l'extrême lucidité et l'espérance invincible de l'être, entre l'agonie et la joie, entre l'aridité et l'amour, c'est ce qu'il convient d'appeler vie spirituelle, quels que soient les symboles, les croyances ou les rites à travers lesquels l'homme cherche à la réaliser. Intransigeant, avec une haute conception de l'honneur, Bernanos est resté pauvre; il n'a pas recherché les succès, il fut toujours un réfractaire et un opposant. C'est qu'il se savait marqué par une autre grandeur : il portait sur sa face ce « sang séché », ces traces du « combat spirituel plus dur que la bataille d'hommes » dont parle Rimbaud; et c'est pourquoi les hommes n'ont pas fini de regarder vers lui. (*)

ANDRÉ MALRAUX

...et le sacré

L A prise de Malraux sur l'élite cultivée, et spécialement sur la jeunesse intellectuelle, la place de tout premier rang que cet écrivain a conquise parmi ceux de sa génération et que personne, même parmi ses nombreux adversaires politiques, n'ose lui contester, sont un des faits considérables de l'histoire littéraire de ces deux dernières décades. Un fait qui pourrait d'abord surprendre. Malraux s'est imposé d'emblée par son style et par sa pensée; et pourtant, son style a de visibles défauts, et sa pensée est loin de se livrer, comme celle d'un Saint-Exupéry par exemple, dans un message immédiatement clair. Une syntaxe souvent embrouillée, une narration parfois obscure à force de vouloir être rapide, dans les parties dissertantes un goût de l'ellipse, un mépris des transitions et une multiplicité d'allusions qui obligent l'esprit du lecteur à une gymnastique vertigineuse — telles sont les faiblesses de l'écrivain. Une constante tentation des grandes vues synthétiques, une certaine façon de procéder toujours par affirmations discontinues et impérieuses plutôt que par analyses patientes, une virtuosité redoutable à rapprocher, non sans quelque arbitraire, les idées les plus lointaines, voilà quelques penchants dangereux de cet esprit. Et pourtant, il n'est pas douteux que Malraux ne soit un très grand écrivain et un très grand esprit. Le mot « génie » est de ceux qu'il ne faut pas employer à la légère : du génie, on sent qu'il passe ici des étincelles, et parfois des flammes. Dans le style, un accent, une vibration métallique de la phrase, çà et là des formules d'une brièveté fulgurante; dans la pensée, une richesse et une profondeur des intuitions, une façon singulière de renouveler tous les problèmes, de marquer toutes les idées, fussent-elles des lieux communs, au sceau de la personnalité la plus intense : voilà ce qui bouleverse et enchante les lecteurs de Malraux; et c'est à peu près ce qui bouleversait et enchantait, il y a cinquante ans, les lecteurs de Barrès. Car si l'on a pu valablement les comparer (nonobstant l'évidente supériorité de la culture de Malraux sur celle de Barrès), c'est bien par là : non tant à cause d'une certaine analogie d'attitude chez ces deux ennemis des lois, que pour cette tension d'âme qui, chez l'un comme chez l'autre, commande le mouvement de la phrase, le plie au frémissement des nerfs et fait rendre aux idées mêmes la sonorité de la passion. La prose de Malraux : un ciel d'orage bousculé par le vent, et qui traîne parfois sur la terre toutes les obscurités de la tempête et de la nuit, mais que déchirent des éclairs, de longues lueurs électriques sous lesquelles se transforment les paysages de l'esprit.

Et puis enfin, dans ce véhément xxᵉ siècle, Malraux est le premier écrivain français qui se soit jeté à corps perdu dans son temps. Le type d'un écrivain engagé — je ne dis pas engagé dans tel ou tel parti politique, ce qui a peu d'intérêt, mais engagé dans les houles de l'histoire, dans les risques et les chances de l'action, et dans les formes les plus contemporaines et les plus tumultueuses de la vie. Avant d'écrire *La Voie royale*, cet homme a exploré la forêt cambodgienne; il a servi le Kuomintang avant d'écrire *La Condition humaine*, commandé une escadrille dans la guerre d'Espagne avant d'écrire *L'Espoir*. Il fut maquisard dans la France occupée, colonel à la Libération; il fut même un moment ministre. Et croit-on qu'un livre comme la *Psychologie de l'Art* puisse être écrit par un homme de cabinet, qu'il ne suppose pas le monde parcouru en tous sens, une familiarité de tous les musées, de toutes les œuvres d'art, de toutes les civilisations poursuivies sous tous les ciels et à travers tous les continents? A tort ou à raison, nous n'aimons plus beaucoup, aujourd'hui, l'écrivain qui n'est que cela, pas même — ou encore moins — l'homme de lettres qui fait sans grands risques du journalisme spectaculaire. Nous préférons celui qui se jette d'abord dans le tumulte d'une vie d'homme, qui nourrit son œuvre de son expérience et de son aventure, et ramène à la surface une perle de poésie où se concentrent toutes les puissances et tous les mystères des abîmes.

⁂

Encore faut-il qu'un tel homme, sollicité par l'action, y sauve-
garde un sens intime du drame humain et de sa signification : faute
de quoi, il ne serait bientôt qu'un observateur des agitations super-
ficielles, un chroniqueur sans consistance ou, plus simplement
encore — on pourrait, hélas! citer plus d'un nom — un vulgaire
écrivain de parti. Si Malraux est tout autre chose, c'est précisément
parce qu'il a une vie intérieure, il faut même dire : parce qu'il a
une métaphysique. Est-ce une violence de tempérament qui le
pousse d'abord vers la prouesse et vers la conquête? Je n'en suis
pas sûr. C'est sa forte santé et le besoin de dépenser ses forces qui
jette Saint-Exupéry dans le camp des hommes d'action et des héros.
Chez Malraux, on pressent un autre mouvement : celui qui naît
d'une angoisse de la conscience; la pression d'une idée plutôt que
l'élan d'un instinct.

L'homme est l'animal conscient de sa mort; la mort est toujours
là, présente en lui, ce qui lui crée une situation exceptionnelle dans
l'univers, une situation qui ne peut être qu'anxieuse. L'homme,
d'autre part, en tant qu'individu, est condamné à une solitude
définitive. Sans doute, il entre en relation, parfois même en contact
avec ses semblables, mais toujours par les surfaces. Quand il s'agit
de livrer à l'autre le mystère profond de lui-même, ou d'atteindre
celui de l'autre, l'homme se heurte à une impuissance radicale. Chacun vit emmuré dans sa vie et entre emmuré dans sa mort. L'amour
est un leurre, car il rapproche les corps sans les fondre, et le plus
souvent en blessant les âmes. De cette misère, on peut être inconscient; mais, si l'on est conscient, si l'on regarde assez loin en soi,
impossible de n'y pas rencontrer l'épouvante. Heureusement —
comme dit Tchen dans *La Condition humaine* — « on peut agir »;
car l'action, c'est bien cela, et point autre chose : un recours que
l'homme héroïque va chercher contre l'épouvante de l'esprit.

D'après les premiers livres de Malraux, le seul recours possible.
Les religions ont été immédiatement exclues. Exclue aussi la sagesse,
soit, sous la forme occidentale, la recherche d'un accord avec le
monde — ce qu'on peut appeler, en gros, l'humanisme — soit,
sous la forme orientale, la poursuite mystique de l'immobilité, de
l'inconscience et du vide : ni l'une ni l'autre ne peuvent convenir

à l'homme qui est vraiment homme, c'est-à-dire énergique et lucide. Il y aurait bien aussi la drogue, l'opium, l'alcool; tel personnage de Malraux essaie ce moyen, mais comment se contenter de ce qui n'est qu'une infidélité à soi-même et une forme lâche du suicide? Reste donc l'action, et surtout l'action risquée, aventureuse; car « l'aventure est l'austère domination de la mort », l'héroïsme est la réponse des forts à l'angoisse d'exister.

Cette action du héros revêt d'ailleurs — et je pense toujours aux premiers romans de Malraux, jusqu'à *L'Espoir* compris — deux formes différentes. D'abord, elle se justifie par elle-même : l'homme énergique est celui qui donne sa marque à l'histoire, qui laisse une « cicatrice sur la terre », quelle que soit d'ailleurs la valeur de ce qui en résulte pour les hommes; et c'est cette conception de l'action que les chrétiens, au nom de la morale, ont taxée de « dilettantisme », et les communistes, au nom de la Révolution, d' « activisme ». Mais, dès *Les Conquérants*, apparaît une autre forme de l'action qui, dans *La Condition humaine*, et plus encore dans *L'Espoir*, sera donnée comme privilégiée et suréminente : celle qui a une finalité historique, c'est-à-dire l'action révolutionnaire. La révolution apparaît, dans l'œuvre de Malraux, comme un succédané de la religion. La religion a pour premier effet de relier les hommes entre eux, de briser, par conséquent, ce mur de solitude qui les étouffe dans la conscience de leur individualité anxieuse; puis elle leur permet de vaincre l'épouvante de la mort par une espérance d'éternité. La révolution est aussi lien des hommes et invitation à l'espérance. Elle unit les cœurs dans la solidarité de la misère et de la lutte, et elle joue, « entre d'autres rôles, celui que joua jadis la vie éternelle ».

Ainsi, soit considérée en elle-même, pour les seules valeurs de jeu et de courage qu'elle exige, soit sublimée par ses fins de création historique, l'aventure est la voie de salut de l'homme, et, en ce sens, l'œuvre de Malraux nous propose d'abord, comme celle de Saint-Exupéry, une philosophie de l'action. Philosophie d'ailleurs tragique, car ce qui fait la tragédie, c'est la présence du destin et, chez Malraux, la condition humaine n'est pas du tout pensée, en termes marxistes, comme celle d'individus exploités par un système économique imputable à la volonté d'une classe oppressive, mais comme celle d'un être conscient, soumis par sa nature même à la pesée écrasante de l'univers et à l'inévitable empire de la mort. Ce qui explique que sa foi communiste n'a pas tardé à chanceler, et s'est presque immédiatement heurtée à l'orthodoxie marxiste, qui exige la confiance optimiste en un bonheur humain de jouissance et de bien-être.

Ainsi, s'est prolongée jusqu'en 1940 environ ce qu'on pourrait appeler la période héroïque de la pensée de Malraux. Depuis cette date s'ouvre la période esthétique. Le problème fondamental reste toujours le même : surmonter l'angoisse de l'être conscient et mortel, vaincre le destin, mais les moyens de la lutte et les chances de la victoire ne seront plus tant cherchés dans l'ordre de l'action historique que dans celui de la création artistique.

Avant même que fût entreprise la publication de la *Psychologie de l'Art* — livre capital non seulement dans l'œuvre de Malraux, mais dans la littérature de notre époque — *Les Noyers de l'Altenburg*, publiés en Suisse pendant la guerre [1], annonçaient déjà le virage : une certaine fatigue de l'héroïsme apparaissait dans le récit des aventures de Vincent Berger, et c'est peut-être Walter, dans sa bibliothèque de l'Altenburg, parmi ses statues et ses livres, qui indiquait la voie la plus sûre de la victoire de l'homme. Walter raconte la belle et symbolique histoire de Nietzsche, exorcisant la folie et la peur en chantant un poème dans la nuit du tunnel du Saint-Gothard : la vie est contingences, laideurs et misères, mais le chant peut être « aussi fort qu'elle »; et alors, les millénaires du ciel étoilé sont « aussi effacés par l'homme que nos pauvres destins sont effacés par le ciel étoilé ». Avec non moins de force, Vincent Berger reprend la même idée quand il affirme que l'art repose sur une « analyse de l'homme », mais que, « pour que cette analyse devienne art, il faut qu'elle entre en lutte avec la conscience que nous avons de notre destin ». L'artiste, c'est l'homme qui a senti profondément « la présence du destin, l'indépendance du monde à son égard », et qui surmonte l'angoisse en formant des images stylisées de ce monde, en le refaisant à sa mesure et « tel que l'homme l'eût fait s'il eût été Dieu ». Ainsi, l'art apparaît « une rectification du monde, un moyen d'échapper à la condition d'homme », en tant que cette condition est de subir la fatalité. Sans doute, on ne voit pas très bien, dans la pensée de Vincent Berger — et nous

1. L'édition suisse a été reproduite ultérieurement dans une édition française à **tirage** limité, N.R.F. 1948.

découvrirons que la même équivoque persiste dans celle de Malraux — si la stylisation de l'art consiste à créer des formes plus ordonnées et plus rationnelles que celles qu'un univers absurde nous propose, ou, au contraire, à exprimer symboliquement, par des images de terreur, cette absurdité et l'angoisse qu'elle nous inspire. Il semble que ce soit plutôt vers cette conception tragique de l'art qu'incline Vincent Berger, car, dit-il encore, représenter la fatalité n'est pas la subir, « c'est presque la posséder. Le seul fait de pouvoir la représenter, de la concevoir, la fait échapper au vrai destin, à l'implacable échelle divine, la réduit à l'échelle humaine. » Il reste que, « dans ce qu'il a d'essentiel, notre art est une humanisation du monde ».

Ces idées, nous les retrouvons au foyer des quatre beaux volumes — les trois qui forment la *Psychologie de l'Art*[1] et *Saturne*[2] — publiés entre 1947 et 1950, dans lesquels on peut voir la somme, la plus complète jusqu'à ce jour, de la pensée de Malraux. C'est à ce titre que son esthétique n'intéresse pas seulement les historiens de l'Art, mais autant, et peut-être davantage, ceux qui cherchent à se reconnaître parmi les grands courants intellectuels et sentimentaux d'aujourd'hui : car elle se construit au carrefour de nos problèmes et traduit avec une rare intensité de conscience les inquiétudes et les appels de l'homme du XXe siècle.

***

Donc l'artiste, après le héros, sera chargé d'apprendre à l'homme le sens de son existence et de rouvrir dans son cœur les sources de l'espérance et du courage. Mais, d'abord, qu'est-ce que l'art? Quelle idée, en ce point de son histoire, l'homme se fait-il de sa curieuse vocation de fabricateur d'images? Qu'est-ce que la création artistique? Quels en sont le processus et la signification?

Malraux prend son départ dans une théorie du musée. Il constate que le musée est pour une large part une invention du XIXe siècle, et qu'il a transformé profondément l'idée que nous pouvions nous faire de l'art. Cela, de deux façons. D'abord, le musée a individualisé et intellectualisé l'œuvre d'art; c'est-à-dire que des œuvres, statues ou tableaux, qui étaient faites pour s'intégrer dans un ensemble, par exemple dans un temple, ou dans une cathédrale, ou

---

1. Skira, MCMXLVII. Voir aussi *Les Voix du Silence*, N.R.F., 1951.
2. Gallimard, 1950.

dans un salon, sont détachées de cet ensemble naturel et concret et réunies, d'une manière arbitraire et artificielle, dans une collection séparée de la vie. Donc, ces œuvres cessent de tirer leur intérêt fondamental de leur signification par rapport à une institution ou sociale ou religieuse; elles ne peuvent plus avoir dans le musée qu'un intérêt proprement artistique. Que s'y trouvent rapprochées une statue phénicienne, une statue grecque et une statue gothique, par exemple, cela nous oblige à les voir par ce qu'elles ont de commun, et ce qu'elles ont de commun, c'est d'être des statues. Ainsi, le musée, « confrontation de métamorphoses », intellectualise nos relations avec les œuvres d'art, et nous invite à une opération d'abstraction qui, de l'art, va mieux dégager l'essence.

Le XIXe siècle avait créé le musée; le XXe a fait davantage : il l'a rendu universel. Le monde a été découvert : l'homme contemporain vient à peine d'inventorier les documents d'une préhistoire insoupçonnée, les témoignages des grandes civilisations disparues sous les steppes et les forêts de l'Asie et de l'Afrique, sur les hauts plateaux américains ou dans les îles du Pacifique. En même temps, des techniques ingénieuses facilitaient la reproduction des images : la photographie engendre « le musée imaginaire », dont la richesse et la précision font un instrument de culture incomparable. Ainsi se trouvait immensément étendu le répertoire des faits sur lesquels une conception synthétique de l'art pouvait être appuyée.

Si Malraux était proprement et premièrement un esthéticien, je suppose que, devant ce musée universel, la question qu'il se poserait d'abord serait de savoir si une définition nouvelle du Beau peut s'y élaborer. Mais il est remarquable que son souci n'est pas là : son discours sur l'art n'est aucunement une méditation sur l'essence de la beauté; son analyse de la création artistique ne comporte pas une étude des règles et des principes qui peuvent concourir à rendre une œuvre belle. Le moraliste est beaucoup plus présent que l'esthéticien et que le métaphysicien lui-même. A l'homme écrasé par le sentiment du fatal, l'art a pour essence et pour finalité de fournir une arme de défense : il est un « anti-destin ». Etre éphémère, jeté par hasard dans un univers de désordre et de douleur, l'artiste, par son acte créateur, donne un sens à sa vie — un sens même au cosmos :

> C'est la nature même de l'art de vouloir posséder espace, temps et possible, et de n'y parvenir qu'en les arrachant au monde que l'homme subit pour les faire entrer dans le monde

que l'homme gouverne. Tout art est lutte contre le destin, contre la conscience de ce que le comos porte d'indifférent à
l'homme et de menaçant pour lui : la terre et les morts.

Oui, telle est bien, pour Malraux, la fin de la création artistique :
passer d'un monde que l'homme subit à un monde qu'il gouverne.
Elle n'est pas tant subordonnée à la beauté qu'à la liberté. Non seulement elle permet à l'artiste-individu de prolonger au-delà de sa
mort sa personne éphémère, mais elle le conduit à délivrer en lui-
même l'homme et à le faire dieu « sans le secours des dieux ». L'art
est la liturgie d'une révolte métaphysique, la revanche de l'esprit sur
la fatalité.

Or cette fin même de l'art va définir sa nature : conçue dans de
telles dimensions métaphysiques, la création artistique ne peut
s'épuiser ni dans un superficiel amusement de l'intelligence, ni dans
une soumission passive à une réalité qu'il est justement question de
dépasser. Ce qu'il y a de plus fort dans l'esthétique de Malraux,
c'est, d'un côté, la condamnation du principe de l'art pur, de l'art-
jeu, de l'art pour l'art, et, de l'autre côté, un refus violent et intelligent du réalisme, c'est-à-dire de toute espèce d'esthétique qui limite
l'ambition de l'artiste à copier la nature, au lieu de l'interpréter et de
la transfigurer. Ainsi apparaissent deux notions qui vont y
prendre une importance primordiale : celle du *sacré* et celle
du *style*. L'art a pour domaine le sacré, c'est-à-dire le profond de l'homme, son attitude devant le mystère, son épouvante
métaphysique. Comment pourrait-il se limiter, dès lors, à un jeu
amusant de couleurs, de formes, de sons ou de mots? Le grand art
est nécessairement sérieux. Et, pour la même raison, il recourt
nécessairement au style; car s'agissant toujours, pour l'artiste, de
passer du plan des apparences à celui de la transcendance, d'un
monde que l'homme subit à un monde que l'homme gouverne, comment pourrait-il se contenter de copier ce qu'il voit? Tout art
valable est vision reconstruite et intelligente; donc, stylisation; et
ne comptent, en vérité, comme artistes que les inventeurs d'un
style.

Si l'on essaie, d'ailleurs, de systématiser les intuitions multiples
et profondes des deux premiers volumes sur l'Art, on est amené à
constater que, pour Malraux, les « styles » se répartissent selon
deux grandes pentes. En termes plus exacts, l'art correspond à deux
attitudes possibles de l'esprit. Ou bien l'homme accepte le monde.

se réconcilie avec lui, construit un ordre relatif dans son désordre : et alors, l'art qui lui sert de moyen d'expression est porté à prendre la nature pour modèle et l'homme pour mesure; il use de la « fiction », car il embellit le réel selon un idéal conçu par la raison; il apaise le cœur, il cultive le sourire, l'harmonie, tout ce qui reflète « un univers sans destin, un univers où l'homme accorde ses valeurs et ses désirs ». Tel est éminemment l'art grec; ou encore l'art gothique, que Malraux appelle « un classique du chrétien », ou l'art japonais, ou plus généralement l'art classique — car le classique n'est pas autre chose que la nature arrangée, le réel ordonné par la raison, avec une adhésion tranquille de l'esprit à cette satisfaisante beauté : *L'Apollon du Belvédère* rappelle le *Beau Dieu* d'Amiens, la vérité sage des Hollandais répond à la somptuosité des Vénitiens, et Poussin complète Racine. Ainsi se dessine une première grande pente du style artistique, le style de la réconciliation de l'homme avec le monde. — Ou bien, tout au contraire, l'homme affirme son divorce d'avec l'univers, la conscience de sa détresse et de ses frayeurs, son appel angoissé à un surréel : et son art devient naturellement un « art du sacré », un art tourmenté, violent, penché vers le mystique et guetté par le démoniaque. Tels sont, en général, les arts de l'Orient, dont le style byzantin marque un retour dans le monde occidental; et l'art roman; et, dans l'art classique même, toute une tradition secrète d'artistes inquiets et troublants, qui ont dit « non » à l'académisme : un Franz Hals dans sa vieillesse, un Rembrandt, un Greco, un Georges de Latour, un Magnasco et, suréminemment, un Goya! Et ceux-là ont cette dignité particulière, aux yeux de Malraux, qu'ils sont les précurseurs de l'art moderne.

En effet, cet art moderne — et il faut entendre ici l'art du xxᵉ siècle — lui apparaît exactement comme l'expression véhémente d'une civilisation menacée, qui ne croit plus en elle-même, ayant rejeté l'image illusoirement rassurante que l'homme occidental s'était faite, à travers l'humanisme et le christianisme, de sa nature et de son destin. L'art moderne est celui d'un siècle qui a vu se produire une « renaissance de la fatalité » et qui retrouve des formes bouleversantes et bouleversées pour exprimer son angoisse; ce qu'il demande aux arts primitifs ou barbares, spécialement à ceux de l'Asie et de l'Afrique, c'est une grimace de la peur, un vocabulaire du cataclysme. Cette vue catastrophique est essentielle chez Malraux :

Un dialogue souterrain, écrit-il, s'établit entre le portail royal de Chartres et les grands fétiches, aussi différent que le son d'une accusation qui se voulut rédemptrice puisse l'être d'une accusation désespérée. Toutes les formes sont bonnes à un art qui cherche à tâtons sa vérité pour accuser ceux dont il sait qu'ils mentent. Notre siècle, en face du XIX°, semble une Renaissance de la Fatalité. L'Europe des villes-spectres n'est pas plus ravagée que l'idée qu'elle s'était faite de l'homme. Quel Etat du XIX° siècle eût osé organiser la torture? Accroupis comme des Parques dans leurs musées en flammes, les fétiches prophétiques regardent les villes d'un Occident devenu fraternel mêler leurs dernières fumées minces à celles des fours crématoires.

Tel serait le sens de l'art moderne : refus d'une illusion, d'une fausse image de l'homme, d'une idée mensongèrement embellie de sa condition et de sa nature. Malraux emploie volontiers le mot de « rupture ». « Il semble, dit-il, que l'artiste se définisse par sa rupture avec ce qui l'a précédé, par une lente et solitaire conquête de lui-même. » Et il cite ce mot très significatif de Wagner : « L'homme qui n'a pas été, dès son berceau, doté par une fée de l'esprit de mécontentement de tout ce qui existe n'arrivera jamais à la découverte du nouveau. »

La Monnaie de l'Absolu et *Saturne* étendent, approfondissent, rendent plus tragique cette méditation sur l'art. Notons-le d'abord : éminemment moderne, la pensée de Malraux tourne autour de la condition de l'homme dans le monde d'aujourd'hui. Or quelle idée se fait-il de cette condition? Il tend, semble-t-il, à la définir par deux dimensions : c'est la condition d'un héritier qui vient de découvrir tout d'un coup tout son passé et qui se sent accablé par ses confuses richesses; et c'est celle d'un être conscient, plongé dans le relatif et dans l'éphémère, et qui ne croit plus, qui ne peut plus croire au divin et à l'absolu.

Comparé à l'homme civilisé d'il y a seulement cent ans, l'homme civilisé d'aujourd'hui est le possesseur d'un autre monde. Celui d'il y a cent ans, que possédait-il? Tant bien que mal, une trentaine de siècles d'histoire, et se déroulant sur une part infime de la planète, tous les épisodes essentiels s'étant joués autour du lac médi-

terranéen. Ainsi, son humanisme pouvait se confondre avec l'humanisme occidental, composé à des doses diverses de rationalisme
hellénique et de mysticisme judéo-chrétien; ce qui lui permettait
de se faire une idée cohérente, sinon simple, de sa propre nature
et de sa place dans l'univers. Aussi l'art qui l'exprimait était-il
généralement optimiste et idéaliste : un art de représentation et
d'amour du monde. Au contraire, l'homme civilisé d'aujourd'hui a
découvert les continents et les siècles; il a pénétré au fond de l'Asie
et de l'Afrique, au fond de l'Amérique et de l'Océanie. Il a plongé
son regard dans de très vieilles civilisations antérieures à celles de
l'Egypte, au pré-hellénisme; il a recueilli, spécialement par les
moyens expressifs de l'art, sur l'âme du primitif et du sauvage, des
documents d'un intérêt inimaginable. Comment, dès lors, son
humanisme pourrait-il demeurer ce qu'il était, quand il ne s'agissait que de rejoindre par une ligne idéale et de concilier dans une
synthèse encore assez simple la beauté d'harmonie et de logique du
Parthénon à la beauté de grandeur et de mystère des cathédrales?
Voici que se pose, angoissant, le problème d'un humanisme
universel : qu'est-ce que l'homme, et quel sens a la vie, au
regard d'un esprit qui enveloppe la multitude des humanités et
tous les accidents, toutes les contrariétés d'une aussi longue histoire,
émergeant d'un passé immense et obscur?

Et c'est ici qu'apparaît la seconde dimension de l'esprit moderne,
selon Malraux : l'homme d'aujourd'hui n'est pas seulement l'héritier accablé par ses richesses, il est celui qui a perdu Dieu et
l'absolu. Tout le sens du mouvement de l'esprit depuis la Renaissance, c'est d'avoir poursuivi la dissolution du divin. Jusqu'alors,
on avait vu se succéder les religions, mais cette fois on assiste à un
phénomène beaucoup plus troublant : ce n'est pas une religion qui
se substitue à une autre, c'est la connaissance rationnelle qui prétend se substituer à l'esprit religieux.

> Le fait nouveau, écrit Malraux, dont les conséquences sur
> l'art et sur la culture devaient être immenses, fut que, cette
> fois, une religion n'était pas mise en question par la naissance
> d'une autre. Le sentiment religieux, depuis la vénération jus-
> qu'à la terreur sacrée, en passant par l'amour, avait maintes
> fois changé de forme : la raison et la science n'en furent pas la
> dernière métamorphose, mais la négation.

Et il ajoute :

Ce que la civilisation chrétienne abandonne, ce n'est pas telle
de ses valeurs, c'est plus qu'une foi : c'est l'homme orienté vers
l'Etre, et que va remplacer l'homme orientable par des idées,
par des actions (...). Ce qui est en train de disparaître du
monde occidental, c'est l'Absolu.

Un moment, mais qui fut assez court, des valeurs relatives, qui
enveloppaient du moins encore une possibilité d'espérance et de
communion, se proposèrent, comme fournissant un succédané
d'absolu : ce fut le temps où l'on crut à la Démocratie, au Progrès,
à la Science surtout, qui inspirait à l'homme une confiance invincible, puisqu'elle lui permettait d'acquérir des certitudes authenti-
fiées par des pouvoirs incontestables. Mais cet espoir et cette foi des
grands humanitaires du XIXe siècle ont été lourdement démentis
par les catastrophes du XXe. « Dieu est mort! » C'est avec le cri
de Nietzsche à la bouche que Malraux, vers 1925, est entré dans
le monde des esprits. Ce cri, plusieurs fois il l'a répété, mais il
ajoute que la question est de savoir si, dans l'éclipse du divin et de
l'absolu, l'esprit de l'homme ne va pas mourir à son tour.

Nous touchons ici à ce qui semble être l'intuition ordonnatrice
de tout le système. Cet esprit d'une immense culture et cet agnostique résolu était exposé, comme tant d'autres qui ont fait le
même parcours, à se replier sur un acte de foi dans les pouvoirs de
l'homme pour organiser sagement son bonheur terrestre. Il pouvait
se rallier à une forme d'humanisme laïque, élargi sans doute, mais
conforme à la tendance de placer l'homme au centre du monde et
de le contenter avec la maîtrise de la nature. Plus précisément, il
pouvait prendre la figure et l'attitude d'un relativiste et d'un rationaliste satisfait. Disons encore mieux : poursuivant dans le même
sens, il devait être communiste.

Mais non! une ligne infranchissable l'en séparait, et c'est justement l'intuition du sacré. Sans doute, remarque-t-il, « l'agnosti-
cisme n'est pas une nouveauté, mais le nouveau, c'est une civilisation agnostique ». Ce qui est nouveau, c'est, en d'autres termes,
la nécessité d'asseoir la civilisation sur la négation de toute métaphysique et de toute communication avec le sacré. Or c'est ce que
Malraux croit impossible.

Dans une civilisation agnostique, écrit-il, qui peut se passer du recours à la part de lui-même, qui le dépasse et souvent le grandit? La qualité de l'homme, et non une somme de connaissance, est l'objet ultime de toute culture.

Oui, sauver la qualité de l'homme : ce qui n'est possible que par le dépassement; mais que signifie le dépassement s'il n'y a pas quelque chose à dépasser, s'il n'y a pas une transcendance à rejoindre? Malraux constate encore « l'incapacité de la civilisation moderne à donner des formes à ses valeurs spirituelles », un échec de l'homme moderne à « se relier à l'éternel » — ce qui est aussi bien un besoin de sa nature individuelle qu'une exigence de sa vie sociale. L'homme a un besoin vital de communion cosmique et de communion humaine; par des voies diverses, les religions du passé ont répondu à ce besoin. A cet être éphémère, conscient de sa mortalité, à cet insecte intelligent livré aux puissances aveugles de l'univers, elles fournissaient des mythes explicatifs et consolants, elles le rassuraient contre le destin, enfin elles lui proposaient un principe de solidarité spirituelle qui le défendait de la solitude. Car telle est, au fond, la pensée de Malraux : l'homme ne peut pas vivre, ne peut rien créer de grand et ne peut pas se conserver lui-même sans contact avec le sacré. Et c'est alors que l'art intervient. L'art — pour autant qu'il est le grand art, et non l'académisme ou le trompe-l'œil — est l'expression du sacré. Le musée naît justement au siècle où les églises se vident et où l'homme ne sait plus construire ni tombeaux, ni cathédrales; il propose à une humanité prisonnière du positif et du relatif non une religion, mais un secours analogue à celui qu'elle a jusqu'à présent reçu de la religion. Malraux a défini la religion : « Tout lien entre l'homme et les grandes houles qui le soulèvent. » L'art rétablit ce lien en rendant à l'homme, au-delà des constructions présomptueuses et vaines de son intelligence d'ingénieur, la présence des grandes forces fatales qui le portent et celle des profondeurs secrètes dont il entend en lui monter les échos.

Comprenons-le bien : ce recours à l'art comme à la « monnaie de l'absolu » — c'est le titre et la formule conclusive du dernier volume de la *Psychologie de l'Art* — cet esthétisme de Malraux n'est en rien comparable à celui des esthètes du XIXe siècle, un Flaubert, par exemple. Pour Flaubert, comme d'ailleurs, avec des nuances, pour Baudelaire, le culte de l'art se ramenait à la religion de la Beauté — la Beauté, valeur idéale et occasion de jouis-

sance supérieure, qui permet à l'homme d'échapper aux médiocrités et aux laideurs de sa condition : c'est une esthétique d'évasion.
Celle de Malraux est plutôt une esthétique de domination : l'effort
pour dépasser les apparences n'est nullement, chez lui, une diversion de la vie, un recours à la fiction. « L'art, dit-il, est devenu le
domaine où s'unissent toutes les œuvres qui nous atteignent. »
Toutes les œuvres, non pas exclusivement celles qui correspondent
à un certain canon de la beauté, ou qui traduisent un certain caractère, mais plutôt celles qui portent, avec le frémissement du sacré,
un signe de la grandeur de l'homme. Car « notre culture sait
qu'elle ne peut se limiter à l'affinement le plus subtil de la sensibilité : elle aspire à l'héritage de la noblesse de l'homme ». Et dans
une lettre personnelle, il voulait bien me préciser ainsi sa position :

> Je ne pense pas qu'un humanisme, quelles que soient son
> étendue et même ses racines, puisse apporter l'adhésion pro-
> fonde — la communion — par quoi les grandes religions unis-
> sent les vivants et les morts, l'ombre fugitive des hommes et le
> cosmos. Sa nature n'est pas la leur. Mais je pense que, dans un
> monde passablement désert, la volonté de nous relier aux for-
> mes disparues de la grandeur est, hors d'une foi profonde, le
> seul moyen que l'homme conserve de se tenir encore droit. Et
> que, pour le mettre à quatre pattes, il y a foule.

Nous relier, par le musée, aux « formes disparues de la grandeur », être attentif aux œuvres d'art du passé comme à autant de
réponses données par les siècles humains aux énigmes du Sphinx,
comme à autant d'actes pour vaincre le destin, telle pourrait être, en
définitive, la dernière voie ouverte devant l'homme du XXᵉ siècle
pour demeurer lui-même et se tenir encore debout.

La noblesse d'une telle position n'est pas contestable : Malraux,
dans un temps où les valeurs de culture n'ont que trop tendance à
s'anéantir, se lève et parle comme un grand civilisé. Il faut dire
plus et reconnaître, dans la pensée de cet agnostique, une source
d'instigations spirituelles qui rend le dialogue possible entre lui et
les esprits religieux. Cependant, si nous tentons de cerner avec
quelque rigueur cette méditation souveraine, il apparaît que la
forme d'esthétisme qui s'y énonce, pour supérieure et originale
qu'elle soit, n'échappe pas complètement au dilettantisme, et l'on

peut se demander si elle apporte aux grandes questions qu'elle pose une réponse dont l'homme moderne puisse se contenter.

Malraux l'a dit de plusieurs façons : le musée n'est pas une église; car il n'est soumis au culte d'aucun dieu; il n'est pas non plus un panthéon où voisineraient, à l'usage d'une dévotion syncrétique, les symboles de tous les dieux. Le crucifix suspendu dans un musée n'y figure pas en tant qu'il représente la foi au Christ, pas plus que le masque de Çiva ou les fétiches nègres n'y ont été rassemblés pour honorer les dieux de l'Asie et les démons de la forêt africaine; ces objets ne sont plus des objets de culte; ils sont des objets d'art — c'est-à-dire, dans le contexte de la pensée de Malraux, des objets qui expriment par des formes ce qui est la matière spirituelle de l'artiste : le sacré. Mais, à ce sacré, il est bien entendu que le visiteur moderne du musée ne croit plus, ne peut plus croire en tant que tel. Sans doute, la tête du crucifix gothique « ne nous atteint pas seulement par l'ordre de ses plans » (en tant qu'elle est une sculpture), mais « nous y retrouvons la lumière lointaine du visage du Christ ». Seulement, il est posé que nous ne croyons plus au Christ, pas plus qu'à Çiva, pas plus qu'aux démons de l'Afrique. « Tous les dieux, écrit encore Malraux, ceux des autres races et les nôtres, ont cessé d'être des démons pour devenir des formes. » Et c'est en tant que formes que nous les vénérons dans les œuvres d'art. Il ne vient, en définitive, dans le musée de Malraux, que des observateurs éclairés et fervents des idées multiples que l'homme s'est faites de sa nature et de son destin. Cet éclectisme pathétique leur permettra-t-il d'accéder à la communion humaine, à la communion cosmique et à l'espérance, c'est-à-dire à un assouvissement des besoins religieux de l'âme? C'est douteux; car, devant les œuvres d'art ainsi regardées, ils ne sont encore les croyants d'aucune foi, mais seulement des amateurs du spirituel.

Bien mieux, quand Malraux cherche à définir la nature de l'art moderne, quand il passe, en somme, du plan du visiteur de musée à celui du créateur, il caractérise, nous l'avons vu, cet art moderne par le style du sacré. L'artiste moderne, obsédé par la pesée du destin et révolté contre le monde des apparences, retrouve naturellement la vision et la technique des arts du sacré; il nie le profane, le rationnel; il bouleverse, il stylise jusqu'à l'excès les apparences du monde. Mais cela ne veut pas dire qu'il exprime le sacré, car il n'a aucune foi. Donc, ce qui caractérise l'art moderne, c'est d'être un style du sacré dans l'absence du sacré. Ce qui revient à proclamer — et Malraux le dit et le répète — que l'artiste moderne, ayant la volonté d'atteindre un absolu, mais ne pouvant mettre cet absolu ni dans une idée de Dieu qu'il n'a plus, ni dans l'imagination de la beauté qu'il récuse, le met dans son tableau même. Ainsi, Vermeer serait le premier grand peintre moderne, parce qu'il aurait montré « qu'un solitaire peut sauver la peinture d'un monde sans valeur fondamentale en lui donnant comme valeur fondamentale la peinture même ». Quand le grand art ne peut plus vivre d'exprimer une foi métaphysique, comme il l'a fait à Byzance ou au moyen âge, quand il a épuisé même la poésie, quand il n'est plus capable d'idéaliser le monde et l'homme comme l'ont fait les sculpteurs grecs et les grands Vénitiens, il lui reste de se satisfaire de lui-même, de remplacer la foi et la poésie par l'amour de l'art :

> Les sculpteurs de l'Acropole et des Cathédrales — écrit encore Malraux — le peintre de *La Pietà* de Villeneuve, Michel-Ange, Titien, Rembrandt, possédaient réellement un monde. Notre art, né d'une brisure de la conscience, tend-il à ne plus posséder que la peinture?

Terrible question, à laquelle il semble bien que la réponse de Malraux soit affirmative. N'est-ce pas aller s'agenouiller finalement, par un long détour métaphysique, devant la vieille idole des civilisations fatiguées, devant l'Art adoré pour lui-même et cultivé comme un divertissement supérieur? Cet art qui ne peut exprimer qu'un vide et qu'une angoisse, peut-il remplir la fonction que Malraux confie à l'art : rassembler les hommes, les relier à l'éternel, les assurer contre la mort? S'il est un recours, peut-il l'être pour la masse des hommes, et pas seulement pour une élite étroite d'amateurs distingués? L'art, ainsi conçu, peut-il être un « anti-destin »? Nous comprenons bien que, dans la pensée de Malraux, l'homme ne peut pas se tenir debout sans regarder vers un absolu, et que l'homme moderne, privé d'absolu métaphysique, n'a d'autre recours que d'en demander la monnaie à l'artiste. Mais il est à craindre que cette monnaie toute fiduciaire ne soit bien flottante et bien trompeuse, si elle n'est garantie par un ordre de valeurs transcendantes; et je pense, quant à moi, que l'artiste n'est qu'un faux monnayeur s'il n'a pas une métaphysique affirmative à exprimer.

Certes, rendre à l'homme une métaphysique, repenser un humanisme universel, tel est le souci premier de Malraux. Mais, jusqu'à présent, il ne nous a proposé, sous cette formule, qu'une culture artistique universelle, ce qui n'est pas du tout la même chose. Ce qui serait peut-être la même chose si l'on parvenait à dégager, entre toutes les expressions du grand art, suffisamment de lignes communes pour qu'une idée positive se dégageât des messages multiples des artistes interprétant les époques, les civilisations, les religions, toutes les aventures et toutes les pensées de l'homme.

Je ne connais pas un grand peintre de ce temps — a écrit Malraux — qui ne soit sensible à la fois (à des degrés variables) à certaines figures sauvages et à Poussin (...). Notre pluralisme, loin d'être un éclectisme, un goût de mille formes, se fonde sur notre découverte d'éléments communs aux œuvres d'art.

Définir, par ces éléments communs, le message humain définitif et total du musée, telle serait, en effet, la question. Elle est bien posée. Je n'oserais assurer que nous ayons la réponse.

A supposer que nous devions considérer le musée comme le dernier temple du sacré, sur la notion même du sacré il flotte encore une grande incertitude. Le sacré, pour Malraux, est lié essentiellement à la présence du destin. C'est-à-dire qu'il se confond avec le tragique.

Le destin — écrit-il — nous savons bien que ce mot tire son accent de ce qu'il exprime notre dépendance, et la part mortelle de tout ce qui doit mourir (...). Le temps coule peut-être vers l'éternité, et souvent vers la mort. Mais le destin n'est pas la mort, il est fait de tout ce qui impose à l'homme la conscience de son néant, et d'abord de sa solitude; et c'est pourquoi, contre lui, l'homme s'est si souvent réfugié dans l'amour; c'est pourquoi les religions défendent l'homme contre lui-même quand elles ne le défendent pas contre la mort — en le reliant à Dieu et à l'Univers.

Ainsi, le grand art, l'art du sacré, successeur des religions, est celui qui suggère, pour l'exorciser, la présence du destin. Mais, devant le destin, on nous l'a déjà dit, deux attitudes sont possibles pour l'homme : ou crier son angoisse et sa révolte, et c'est l'attitude tragique; ou se réconcilier par une soumission de l'esprit, qui est en vérité une victoire, parce qu'elle suppose l'alliance conquise de l'homme avec le monde; et c'est l'attitude de la sagesse, soit dans un contexte philosophique, à la manière des stoïciens, soit dans une perspective proprement religieuse. Tragique ou sagesse, opposition qui correspond bien à celle que Malraux établit entre les deux styles du grand art : le style de la rupture, qui déforme systématiquement l'image du monde, et le style de la fiction, qui l'accepte en l'embellissant. Et sans doute il ne conteste pas absolument la valeur de ce dernier : il a écrit sur la beauté de l'art grec et de l'art gothique, sur l'apparition du sourire dans le premier, sur sa réinvention dans le second, et à propos des visages des Çivas javanais, « qui semblent conquis sur la tête de mort qui les surmonte », des pages ou des phrases d'une musique qui semble célébrer la victoire de l'homme. Et pourtant, on a finalement l'impression que, dans sa pensée, seuls participent au sacré les arts qui traduisent un effroi, une évasion affolée dans le monde des ténèbres, une récusation de la nature telle qu'elle est donnée :

> Un art sacré esclave de l'apparence — écrit-il — ne se conçoit pas. Et ce qui unit notre art (moderne) aux arts sacrés, ce n'est nullement qu'il soit, comme eux, sacré, mais que, comme eux, il ne tient pour valable que les formes hétérogènes à celles de l'apparence.

Accepter les apparences, le donné sensible, les aspects de la nature, la figure de l'homme, cela paraît toujours suspect à celui que le monde, dans sa contingence et son absurdité, désole ou excède, et qui croit ne pouvoir trouver sa paix qu'en créant des chimères, une faune et une flore de cauchemar pour se purger de sa frayeur. Les grands peintres classiques, les admirateurs extasiés du corps de la femme, du visage humain et des paysages harmonieux et splendides, les Hollandais, les Vénitiens, Malraux n'a pour eux que défiance, et son plus grand amour va vers les tourmentés, vers les primitifs et les barbares, et vers les modernes, qui les imitent. Davantage : on sent parfois chez lui (comme d'ailleurs chez tant d'autres de nos contemporains) la curiosité rimbaldienne du démoniaque et du fantastique, et jusqu'à la tentation de voir dans le sadisme un accès privilégié de l'homme moderne vers les mystères profonds.

Mais qui ne comprend que tout cela se tient avec une logique admirable? L'homme moderne est obsédé par le sacré; mais, Dieu étant exclu, il ne peut concevoir le sacré que comme la présence du destin. Que le sacré soit senti comme la présence de Dieu, et voici que changent les perspectives. Un sacré qui s'absorbe dans le fatal ne justifie, en effet, qu'un art de la révolte et de l'angoisse. Un sacré ouvert sur le divin laisse ses chances à un art de la joie et de la liberté. Ce qu'il éclate de sacré dans la lumière d'une perle de Vermeer, dans la sérénité intelligente d'un visage de Fouquet, dans la chance des belles couleurs et des formes heureuses, je crois qu'un chrétien n'est pas mal placé pour le comprendre. Car s'il a pleuré, lui aussi, sur la mort d'un Dieu au soir du Vendredi Saint, il a chanté sa résurrection dans le jardin matinal de Pâques, et il sent, il pense et il crée dans un monde réconcilié. N'est-il pas aujourd'hui frappant que des écrivains solidaires de la vision tragique de leur époque, mais que leur foi exorcise — un Bernanos, un Graham Greene — découvrent, à la dernière station du chemin d'angoisse, la jubilation du saint ou le sourire de l'enfant?

Non, la plus haute destinée de notre espèce, si elle n'est pas dans le confort matériel, n'est pas non plus dans l'épouvante de l'esprit. Tout grand art enveloppe, en effet, un écho montant de l'abîme, un cri de l'angoisse immémoriale; mais s'il n'est que cela, il n'est pas encore le grand art. Il le devient par une qualité d'expression où l'homme affirme sa maîtrise, par une aptitude à créer l'œuvre; et l'œuvre de l'artiste, comme l'aventure du héros, qu'est-elle, sinon une austère domination de mort? Encore faut-il qu'elle enseigne la sérénité, l'alliance de l'homme avec la vie. Quand il eut achevé la *Joconde*, Léonard eut le sentiment d'avoir fait « une peinture réellement divine ». C'est qu'en vérité l'homme ne peut sourire qu'en présence de Dieu.

L'homme a faim du sacré; et certes, il y a du sacré dans le cri de Prométhée livré au vautour de Jupiter, mais aussi dans le *fiat* qu'une jeune fille de Judée répond à la salutation d'un ange. C'est pourquoi le plus grand art n'est pas nécessairement sous le signe de Saturne : le plus grand art est celui qui, parti de l'angoisse mais triomphant d'elle, finit par donner confiance à l'homme dans son pouvoir et dans son salut. La danse frénétique du sauvage n'est pas plus sacrée que le chœur de la tragédie grecque ou que la liturgie de la messe; et pourquoi le sourire du beau Dieu le serait-il moins que la grimace de l'idole? J'ose appeler de mes vœux un art qui retrouve la *grâce*, dans quelque sens qu'il plaise d'entendre le mot.

(*)

JEAN-PAUL SARTRE

...et le destin

Il a paru récemment un article de revue qui a fait quelque sensation. Sous le titre provocant *Paul et Jean-Paul*, l'auteur s'amusait au paradoxe de montrer en J.-P. Sartre le fils en esprit de Paul Bourget. Fils adultérin sans doute, car il est mal vu dans la famille; mais enfin, l'un et l'autre chargent d'idées sociales la littérature, ploient la narration romanesque à la démonstration d'une thèse et mettent leur honneur d'écrivains à s'engager pour des causes historiques. Le parallèle était ingénieux, et aurait eu valeur critique s'il ne s'était bientôt perdu dans les sables; mais la malveillance et la prolixité sont les écueils de ce genre brillant. C'est ainsi que l'auteur avançait que Sartre ne paraît un philosophe profond que parce qu'il met en langage obscur des analyses courantes dans les manuels de philosophie pour le baccalauréat. Ce n'est pas vrai. Le langage de Sartre est difficile parce que sa pensée est réellement abstraite, subtile et originale. Ce romancier et ce dramaturge est aussi un métaphysicien, un moraliste et un observateur informé des faits sociaux. Il y a donc comme une double entrée à sa pensée, et pour être tout à fait honnête, il faudrait l'approcher par deux parcours : celui du philosophe, à travers *L'Etre et le Néant*, *L'Imaginaire* et *Situations*, et celui du critique littéraire à travers les œuvres de fiction, romans et théâtre.

A défaut de cette parfaite honnêteté, j'aurai celle de limiter mon propos : la pensée de Sartre ne sera comprise ici que dans la forme où elle s'exprime par la littérature. Abstraction légitime : d'abord, parce que personne n'a plus systématiquement que Sartre choisi la forme littéraire comme un moyen privilégié d'énonciation de ses thèses, ensuite parce qu'il est l'adversaire déclaré d'une littérature gratuite, faite pour le plaisir et dégagée de l'histoire. En outre, son attitude philosophique, à laquelle il a voulu ou accepté que fût attaché le terme d'existentialisme, a précisément pour caractère de lier le discours philosophique aux expériences vécues, aux explorations de la conscience individuelle : ce qui rend ce discours éminemment exprimable par la fiction. Ce n'est pas hasard si les maîtres de l'existentialisme apparaissent tentés par le théâtre et le roman, ou s'ils demandent volontiers aux écrivains des témoignages sur l'homme.

On ne trouvera donc point ici une vue systématique de la pensée de Sartre, mais des réflexions suggérées par quatre de ses ouvrages — *La Nausée, Les Mouches, Baudelaire* et *Les Mains sales* — et orientées sur le thème de la lutte de l'homme contre le destin, c'est-à-dire, en termes plus simples, sur le thème de la liberté. Car il est essentiel chez Sartre, comme nous avons vu qu'il l'était chez Malraux, et comme nous verrons qu'il l'est chez Camus : le mettre en bon éclairage, avec les nuances particulières qu'il prend chez les trois écrivains, c'est peut-être le meilleur moyen d'atteindre dans sa signification décisive la littérature la plus caractéristique de ces dernières années.

Il faut partir de *La Nausée* : l'état original de la sensibilité de Sartre est dans ce premier roman, paru en 1938. La « nausée », c'est le mouvement de dégoût qui envahit un être conscient lorsque, d'une part, il sent l'épaisseur de son existence et de l'existence des choses et, d'autre part, découvre le fortuit, l'inexplicable de toute existence. Un jour, dans le Jardin public de Bouville, Roquentin, le narrateur, en proie comme d'habitude à la nausée, a connu un de ces instants de clairvoyance où un homme réussit à s'expliquer ses états profonds; et voici ce qu'il écrit dans son journal :

> Tous ces objets... comment dire? Ils m'incommodaient; j'aurais souhaité qu'ils existassent moins fort, d'une façon plus sèche, plus abstraite, avec plus de retenue. Le marronnier se pressait contre mes yeux. Une rouille verte le couvrait jusqu'à

mi-hauteur; l'écorce, noire et boursouflée, semblait de cuir bouilli. Le petit bruit d'eau de la fontaine Masqueret se coulait dans mes oreilles et s'y faisait un nid, les emplissait de soupirs; mes narines débordaient d'une odeur verte et putride (...). Dans un autre monde, les cercles, les airs de musique gardent leurs lignes pures et rigides. Mais l'existence est un fléchissement. Des arbres, des piliers bleu de nuit, le râle heureux d'une fontaine, des odeurs vivantes, de petits brouillards de chaleur qui flottaient dans l'air froid, un homme roux qui digérait sur un banc : toutes ces somnolences, toutes ces digestions, prises ensemble, offraient un aspect vaguement comique. Comique... Non : ça n'allait pas jusque-là, rien de ce qui existe ne peut être comique; c'était comme une analogie flottante, presque insaisissable, avec certaines situations de vaudeville. Nous étions un tas d'existants gênés, embarrassés de nous-mêmes, nous n'avions pas la moindre raison d'être là, ni les uns ni les autres; chaque existant, confus, vaguement inquiet, se sentait de trop par rapport aux autres. *De trop* : c'était le seul rapport que je pusse établir entre ces arbres, ces grilles, ces cailloux (...). *De trop*, le marronnier, là, en face de moi, un peu sur la gauche. *De trop*, la Velléda... Et moi — veule, alangui, obscène, digérant, ballottant de mornes pensées — *moi aussi*, j'étais de trop.

Se sentir « de trop » dans un monde sans raison ni finalité, quoi de plus déprimant? Roquentin excelle à trouver des images visqueuses et fades pour suggérer son malaise de vivre, de voir, de toucher. Le contact d'un galet sur la plage lui donne « une espèce d'écœurement douceâtre..., une sorte de nausée des mains ». Toute cette masse oppressante des choses sur sa conscience, il la compare à une « marmelade », à une « confiture » dans laquelle il se sent englué. La présence même de son corps lui apparaît intolérable. Voilà l'intuition première de la pensée de Sartre, et un premier terme de comparaison surgit ici avec Malraux. Malraux et Sartre voient l'homme assiégé par le destin hostile; le sentiment de l'existence prend immédiatement, chez l'un et chez l'autre, la forme de l'angoisse — le premier dit « épouvante » et le second « nausée ». Cependant, chez Malraux, il est notable que le destin se présente comme une puissance mystérieuse, démoniaque, qu'il s'agit d'exorciser et de conjurer; sa pensée a un aspect qu'il faut bien dire religieux : le sentiment du sacré y tient une place importante. Or il n'y a pas l'ombre du sacré chez Sartre : le destin qui enveloppe et qui étouffe l'homme prend un autre nom; ce n'est pas la fatalité de la mort, c'est le poids même de l'existence gluante, poisseuse, obscène; ce sont les choses; c'est la nature, à la fois pleine et vide — pleine d'être et dénuée de raison. Considérable différence, qui oriente le style et la vision de Malraux vers le lyrisme, vers une poésie frémissante et sombre, et qui oriente, au contraire, le style et la vision de Sartre vers un naturalisme pesant, vers l'humour noir et le sarcasme.

L'un et l'autre, d'ailleurs, sont d'accord sur une idée fondamentale, qui est l'absurdité de la vie :

> Le mot d'Absurdité — dit encore Sartre dans *La Nausée* — naît à présent sous ma plume; tout à l'heure, au jardin, je ne l'ai pas trouvé, mais je ne le cherchais pas non plus, je n'en avais pas besoin : je pensais sans mots, « sur » les choses, « avec » les choses. L'absurdité, ce n'était pas une idée dans ma tête, ni un souffle de voix, mais ce long serpent mort à mes pieds, ce serpent de bois. Serpent, ou griffe, ou racine, ou serre de vautour, peu importe. Et sans rien formuler nettement, je comprenais que j'avais trouvé la clé de l'existence, la clé de mes nausées, de ma propre vie. De fait, tout ce que j'ai pu saisir ensuite se ramène à cette absurdité fondamentale.

Donc, non-sens absolu d'une existence surgie sans raison et donnée pour rien, dans laquelle l'homme se trouve jeté par hasard, comme toutes choses, mais avec en plus ceci, qui le distingue des autres êtres : la conscience de cette absurdité de tout.

De même que, pour Malraux, la grande affaire est de surmonter par les actes d'une volonté libre l'incohérence du monde, pour Sartre il s'agit aussi de sortir de l'impasse; mais il faut commencer par la reconnaître : c'est d'abord un acte de lucidité et de révolte qui fait l'homme. Et comme Malraux éprouve une antipathie naturelle à l'égard des artistes de la fiction — ces peintres qui, par amour du visage humain et des beaux aspects de la nature, idéalisent l'image du monde et mentent à son horreur — ainsi la grande haine de Sartre, dès *La Nausée*, est pour ceux qui ne veulent pas regarder en face l'absurdité de l'existence. Ce sont d'abord les humanistes, c'est-à-dire ceux qui inventent une nature humaine raisonnable, supposant un ordre prémédité qui donne un sens à la vie et à l'histoire; soit qu'ils le fassent dans le contexte chrétien de la Providence, soit dans le contexte laïque de la philosophie des lumières, les uns et les autres se trompent et nous trompent : ils cachent le gouffre de la fatalité derrières les illusions de l'esprit. Et puis, ce sont les bourgeois, que Sartre, dans son langage énergique, appelle volontiers les « salauds ». Ceux-là, devant l'horreur de l'existence, traînent tout un paravent de fausses valeurs sociales : l'argent, les honneurs, la considération, les traditions, les vertus; et ainsi ils jouent aux autres et se jouent à eux-mêmes la médiocre comédie de la respectabilité. Dès lors que l'on se sent respectable au jugement de sa petite ville, on oublie que l'on est un existant superflu, on se donne le change sur son propre néant, on vit dans la mauvaise foi : or, dans le système moral de Sartre, la mauvaise foi est le point de départ de toutes les fautes et tient en quelque façon la place du péché originel.

Dès lors, le problème se pose pour Sartre comme pour Malraux : à moins de sombrer dans le désespoir et de se précipiter dans le suicide, il faut, par quelque voie que ce soit, échapper à ce dégoût d'être ce néant que l'on sait qu'on est. Or la voie du salut, dans le premier roman de Sartre, c'est l'art : il commence par où Malraux finit. En effet, aux dernières pages de *La Nausée*, ce qui sauve Roquentin, c'est la musique. Pauvre musique : une chanson nègre que moud un phonographe sur un disque éraillé, dans un petit café de gare. Mais qu'importent ces misères? Parce qu'elle est musique, souffle juste et pur émanant des hontes et des hasards d'un destin d'homme, cette chanson nettoie l'existence, ces quatre notes de saxophone donnent la seule leçon qui vaille : « Il faut faire comme nous, souffrir en mesure. » Celui qui, une fois dans sa vie, a chanté juste, peut-être bien qu'il est sauvé : il a tiré de son existence molle et inutile quelque chose de dur et de nécessaire. Roquentin ne sait pas chanter, mais il sait écrire; il pourrait essayer de raconter une histoire; non comme celles qui se passent tous les jours, absurdes et incohérentes, mais une aventure propre et belle, qui ferait honte et envie aux hommes malheureux... Il n'est pas musicien, mais il pourrait être poète; et qu'est-ce que la poésie, sinon le miracle de l'intelligence humaine, qui construit librement un monde ordonné et précis, en refusant l'incohérence de l'univers et en surmontant la confusion de la conscience? La conclusion de *La Nausée* pouvait être de demander des armes à l'esthétique intellectualiste de Paul Valéry pour triompher de l'angoisse existentielle.

Or, son poème, Roquentin ne l'a pas écrit, et la direction où Sartre semblait s'engager d'abord, celle d'une justification de l'homme par une volonté d'artiste, il se hâta de l'abandonner en se ralliant d'une manière de plus en plus systématique à la conception d'une littérature engagée, tournée vers la morale et la politique, enracinée dans l'actualité et dans l'histoire et sans rapport avec les jouissances intellectuelles pures. Pourquoi ce renoncement à la voie salutaire de la poésie? D'abord, semble-t-il, parce que Sartre était par tempérament trop peu poète et, si bien doué qu'il soit pour l'expression littéraire, trop peu artiste pour chercher son salut dans la musique des mots et le jeu des images. Les formes l'intéressent beaucoup moins que les idées : c'est le contraire d'un tempérament d'artiste. Ajoutez que la nausée, ce réflexe de dégoût devant l'existence, prédispose mal à se donner les jouissances et les consolations de la poésie. Evoquons encore Roquentin au Jardin de Bouvile; il considère l'épanouissement de la nature printanière, et voici ses réflexions :

> Cette abondance-là ne faisait pas l'effet de la générosité, au contraire. Elle était morne, souffreteuse, embarrassée d'elle-même. Ces arbres, ces grands corps gauches... Je me mis à rire parce que je pensais tout d'un coup aux printemps formidables qu'on décrit dans les livres, pleins de craquements, d'éclatements, d'éclosions géantes. Il y avait des imbéciles qui venaient vous parler de volonté, de puissance et de lutte pour la vie. Ils n'avaient donc jamais regardé une bête ni un arbre? Ce platane, avec ses plaques de pelade, ce chêne à moitié pourri, on aurait voulu me les faire prendre pour de jeunes forces âpres qui jaillissent vers le ciel (...). Impossible de voir les choses de cette façon-là. Des mollesses, des faiblesses, oui. Les arbres flottaient. Un jaillissement vers le ciel? Un affalement plutôt; à chaque instant, je m'attendais à voir les troncs se rider comme des verges lasses, se recroqueviller et choir sur le sol, en un tas noir et mou, avec des plis. « Ils n'avaient pas envie » d'exister, seulement ils ne pouvaient pas s'en empêcher, voilà. Alors, ils faisaient toutes leurs petites cuisines, doucement, sans entrain; la sève montait lentement dans les vaisseaux, à contrecœur, et les racines s'enfonçaient lentement dans la terre. Mais ils semblaient à chaque instant sur le point de tout planter là et de s'anéantir. Las et vieux, ils continuaient d'exister, de mauvaise grâce, simplement parce qu'ils étaient trop faibles pour mourir, parce que la mort ne pouvait leur venir que de l'extérieur : il n'y a que les airs de musique pour porter fièrement leur propre mort en soi, comme une nécessité interne; seulement, ils n'existent pas. Tout existant naît sans raison, se prolonge par faiblesse et meurt par rencontre.

Qui ne voit que le caractère intégralement pessimiste et négateur de cette vision sartrienne devait exclure le recours à la poésie contre le sentiment oppressif de la fatalité? J'entends bien — Malraux nous l'a dit — qu'il existe un art de la révolte et un style dont l'essence est de récuser brutalement les apparences du monde. Mais que cet art puisse être consolant et vraiment libérateur, voilà ce dont je doute. Je doute même qu'il puisse rester longtemps un grand art, car il n'en est pas qui ne puise dans un amour spontané du monde et de la vie la fraîcheur qui le fertilise. Devant un arbre en fleurs ou trois pommes dans un saladier, un peintre ne se demande pas si leur existence est gratuite, absurde ou obscène. Ces choses qui sont lui paraissent belles parce qu'elles sont; il les reçoit comme une offrande et, loin de les maudire, il les peint. Et sans doute, cette ouverture du cœur à sentir le prix et la beauté des choses est-elle favorisée par l'idée d'une finalité providentielle de l'univers et, mieux encore, par le sentiment immédiat de la présence de Dieu : des *Cantiques* de saint François aux *Grandes Odes* de Claudel, un sentiment optimiste de la nature a pu se nourrir de la foi chrétienne. Mais il ne s'ensuit point que l'absence de Dieu désenchante fatalement l'homme contemplant le monde : Colette, Proust ou même Valéry trouvent en leurs sensations une intensité et un charme qui les incitent à les transporter au plan de l'art et, dans cet exercice, ils découvrent une raison de vivre. Si la vie est née d'un hasard, l'éclat d'une rose prouve au moins que le hasard fait bien les choses; et si l'esprit est un résultat fortuit de la vie, six mesures de Mozart peuvent donner à penser que la contingence a fini par mettre du divin dans le monde. En d'autres termes, là où le croyant nomme la grâce de Dieu, l'incroyant peut parler d'une chance de l'univers, et l'un et l'autre, devant les réussites de la nature et de l'homme, doivent être capables d'aimer, de sourire et de créer. Mais la notion de chance paraît aussi étrangère que celle de grâce à la méditation sarcastique et glacée de Sartre-Roquentin.

L'indisponibilité à l'émotion poétique n'est pas, d'ailleurs, la seule raison qui empêchait Sartre de chercher le salut de l'homme sur la voie de l'art : il était trop philosophe, trop dialecticien, pour ne pas sentir que le recours à l'art contre le destin n'est jamais

qu'une évasion — en somme une façon distinguée, de se cacher
l'abîme, comme font l'humaniste et le bourgeois. Non, il faut
prendre l'adversaire à bras-le-corps. L'adversaire, c'est ce grand
hasard aveugle, ce magma de l'existence qui nous enveloppe et
nous étouffe. Nous n'en triompherons que si nous lui imposons
notre loi, si nous trouvons le moyen d'être forts contre lui, de
l'obliger à reculer, de construire par nos actes notre destinée individuelle et cette destinée collective qui s'appelle l'histoire — bref,
si nous sommes *libres*. Surmonter l'angoisse par les produits de
l'imagination, le philosophe de *L'Imaginaire* ne pouvait s'y résoudre. Si l'angoisse est précisément le sentiment d'être jeté dans une
existence fortuite, d'être une situation de hasard, une « passion
inutile », on n'y échappera vraiment qu'en dépassant cette situation
par un acte libre, et tout l'effort philosophique de Sartre va être, à
partir de *La Nausée*, de découvrir, à travers les marécages de l'existence informe et donnée pour rien, les « chemins de la liberté », la
voie d'accès à une manière d'être dont l'homme soit responsable,
à un style de vie pur et dur.

C'est cet effort qui se traduit dans sa première pièce, *Les Mouches*, créée par Charles Dullin en 1942. On en connaît le schéma :
Sartre suppose qu'élevé à Athènes par un pédagogue humaniste,
Oreste est d'abord un bon jeune homme, qui vient à Argos beaucoup moins dans un dessein de vengeance que de piété. Il trouve
une ville assombrie et hurlante, livrée au culte des morts, aux
remords collectifs, et infestée par des essaims de mouches qui sym-
bolisent les scrupules et les peurs de la conscience religieuse.
Oreste rencontre sa sœur, Electre, qui réveille en lui le sentiment
de son devoir de justicier. Il immolera donc les meurtriers de son
père Agamemnon, délivrera Argos d'Egisthe et de la sinistre
morale que celui-ci a imposée au peuple pour mieux le tenir sous
son sceptre. Cependant, devant les cadavres de Clytemnestre et
d'Egisthe, Electre, sa complice, cède à la faiblesse, elle se jette aux
pieds de Jupiter, elle sera de nouveau la proie des Mouches. Oreste,
au contraire, s'est délivré par son acte, il se trouve plus fort que
les dieux, plus fort que Jupiter, et il quitte Argos sauvée en entraî-
nant avec lui les essaims maudits, qui ne lui font pas peur.

Il est évident que Sartre a dramatisé, dans cette tragédie symbolique, le sentiment de la liberté; mais la signification n'en est pas
immédiatement claire. Qu'est-ce que la liberté? Pour le Pédagogue, Athénien cultivé, qui croit aux idées générales et aux valeurs

universelles, être libre, c'est se détacher par l'esprit des conditions de l'existence et se mouvoir avec aisance dans le ciel des abstractions flottantes et flatteuses, Beauté, Vérité, Justice. Fausse liberté qui met l'homme en dehors de l'action, en dehors de l'histoire, et ne lui laisse qu'une élégante impuissance contre le destin. Oreste la refuse, car, en rentrant dans la ville de sa race, il a fait une première découverte : « Etre libre, c'est s'engager »; c'est assumer volontairement une situation reçue et y conformer ses actes. Cependant, s'il s'était contenté de s'engager dans le destin d'Argos, de racheter le crime des autres par le culte du remords et d'honorer pieusement les Mouches, Oreste n'aurait pas été vraiment libre. Devant Egisthe et Jupiter, le roi et le dieu qui scellent leur alliance au nom de l'ordre, il se dresse comme celui qui refuse l'oppression, comme celui qui sait qu'il est libre; il est l'anarchiste rédempteur, le briseur des lois. Et quand Jupiter lui offre son pardon, il le dédaigne, comme il rejette les conseils de prudence du dieu qui lui demande d'avoir pitié des hommes et de ne pas dessiller leurs yeux : « Pauvres gens! Tu vas leur faire cadeau de la solitude et de la honte, tu vas arracher les étoffes dont je les avais couverts. » — « Ils sont libres, répond Oreste, et la vie humaine commence de l'autre côté du désespoir. » Ainsi, l'acte libre apparaît bien, chez Sartre, comme la réponse de l'homme au destin. Etre libre, c'est d'abord s'engager, car il n'est de liberté que celle qui produit des actes et incline le cours de l'histoire; mais c'est aussi refuser les lois sociales et religieuses, car s'engager du côté d'Egisthe et de Jupiter (ou du côté du capitalisme, du fascisme, ou de l'Eglise), c'est prendre parti contre la liberté de l'homme, se résigner à la fatalité et manquer les chemins de la liberté : ceux-ci ne peuvent passer que par la révolution.

Tout cela se tient si l'on accepte les présupposés de la philosophie de Sartre. Il n'y a pas de Dieu, aucune pensée créatrice et ordonnatrice n'a conçu le monde, aucune finalité ne lui donne un sens; les religions sont des inventions humaines en vue de masquer l'absurdité de l'existence et d'organiser la vie sociale en assurant la prééminence des chefs. Quand Jupiter chante le cantique du Bien et se présente comme le gardien de l'ordre universel, il ment, ou plutôt il n'est que le mensonge des rois et des prêtres pour tenir les peuples enchaînés. Quant aux rationalistes, qui ont voulu, sur une métaphysique athée, bâtir une morale dogmatique et substituer à Dieu on ne sait quelles valeurs transcendantes, suspendues comme des lanternes dérisoires dans un ciel platonicien, leurs efforts sont vains et ridicules : Sartre ne bafoue pas moins l'idéalisme laïque que le mysticisme chrétien. L'humaniste laïque qui, après avoir exclu Dieu, prétend enseigner un catéchisme social, exaltant la vertu, le droit, le progrès, la démocratie, l'humanité, est aussi un trompeur et un malfaiteur; lui aussi, il coupe devant l'homme les deux voies de sa grandeur : la reconnaissance lucide de son délaissement dans un univers sans raison, et la foi dans sa liberté qui, seule, pourra donner une raison à l'univers. La conclusion est que l'homme n'est homme que s'il est libre, et n'est libre que s'il s'engage dans une attitude révolutionnaire. Tout cela se tient, je le répète, et doit être vrai, s'il est vrai que la foi est un voile illusoire tendu devant les yeux de l'homme pour lui cacher l'horreur d'exister, et si la loi morale est une pure fiction d'origine politique. Alors, Oreste, chassant les Mouches, tuant un roi et insultant les dieux, est le véritable sauveur de l'homme : celui qui détruit le péché en abolissant la loi. Mais si, d'aventure, Jupiter n'est pas un charlatan payé, s'il est justifié de se dire le gardien de l'ordre universel, si le Bien et le Mal existent comme la lumière et l'ombre dans une transcendance qui ne doit rien aux règlements de la cité ni aux caprices de la conscience, alors la rébellion d'Oreste n'est pas la rédemption d'un Anti-Christ, mais le second péché d'Adam, et elle perd une autre fois l'humanité.

« Si Dieu n'existe pas, tout est permis » : c'est de ce mot de Dostoïesvski que Sartre moraliste prend son départ. Et pourtant, justement parce qu'il a intention de moraliser, il sait bien que tout ne peut pas être permis, que tout ne doit pas être égal. Même s'il n'y a pas de lois abstraites et absolues au-dessus de moi, il doit y avoir en moi une loi sans laquelle mon existence deviendrait encore plus chaotique qu'elle ne m'est naturellement donnée, sans laquelle une vie commune des hommes ne serait pas pensable : il faut donc que j'invente ma loi. Il n'est pas de valeurs transcendantes, et cependant la morale est toujours la réalisation d'une valeur; donc, je devrai créer mes propres valeurs. La perfection humaine n'est pas une essence, une Idée une fois pour toutes définie (ce qui n'est logique que si l'on croit que l'homme a été créé par Dieu à son image), elle est une possibilité non définie d'avance, située non derrière moi, ni au-dessus de moi, ni même devant moi, mais en moi, puisque je suis capable de l'inventer; et chacun de mes actes est de l'humain que je réalise, une figure possible que je donne librement à l'humanité. Il n'y a donc point une essence de l'humanité antérieure à l'existence des hommes, mais il y a des hommes existants qui, par l'usage qu'ils font de leur liberté, façonnent une humanité imprévisible, exactement comme un grand peintre crée un tableau sans être commandé par aucune idée préconçue de la Beauté, sans y apporter rien d'autre que l'impulsion créatrice de son génie. Plus qu'un « sujet » ou un « objet », l'homme est un « projet », une possibilité d'existence nouvelle constamment promise au-delà de sa situation présente; en somme, une liberté pure, un pouvoir de création inépuisable. L'homme sartrien est ou veut être essentiellement libre, ayant non pas seulement la faculté de choisir ses actes, mais celle d'inventer les valeurs morales sur lesquelles il les oriente. Bien mieux, l'homme sartrien se pose parfois comme inaccessible aux coups du sort, comme libre, sinon absolument de forger sa destinée — car il subit sa situation et il est solidaire de l'histoire — au moins de lui donner un sens. C'est cette idée que nous trouvons illustrée dans l'intéressant essai consacré à Baudelaire.

Il existe une interprétation classique du cas Baudelaire. Génie de lucidité, engagé dans un destin malheureux, c'est le type d'un révolté de la condition humaine. En lui s'affirme, à travers les misères et les médiocrités de son existence, une volonté d'y échapper, soit par la voie esthétique, en s'efforçant d'imaginer la Beauté pure, soit par la voie surnaturelle, qui, tantôt le conduit vers le Dieu des chrétiens, tantôt le ramène vers Satan, mais toujours l'expose à l'appel de l'infini. Tel quel, il est un excellent témoin du drame de l'homme : à quelque hypothèse religieuse ou philosophique que l'on se réfère, l'homme apparaît bien comme un être contradictoire, qui supporte une certaine nature, toujours limitée en quelque façon par l'ignorance, les infirmités, les maladies, les vices, mais un être né tel qu'il ne peut pas s'en contenter ni s'y résigner, parce qu'il porte en lui une image et une postulation de perfection et de béatitude. Nature et surnature, Réel et Idéal : une double attraction, une distorsion intime fait le drame de l'homme, et singulièrement le drame de Baudelaire, dont ce fut la vocation de le vivre à l'extrême pointe du contraste et de la clairvoyance.

Or Sartre déplace complètement ce point de vue de la critique baudelairienne. Pour lui, il n'y a pas une distance, un déchirement tragique entre Baudelaire tel qu'il fut et un Baudelaire idéal qui aurait subi le tourment de n'être pas. « Et s'il avait mérité sa vie? Si, au contraire des idées reçues, les hommes n'avaient jamais que la vie qu'ils méritent? » Et Sartre de montrer que Baudelaire a choisi sa misère et porte la responsabilité de son échec. Sans doute témoin privilégié de l'homme, mais en tant que l'homme se joue la comédie à lui-même, oublie d'être libre, se trahit, pratique l'imposture. Le philosophe se jette sur le poète, retient ses moindres aveux et se livre à une psychanalyse — il faut l'avouer, fort ingénieuse — pour l'obliger à lui fournir des preuves de son propre système. Baudelaire, lucide et anxieux, incarne l'horreur de l'homme sartrien, suspendu avec sa conscience contradictoire et sa liberté illimitée sur le gouffre du néant. Mais, par la façon peureuse et lâche dont il a répondu à l'appel de sa situation, par son échec, il incarne aussi l'erreur de l'homme qui choisit le mensonge, les fausses évasions dans le mal au lieu du grand bond de la liberté par-delà le bien et le mal.

Le choc initial, à huit ans, a été le mariage de sa mère. Jusqu'alors, l'enfant ne s'est pas posé de questions sur le drame de l'existence; il vivait fondu dans l'amour d'un autre être. Tout d'un coup, il se trouve seul; il découvre son altérité : il est un autre que sa mère, un autre que les autres. C'est-à-dire qu'il découvre sa condition d'homme. Comment réagit-il? En se barricadant dans sa solitude, en acceptant sa singularité. Pour cela, il développe d'abord sa lucidité, ses facultés d'introspection. « L'attitude originelle de Baudelaire, dit Sartre, est celle d'un homme penché. » Mais l'exploration de la conscience repliée sur elle-même ne peut donner que le dégoût de soi, le vertige du vide, et il faut peupler ce vide. Il faut être quelqu'un, donc jouer un personnage. Ce personnage, on le joue pour les autres; pour les autres on accepte d'être un objet. Baudelaire va s'efforcer d'être cet acteur qui le dispensera d'être soi; il se compose un visage et une âme; il est l'irrégulier, le douloureux, le malchanceux, le chercheur perpétuellement déçu par l'infini : « l'homme qui, éprouvant le plus profondément sa condition d'homme, a le plus passionnément cherché à se la masquer. » Ce besoin de se masquer l'angoisse humaine, laquelle est de se sentir « incomparable, incommunicable, incréé, absurde, inutile », va jeter Baudelaire sur des voies détournées, où il sera l'ouvrier de son échec et de son malheur. D'une part, il se détourne de la nature, de l'action, il s'offre les évasions les plus faciles, celles du rêve et de la poésie; il cherche à se séparer de la foule en cultivant l'artificiel,

le dandysme — c'est tout son côté décadent et pseudo-mystique.
D'autre part, il ne se résigne pas à vivre dans un monde dépourvu
de sens et d'ordre. Il veut se sentir justifié. Pour cela, il veut être
jugé, jugé par lui, mais aussi jugé par les autres; c'est-à-dire qu'il
accepte le code des autres. Ces lois, il les transgresse, mais il ne
laisse pas de les appeler des lois. Il use de sa liberté pour faire ce
qu'il appelle le Mal, mais il ne conteste pas l'existence du Bien, et
il se repaît du remords : en somme, il se livre aux « mouches ».
Il accepte, non pour la pratiquer, mais pour y trouver un ordre
de référence, la morale bourgeoise, la morale chrétienne. A la différence d'Oreste, il reconnaît Jupiter; il le blasphème, mais il ne
le nie pas. Il est, dit Sartre, en introduisant une distinction d'ailleurs fort éclairante, un « révolté », et non pas un « révolutionnaire ». « Le révolutionnaire veut changer le monde, il le dépasse
vers l'avenir, vers un ordre de valeurs qu'il invente (...). Le révolté
a soin de maintenir intacts les abus dont il souffre pour pouvoir se
révolter contre eux. » Ecrasé par un ordre injuste et par une société
menteuse, Baudelaire, loin de se projeter librement au-delà, s'y ins-
talle, y fait son jeu, y tient son rôle de « coupable » — type de
« l'imposteur » qui n'a pas osé être ce qu'il était, et qui a choisi
son échec.

Il serait certes intéressant d'examiner le remarquable essai de
Sartre en tant qu'il ressortit à la critique littéraire, et de nous
demander quelles lumières vraies ou fausses il répand sur l'auteur
des *Fleurs du Mal*. Mais, en vérité, s'agit-il bien du poète? Il est
remarquable que, dans sa cruelle analyse de l'échec de Baudelaire
et dans la définition de son « imposture », Sartre paraît se désintéresser totalement d'un fait : c'est que ce comédien de lui-même
a écrit *Les Fleurs du Mal*, ce qui comporte pourtant, en quelque
sens qu'on l'entende, une justification de sa destinée. Tant nous
sommes loin désormais du dernier chapitre de *La Nausée*, et de
l'espoir de Roquentin de purifier l'existence par la poésie...! Laissons de côté une question que la critique de Sartre ne pose pas, et
retenons dans son essai deux grandes idées qui se rattachent à son
attitude de philosophe.

La première est que l'homme est un imposteur dans la mesure
où il se plie à la loi, où il reconnaît des valeurs transcendantes qu'il
n'a pas inventées, où il accepte d'enfermer sa liberté dans la distinction du Bien et du Mal. Sartre a repris, confirmé, intermina-
blement développé ce point de vue à propos d'un autre écrivain,

qui figure à ses yeux l'anti-Baudelaire : Jean Genêt, pédéraste et voleur, irrégulier s'il en fût, mais qui, du moins, a vécu dans la bonne foi parce qu'il accepta franchement d'aller au bout de lui-même, d'être absolument ce qu'il était, « un homme de mauvaise volonté », enfin d'ériger son anti-morale en morale [1]. Par rapport à son hypothèse de départ, à savoir qu'il n'y a pas de valeurs absolues, pas de transcendance, pas de distinction prédéterminée du bien et du mal, Sartre a raison : l'homme n'affirme sa liberté que dans une marche en avant que ne limite aucune détermination finale. Nietzsche n'est pas loin derrière cet immoralisme. Mais il va sans dire que, si le bien et le mal sont autre chose que des inventions des prêtres et des rois, autre chose que des fictions d'origine sociale, alors l'insatisfaction et le remords même de Baudelaire prennent un tout autre sens : il ne faut plus parler d'imposture, mais bien plutôt d'une soumission de l'être à une loi qui le dépasse, et d'un témoignage exceptionnellement émouvant de la conscience humaine.

L'autre grande idée de l'essai est que l'homme choisit sa destinée et porte l'entière responsabilité de ses échecs. Elle s'exprime avec force aux dernières lignes : « Le choix libre que l'homme fait de soi-même s'identifie absolument avec ce qu'on appelle sa destinée. » Comment faut-il l'entendre? Il n'échappe certes pas à Sartre que l'homme est « conditionné » : il ne se contente pas de dire qu'il est « en situation », l'homme sartrien « est une situation ». Donc, il a un destin; mais ce destin n'est qu'une matière, une chose reçue, et il dépend toujours de sa liberté de lui donner une forme et une valeur. Mon existence m'est donnée pour rien, mais je suis libre d'en faire quelque chose. Ma destinée ne dépend pas de moi; mais il dépend de moi de choisir une attitude par rapport à ma destinée. Dans l'importante préface du premier numéro des *Temps Modernes*, Sartre a éclairé cette idée par l'exemple du prolétaire : le prolétaire est une situation; il subit la pression d'un système de forces qu'il n'a pas créées; mais, à l'égard de cette situation, il lui est toujours loisible de se choisir « résigné ou révolutionnaire », et c'est dans ce choix que consiste sa liberté, parce qu'il va donner un sens

---

1. Dans une interview récemment donnée aux *Nouvelles Littéraires*, Sartre justifie en outre Jean Genêt par deux faits : d'abord, parce que, voleur, il a cessé de l'être; ensuite, parce que son anti-morale lui a fourni une raison de vivre : devenir un grand écrivain. Mais la première justification n'est-elle pas bien « bourgeoise » et ne ramène-t-elle pas « l'imposture » d'une distinction du bien et du mal? Quant à la seconde, pourquoi l'avoir refusée à Baudelaire?

à sa vie et décider de son action sur l'histoire. De même, un malade n'est pas libre de ne pas être malade, mais il lui est toujours loisible d'interpréter sa maladie, de la supporter de telle ou telle façon, de lui donner une signification et une fécondité; et par là, il est encore libre.

Remarquons-le, nous touchons ici à une vieille et belle idée stoïcienne : le stoïcien croit aussi à la fatalité et en même temps à la volonté libre de l'homme. Seulement, pour lui, la liberté consiste à consentir au destin, parce que le *fatum* est la raison du monde; pour Sartre, elle consiste, au contraire, à refuser l'ordre du monde, parce qu'il est absurde; celui qui s'y résigne n'est pas libre, et celui qui se choisit résigné ne fait pas un acte d'homme. Il reste que Sartre, comme les stoïciens, reconnaît à l'homme un pouvoir absolu de surmonter le destin par un acte volontaire; mais n'est-ce pas, dans les deux cas, un pouvoir bien théorique, et la consolation ainsi offerte aux maux de notre condition ne nous déchire-t-elle pas comme une moquerie? Car enfin, il y a la douleur, la maladie, la mort, la perte de ceux que nous aimons; il y a, pour chacun de nous, un ensemble de conditions physiologiques et sociales plus ou moins heureuses, plus ou moins favorables à notre réalisation personnelle. Le « guignon », le « spleen », les humiliations, la faillite morale et sociale de Baudelaire, comment les attribuer exclusivement à un mauvais projet et à un libre choix de l'échec? Dans son exaltation démesurée de la liberté humaine, Sartre rencontre en même temps la négation que lui opposent les communistes au nom du réalisme et les chrétiens au nom de l'humilité. Et, par un itinéraire détourné, il rejoint le camp des marchands d'illusions : car il use, lui aussi, d'un mot abstrait pour tendre un écran de fumée métaphysique sur le gouffre de notre misère.

Mais soyons justes : si Sartre accorde trop à la liberté, jamais il ne se cache, ni ne nous permet d'ignorer que la morale de la liberté est difficile. C'est ce qui donne à sa pensée de la hauteur, et souvent un accent tragique. Par exemple, dans *Les Mains sales*.

La signification de ce drame est ambiguë et a prêté à un contresens assez général : on y a vu une pièce à thèse anticommuniste. Elle ne l'est que très obliquement, et par un aspect secondaire. Le problème posé n'est qu'accessoirement politique. Le vrai problème, dans *Les Mains sales*, est d'ordre psychologique et métaphysique : il se réfère à la méditation profonde de Sartre, c'est-à-dire à sa philosophie de la liberté. L'homme est libre; il est une situation, mais il choisit son attitude à l'égard de cette situation; il choisit ses actes, et il s'invente en les choisissant. L'essentiel est que notre acte soit toujours libre et inventé pour servir la liberté. Etre pur, ce n'est pas, selon les normes de la morale courante, s'abstenir de certains actes, mauvais ou injustes au regard de la loi ou de la morale, car il n'y a pas de justice en soi, et tout est relatif à la conscience de l'homme, chacun inventant son bien et sa justice et créant ses valeurs. Etre pur, c'est agir en homme libre. L'impureté, c'est la mauvaise foi; c'est de se donner de faux motifs pour agir ou ne pas agir; c'est agir par contrainte, peur ou caprice.

A la lumière de ces principes, qui ressortent clairement de toute l'œuvre de Sartre, ouvrons *Les Mains sales*. Voici trois groupes de personnages. D'abord, les brutes, les tueurs, les imbéciles : ceux-là sont constants dans leur action, mais ils n'ont pas de conscience, rien qu'une « petite noisette de cervelle »; ils sont encore au-dessous de l'homme et en deçà de la morale : le problème de la liberté ne les concerne pas. En second lieu, les forts : Hœderer, Louis, Olga; ceux-là « sont de la bonne espèce, celle des durs, des conquérants, des chefs »; ils ont choisi leur parti en toute clarté de conscience, ils font tout ce qu'il faut pour atteindre leur but : ce sont des hommes libres. Ce sont d'ailleurs des révolutionnaires, et même des communistes : en quoi il est faux de dire que la pièce soit intégralement une critique du communisme, puisque les personnages exemplaires sont du Parti. Enfin, entre ces deux groupes, les sous-hommes et les hommes libres, se placent les impulsifs, « ceux qui jouent », ceux qui s'amusent à agir : c'est la charmante Jessica, petite flamme dansante, être de caprices et de spontanéité qui ne devient dangereux que lorsqu'il prétend agir à son tour; et c'est surtout Hugo, âme sensible et flottante, mais rongée de conscience et désespérée — le principal personnage de la pièce.

Qui est Hugo? Un intellectuel bourgeois, habitué à s'analyser, un nerveux, un indiscipliné. Sa caractérologie le classe dans le type le plus constamment critiqué par Sartre à travers son œuvre : Roquentin, Matthieu, Daniel, et aussi le héros de *L'Enfance d'un Chef*, et même Oreste avant sa conversion. Hugo est, d'autre part, un faux révolutionnaire; révolté contre sa classe, oui, mais sentimentalement et encore avec des réflexes d'aristocrate, comme de s'attendrir sur des photos d'enfant. Il n'est pas sûr de lui; aussi bien n'a-t-on pas confiance en lui. Devant Hœderer, dont il combat la politique, il récite une leçon : on sent qu'il n'y croit pas. Il a reçu la mission de l'exécuter, mais il n'ose pas, même quand Hœderer lui donne sa chance. Il finit pourtant par l'abattre, mais voici le péché selon la morale sartrienne : il le tue pour une autre raison que celle pour laquelle il avait décidé de le faire, non pour le motif politique, mais parce qu'il a surpris Jessica dans ses bras. Il a donc agi impulsivement, par faiblesse de caractère. Ni dans son hésitation, ni dans son acte, il n'a été libre; « c'est le hasard qui a tué ».

Cependant, un autre problème va se poser. Le meurtre d'Hœderer est une rétrospective. Au moment où commence la pièce, il s'agit de savoir si Hugo, sorti de sa prison, est ou n'est pas « récupérable » pour le Parti; et c'est Olga qui s'est chargée de lui faire passer un examen. Nous croyons d'abord comprendre que, ce dont elle veut se rendre compte, c'est si ce garçon a ou non l'étoffe d'un homme : s'il a agi par courage et conviction, on le reprendra au Parti, sinon il faudra le supprimer. Mais telle n'est pas la pensée d'Olga. Certes, elle aime Hugo et veut le sauver; pourtant, elle ne le sauvera que s'il ne risque pas de nuire au Parti. Or le Parti, sur l'ordre de Moscou, a dû changer sa politique, il a adopté celle que les purs reprochaient à Hœderer quand ils avaient décidé sa mort : l'alliance opportuniste avec le Régent. Si donc Hugo est sûr d'avoir bien agi en tuant Hœderer, s'il se vante de son acte, il devient compromettant et il faut se débarrasser de lui. Heureusement, il a tué par impulsion, et Olga le voit désespéré, dégoûté de lui-même, assoupli par la honte et par la détresse; et c'est alors qu'elle le juge « récupérable » et qu'elle lui accorde sa grâce. Mais, au dernier moment, Hugo se redresse, il revendique la responsabilité de son acte, il ne veut pas que sa douloureuse tragédie n'ait été que cette mascarade misérable : une erreur politique couverte par un mensonge. — « Je ne sais pas pourquoi j'ai tué Hœderer, mais je sais pourquoi j'aurais dû le tuer. » Dès lors, il est perdu : il prétend conserver une fierté et une conscience, il refuse d'être un zéro — il lui reste à mourir sous les balles du Parti.

S'il y a une intention subtilement anticommuniste dans *Les Mains sales*, elle est dans cette conclusion inattendue. Le communisme n'y est nullement critiqué en tant que mouvement de révolution violente qui poursuit inexorablement ses buts, et ce n'est pas le sang qui salit les mains du vrai révolutionnaire; le communisme est refusé par Sartre dans la mesure où il tend à écraser dans ses propres partisans la seule chose qui fasse l'homme : l'autonomie de la conscience, la liberté.

*
**

Car tel est bien, dans sa direction fondamentale, le projet philosophique de Sartre : montrer à l'homme, embourbé dans l'existence, les chemins de la liberté. L'homme est libre et il ne le sait pas; les morales et les religions, en le persuadant qu'il porte des chaînes, le livrent impuissant à l'absurdité du destin; comme Oreste, Sartre lui apporte l'évangile de la liberté et lui apprend que le sens de son aventure est entre ses mains.

Et certes, s'il faut lui faire un grief, ce n'est pas d'exalter « l'autonomie et les droits de la personne humaine » et ce qui s'ensuit : la responsabilité de l'individu et plus spécialement celle de l'écrivain, non seulement devant sa propre conscience, mais devant l'humanité tout entière. C'est là, au contraire, le côté humaniste de sa pensée et ce qui la rend efficace et actuelle en un monde et en un temps où tant de forces se conjuguent pour mécaniser et opprimer l'individu. Mais il est important de comprendre où va la liberté de Sartre : elle ne va nulle part. Il n'y a pas une nature, une perfection prédéterminée de l'homme à laquelle l'être moral devrait se conformer pour s'accomplir; il n'y a pas un Dieu qui garantisse l'ordre spirituel du monde; il n'y a même pas de « signes dans le monde », et la distinction du bien et du mal est arbitraire et puérile. Telles sont les perspectives dans lesquelles Sartre entend construire une morale — mais est-ce possible? Si tout ce qu'un homme choisit de faire — fût-ce un crime — entre dans la catégorie de l'humain, comment éviter le glissement à l'anarchie? Et selon quel critère positif le moraliste devra-t-il fonder ses jugements? Sartre répond : sur la liberté; l'acte du tyran n'est pas humain, même s'il est formellement libre, parce qu'il tend à diminuer la liberté. — Mais c'est dans les autres qu'il la diminue, non pas en lui, et de quel droit lui imposer une limitation de ses libres élans dans l'intérêt des autres? — Sartre dira qu'il existe une solidarité concrète, liant les destins de tous les êtres, mais est-ce tellement évident? En fait, si l'on ne propose pas d'autres valeurs que la liberté, il est aussi difficile de faire une morale que vain de faire la Révolution : car être moral, c'est évaluer les actes entre lesquels choisit notre liberté, et faire la révolution, c'est substituer un ordre reconnu plus juste à un ordre reconnu moins juste. Or le nihilisme de Sartre ignore les devoirs et suspend la justice sur un néant.

Sans doute est-il encore possible de rattacher à la philosophie de la liberté sans valeurs une certaine position politique, non point doctrinale et positive, mais sentimentale et négative : anticapitaliste parce qu'elle enseigne à l'exploité la non-résignation; antifasciste parce qu'elle condamne toute entreprise contre la liberté; et anticommuniste parce qu'elle refuse à la dictature du prolétariat les moyens, même provisoires, d'une oppression des personnes. Mais c'est un fait que cette position politique a grand peine à se concrétiser en force historique : le marxiste s'en défie pour son irréalisme, et l'antimarxiste pour son indétermination. Quant à donner à l'individu anxieux devant sa propre conscience une règle de vie, ou seulement un conseil, Sartre ne l'essaie même pas; il recommande seulement à chacun de nous de s'inventer. Après quoi, il nous abandonne à notre vertige, à notre délaissement, flottant, comme les plumes de l'archange précipité, dans un abîme infini où souffle l'esprit de l'orgueil. Mais — murmure alors la voix grave de Saint-Exupéry — « appelles-tu liberté le droit d'errer dans le vide? »

(*)

ALBERT CAMUS

...et l'homme

ON peut concevoir de bien des façons la critique littéraire. C'est à dessein qu'au cours de ces leçons, je m'en suis tenu à celle qui demande aux grandes œuvres leur signification morale. Car enfin, qu'est-ce que la culture, sinon une perpétuelle remise en question de la condition humaine et des valeurs qui lui donnent un sens? L'homme est perpétuellement en procès, et le grand écrivain est toujours en quelque façon son témoin : il est donc toujours légitime d'examiner sa déposition. Cela est vrai en tout temps, mais un peu plus quand une époque de crise, de mutations brusques et vastes des structures sociales et spirituelles rend le procès plus pathétique et plus dramatique. Alors, les écrivains eux-mêmes se détournent des jeux de l'esthétique pure, ils deviennent graves et actuels, et c'est dans la mesure où ils le sont qu'ils trouvent des lecteurs fervents et nombreux.

A une littérature qui s'engage dans l'actualité des problèmes humains, correspond normalement une critique de jugements moraux. Qu'elle présente des inconvénients et des dangers, c'est l'évidence même. D'abord, un risque capital : celui de ne pas comprendre l'écrivain, soit que, voulant recevoir de lui à tout prix un message qu'il n'a peut-être pas songé à donner, on ne sache plus écouter ce qu'il dit, soit que la disposition judiciaire du critique le ferme à la sympathie et diminue le champ de son intelligence. Il est bien manifeste que, sans le souci de comprendre, d'entrer dans le monde de l'écrivain, de saisir ses intuitions fondamentales, de trouver dans les mouvements de sa sensibilité les élans secrets de son discours, on ne fait pas une critique valable, et celle-ci veut toujours un effort de pénétration où aillent ensemble l'analyse et l'amitié. Admirable exercice, où l'intelligence s'achète d'abord au prix de l'honnêteté! Cependant, si la première phase de l'étude littéraire doit être de définition objective et de compréhension amicale, il serait léger de s'en tenir là et de renoncer à l'appréciation et au jugement. Or on ne juge pas sans référence à une échelle de valeurs, et je n'ai jamais cherché à cacher la mienne; devant les témoignages des écrivains, recueillis et éclairés avec toute la conscience possible, j'ai partout usé d'un critère positif, qui pourrait ainsi se formuler : la défense de l'humain dans l'homme.

L'homme a une nature, on nous trompe quand on nous dit le contraire. Mais il est vrai qu'il est libre, et libre par conséquent de se nier lui-même. Que l'homme puisse être inhumain, il suffit, pour en être convaincu, d'ouvrir les yeux en ce siècle, qui peut se vanter de ces trois belles trouvailles : l'Etat totalitaire, le monde concentrationnaire et la guerre totale. Alors, devant une œuvre de l'esprit, la question à poser me semble toujours devoir être celle-ci : travaille-t-elle à l'édification de l'homme ou à sa ruine? Lui donne-t-elle une idée plus juste de lui-même, des circonstances de son destin, de l'étendue de ses pouvoirs, des voies de son progrès et de son salut? Le plonge-t-elle, au contraire, dans des illusions qui l'égarent, dans un orgueil qui l'affole ou dans un désespoir qui l'annule? J'en demande pardon à ceux pour qui le plus haut signe de la culture est de savourer les phrases comme une belle musique indifférente, et de caresser les reliures des livres qu'on ose à peine ouvrir : nous vivons dans un temps où l'homme inquiet, menacé par l'univers, et plus encore par lui-même, cherche avidement à déchiffrer les secrets de son destin dans les cris de la foule et jusque sur le méchant papier d'un journal — ce qui ne veut pas dire qu'on n'écrit plus de beaux livres ou qu'il ne faut pas les aimer, mais qu'il n'y pas, aujourd'hui, de grande œuvre qui ne mette l'homme en question et qui ne doive être jugée par rapport à l'homme.

Ce n'est donc point sans dessein que, pour thème de cette leçon qui doit conclure un ensemble, j'ai choisi l'œuvre d'Albert Camus. Non certes qu'il soit le seul de sa génération à s'être fait souci de la condition humaine : Malraux a conduit sur le même sujet une méditation plus pathétique, et Sartre un discours plus étendu. Mais,

comme Saint-Exupéry, qui aurait eu le même droit à être entendu
le dernier, Camus n'a pas seulement cherché, il a trouvé les traces
d'un chemin de salut, il a posé les jalons d'un humanisme positif.

*

Et certes, il est venu de loin. Pour comprendre dans ses principes, et même dans son évolution, la pensée de Camus, il ne faut
pas ignorer un petit livre qui a pour titre *Noces*, et qu'il écrivait
à vingt-trois ans, sous le ciel africain. Il s'agit des noces de
l'homme avec la terre, de sa communion avec les éléments. C'est,
par un aspect, un manuel de panthéisme sensuel, un retour systématique de l'homme à la conscience de son corps, à la jouissance
physique, et c'est, par un autre aspect, un manuel de stoïcisme
athée : il n'y a ni Dieu, ni vie éternelle; la mort est certaine, et
elle est le mal, puisque la vie est le bien; mais c'est l'acceptation
même de sa condition mortelle qui livre à l'homme, dans l'absence
d'espoir métaphysique, la profondeur de sa joie. Or, dans ce premier recueil d'essais lyriques, on lisait des phrases comme celle-ci :
« La pierre chauffée par le soleil, ou le cyprès que le ciel découvert
agrandit, limitent le seul univers où « avoir raison » prend un
sens : la nature sans hommes. » « La nature sans hommes », qui
parlait donc de mettre l'homme, l'être pensant, au centre de l'univers? Il lui est prescrit, au contraire, de se perdre dans un monde
vidé de pensée et d'humanité; et la suprême sagesse, selon l'auteur
de *Noces*, sera ce « singulier instant où la spiritualité répudie la
morale, où le bonheur naît de l'absence d'espoir, où l'esprit trouve
sa raison dans le corps ».

Noces représente, dans l'œuvre de Camus, une analogie avec les
Nourritures terrestres dans celle de Gide, mais avec quelle différence d'accent! Chez Gide, la ferveur vitale voulait se dire divine,
et la notion du péché était partout présente, puisque tout l'élan du
poème était pour l'abolir. Mais Camus, qui n'a ni formation
ni aspiration chrétiennes, trouve bien compliquées cette mystique
et cette théologie.

Mon camarade Vincent — écrit-il — qui est tonnelier et
champion de brasse junior, a une vue des choses encore plus
claire. Il boit quand il a soif; s'il désire une femme, cherche à
coucher avec, et l'épouserait s'il l'aimait (cela n'est jamais

encore arrivé). Ensuite, il dit toujours : « Ça va mieux », ce qui résume avec vigueur l'apologie qu'on pourrait faire de la satiété.

Ce qui résume surtout une tentative de retour à la santé et à l'innocence de la brute, c'est-à-dire une attitude absolument contraire à ce raffinement de la sensibilité par la culture, à ce gouvernement des instincts par l'esprit qu'on appelle, en terme propre, l'humanisme.

Et pourtant, il faut bien le comprendre : cette plongée dans le bonheur sensuel, ce recours simpliste de l'homme à sa paix animale ne correspondent pas, chez Camus, à une poussée immédiate de l'instinct; et c'est en quoi son naturalisme apparaît différent de celui d'un Giono, par exemple. Giono est un grand poète de la nature et il n'est pas, et il n'a pas besoin d'être intelligent — il est même intolérable quand il essaie de l'être et quand il prétend à la fonction du théoricien. Camus, au contraire, est un esprit clairvoyant et cultivé; il a fait des études de philosophie; c'est un tempérament intellectuel, et, au point de départ de son itinéraire moral, nous constatons une crise de l'intelligence, un scepticisme radical, un nihilisme désespéré dont il faudrait chercher les causes en même temps dans une expérience douloureuse de la vie — la mauvaise santé, la pauvreté — et dans une méditation clairvoyante sur les misères de l'homme. D'une certaine manière, parmi les poètes contemporains de l'angoisse, Camus est celui qui donne aux premiers mouvements de la révolte le caractère le plus radical, parce que le plus réfléchi et, dirais-je même, le plus doctrinal. Chez Malraux, le premier mouvement de la révolte est une épouvante de la conscience, un sentiment immédiat et spontané du tragique. Chez Sartre, il commence par la nausée, répugnance quasi nerveuse à l'obscénité de l'existence. Chez Camus, le premier mouvement de la révolte n'est nullement du cœur ou de la chair; rien, en tout cas, chez lui, qui ressemble au dégoût des choses, au refus de l'existence en tant que telle : il aime la vie, le vent, la lumière et, si le paysage de Djeila finit par l'accabler, c'est parce qu'il y sent « un goût de la mort qui nous était commun ». La révolte semble donc naître, ici, d'une méditation de l'intelligence; elle est essentiellement une protestation de l'esprit contre « cette épaisseur, cette étrangeté du monde » : l'absurde; elle résulte d'une vue systématique de l'univers, étant prise dans une philosophie qui oppose un refus de la conscience réflexive à toutes les constructions de l'in-

telligence, à tous les efforts de l'homme pour tendre, entre lui et
son destin, un écran d'abstractions rassurantes. « Ces biens dérisoires et essentiels — dit Camus en parlant des plaisirs du corps —
ces vérités relatives sont les seules qui m'émeuvent; les autres, les
idéales, je n'ai pas assez d'âme pour les comprendre. » Dès son premier livre, la grande affaire pour lui est de « ne pas tricher »,
de prendre la vie comme absurde et d'agir en conséquence pour
être heureux malgré tout.

Le nihilisme métaphysique de *Noces* laissait, en effet, la voie
ouverte à un relatif optimisme moral : l'homme, persuadé de
l'absurdité du monde, trouvait dans ses sens les instruments d'un
bonheur possible. *Caligula* et *Le Malentendu* vont plus loin dans
la négation — si loin même que ces deux pièces semblent sur une
voie coupée dans l'itinéraire spirituel de Camus. Persuadé par la
mort de Drusilla que le monde est radicalement sans raison, Caligula entend user de sa puissance pour installer la folie sur le trône
et organiser la destruction de tout : ici, le sentiment de l'absurde
ne se tourne pas seulement contre le règne de l'esprit, mais contre
la permanence de la vie; et d'ailleurs, l'Empereur mourant reconnaît son erreur : « Ma liberté n'est pas la bonne. » *Le Malentendu*
veut nous persuader que l'échec de l'amour, loin d'être un accident,
appartient à l'ordre, au seul ordre qui soit, « celui où personne n'est
jamais reconnu »; que l'homme, dans sa misère, ne peut choisir
qu'entre « la stupide félicité des cailloux » et « le lit gluant » où
l'attendent les morts; et qu'il n'y a de secours à espérer de personne. Thèses tellement outrées qu'elles finissent par perdre tout
autre signification qu'un battement de tambours funèbres autour
de l'angoisse de l'absurde.

Avec *L'Etranger*, en 1942, la pensée de Camus, sans cesser d'être
tragique, reprenait une direction morale plus positive. Ce que les
premiers lecteurs de ce roman comprirent d'abord, c'est qu'un
grand écrivain était né, et Camus apparut tout de suite comme
devant être le classique de l'existentialisme contemporain; car,
pour exprimer la vue du monde la plus étrangère qui soit à l'esprit
classique, à savoir l'idée d'un univers sans ordre et sans raison, il
ne se croyait pas obligé de renoncer à l'honnêteté logique du style,
ni de patauger dans l'ordure, ni d'écrire au bitume. Il est net

et propre, il dessine à la pointe sèche, il suggère sans disserter. Plus conteur que romancier, ayant plus souci d'atteindre, à travers une fiction, des personnages significatifs et des vérités générales, que de rendre fidèlement l'épaisseur des choses et la complexité des âmes, on a comparé sa manière à celle de Voltaire; ce qui n'est pas faux, à condition de prendre Voltaire en ces moments — pas si rares qu'on pourrait le croire — où, ironisant sur l'absurdité de la destinée, il grince moins de colère contre la sottise des hommes qu'il ne s'émeut de secrète pitié pour leurs malheurs. On ne saurait attacher trop d'importance, chez Camus, à son sens de l'art : non seulement parce qu'il attribue à l'artiste la mission libératrice de réveiller la conscience humaine, mais parce qu'il trouve dans l'exercice de bien écrire un chemin vers la paix de l'âme, et parce qu'il aime ce qui a reçu de l'esprit humain la marque d'un ordre pur. Ses maîtres de style sont le très classique Jean Grenier et le Gide de *Prétextes*, de qui il reconnaît avoir appris à contenir dans les limites d'un goût rigoureux l'anarchie de son tempérament.

Quant au fond, *L'Etranger* raconte la vie d'un individu qui se sent comme un exilé dans le monde des hommes; il ne partage pas plus leurs sentiments qu'il n'obéit à leurs lois; et pourtant, il finit par tomber sous leurs coups : il a tué sans raison, il est jugé sans pitié, il mourra sur la guillotine, ayant refusé d'entendre parler de Dieu, mais non sans avoir chanté « la merveilleuse paix de l'été endormi » et la beauté, malgré tout, d'une existence sans espoir. En écrivant ce récit d'un tel dépouillement, d'une telle simplification des traits et d'un symbolisme si net qu'on pense à un conte philosophique plutôt qu'à un roman, Camus a eu visiblement deux intentions. D'abord, il a voulu rappeler à l'homme que son histoire, en tant qu'il en a une et qu'il participe à celle de son espèce, est absurde dans son fond; que son existence est un tissu de hasards, d'actes involontaires et gratuits, de gestes vidés de leur sens par l'habitude, et que tout ce ruisseau sordide roule vers la mort. En second lieu, il lui apprend que sa vie, à partir du moment où il en a décelé le non-sens métaphysique, peut encore devenir heureuse si elle est communion de l'être charnel avec l'univers et acceptation joyeuse du destin. Absurdité fondamentale de l'existence, et cependant justification de la vie par elle-même, tels sont les deux thèmes qui, dans la composition musicale de *L'Etranger*, s'enlacent, se répondent, soutiennent le *crescendo* lyrique du final.

Sur le premier point, il faut reconnaître que Camus se donne des facilités. Cela se voit parfois jusque dans sa syntaxe : s'agissant de rendre sensible l'idée d'un monde incohérent, la syntaxe elle-même devient comme désossée, comme invertébrée; les périodes se juxta-posent et ne se coordonnent plus; nombre de phrases commencent par une formule vague, telle que « il y a », qui pose le fait tel que donné, surgissant de la contingence. Mais, outre cette facilité de style, Camus s'en donne une autre, qui est de recourir à un cas presque pathologique pour éclairer un fait psychologique. Si la vie de Meursault est dénuée de sens, c'est qu'il apporte à la vivre une indifférence et un détachement tels qu'on ne le sent plus vraiment dans la norme de l'humain. Il commet un crime qui, psychologi-quement, ne s'explique pas : c'est un acte gratuit. J'entends bien qu'il existe des actes gratuits, mais tous les actes le sont-ils? Sa maîtresse lui demande-t-elle de l'épouser? Voici ce qu'il répond :

> J'ai dit que cela m'était égal et que nous pourrions le faire si elle le voulait. Elle a voulu savoir si je l'aimais. J'ai répondu que cela ne signifiait rien, mais que sans doute je ne l'aimais pas. « Pourquoi m'épouser, alors? » a-t-elle dit. Je lui ai expli-qué que cela n'avait aucune importance et que si elle le dési-rait nous pouvions nous marier. Elle a observé alors que le mariage était une chose grave. J'ai répondu : « Non ».

Il est bien évident qu'un personnage qui conduit sa vie selon une pareille méthode court le risque d'ajouter du désordre au chaos du monde et de la déraison au non-sens du destin. Aussi paraît fort juste un mot de Gabriel Marcel, qui reproche aux romanciers de l'absurde — et spécialement à Camus — de nous précipiter « dans le cachot d'ailleurs truqué d'un narcissisme du néant ». Oui, le cachot est truqué; car on nous invente un homme plus insensé que l'homme, on nous représente un monde plus incohérent que le nôtre, qui l'est pourtant bien assez comme cela!

Quant à la philosophie du primat de la vie physique, qui s'exprime aussi dans *L'Etranger*, elle était déjà dans *Noces*, et il faut avouer qu'elle ne nous amène pas bien loin. C'est au bord de la mort que Meursault découvre, devant la froide magnificence d'une nuit étoilée, « la tendre indifférence du monde », et com-prend que la joie, pour l'homme, est de s'y accorder dans la paix de son être charnel. Il n'est pas certain qu'une telle philosophie puisse aider un désespéré à mourir; peut-être à vivre, à condition qu'il place le centre de gravité de son être assez bas au-dessous de

l'esprit; mais sûrement pas à agir. Or ce roman a été écrit et publié
pendant la période des grands malheurs de la France, en 1942, c'est
d'action qu'il s'agissait.

Et il s'agissait d'autant plus d'action que Camus lui-même, le
philosophe anxieux de l'absurde, n'avait pas tiré de sa méditation
nihiliste, non plus que de son naturalisme lyrique, la conclusion où
s'arrêtait, par exemple, Giono, lequel annonçait qu'il préférait
vivre Allemand que mourir Français et refusait de s'intéresser à
la catastrophe. Camus, au contraire, se passionnait contre elle; il
était même un des notables écrivains de la clandestinité. Alors,
on imagine comment cette expérience vécue allait poser pour lui,
d'une manière immédiate et urgente, un problème qui était éminemment son problème : si vraiment tout, dans le destin de
l'homme, est absurde, si l'histoire n'a pas de sens, pourquoi s'en
mêler? Et comment justifier le choix d'un rôle dans cette comédie
de fous?

C'est à cette question que répond le livre probablement le plus
expressif de sa pensée profonde, en tout cas le plus théorique, et
qui paraît peu de temps après *L'Etranger*, *Le Mythe de Sisyphe*.
Question proprement morale : il s'agit de savoir si, dans un monde
senti, considéré, défini comme absurde, on peut d'une certaine
manière justifier l'action et, pour commencer, justifier l'acceptation
de la vie. Est-ce que la conséquence à tirer normalement ne serait
pas le suicide? Ou au moins l'abstention de l'acte? C'est d'ailleurs
Le Mythe de Sisyphe qui propose les plus remarquables et les plus
substantielles définitions de ce que Camus appelle « l'absurde ».

Une pensée sérieuse ne se construit pas sans référence à une
transcendance et à un absolu. Etrange paradoxe! C'est l'absurde
qui va jouer ce rôle dans sa pensée. Tout commence à la conscience
de l'absurde. Par une étrange translation des termes, quand Camus
dit « l'homme absurde », cela ne veut pas dire l'homme déraison-
nable, l'homme qui n'a pas de bon sens; cela veut dire, au contraire, l'homme qui a reconnu que tout est sans raison, et celui-là
seul peut être le Sage, car la sagesse ne saurait se nourrir d'illusion, elle ne peut commencer que par la reconnaissance des conditions vraies de la vie, par l' « éveil ».

Qu'est-ce que l'éveil? C'est le fait qu'un homme, pris comme tous les hommes dans l'absurdité d'une vie routinière, dénuée de toute espèce de signification par la répétition habituelle des actes, c'est le fait que cet homme, un jour, sort comme d'un songe et voit en face la réalité; et cette réalité, précisément, c'est l'absurde.

Lever, tramway, quatre heures de bureau ou d'usine, repas, tramway, quatre heures de travail, repas, sommeil, et lundi mardi mercredi jeudi vendredi et samedi sur le même rythme, cette route se suit aisément la plupart du temps. Un jour seulement le « pourquoi » s'élève, et tout commence dans cette lassitude hantée d'étonnement.

Tel est l'éveil : le moment où un homme prend conscience du non-sens de sa vie, vidée de toute liberté de choix et de toute signification personnelle par le mécanisme de l'habitude; et où il découvre, à travers ce non-sens immédiatement éprouvé, celui de toute existence et de la comédie cosmique tout entière. Moment privilégié, et qui est la condition nécessaire de tout progrès, car « tout commence par la conscience et rien ne vaut que par elle ».

Il ne doit pas d'ailleurs nous échapper que, rendu possible par l'éveil, le progrès vers la sagesse ne se distingue nullement de la recherche du bonheur. La question du bonheur est constamment posée dans l'œuvre de Camus. « Il y a — écrit Robert Kanters — au cœur de sa pensée (et c'est ce qui la différencie radicalement et à tout jamais de celle de M. Sartre), une notion intime du bonheur, de l'amour, de la joie. » C'est même dans une « philosophie du bonheur » qu'André Rousseaux systématise sa morale [1]. A ses moments les plus désespérés, Camus ne perd jamais de vue que la grande affaire de l'homme est d'apprendre à être heureux, et il pense précisément que l'homme absurde, celui qui a pris conscience du non-sens de tout, est mieux placé qu'un autre pour vivre intensément et pour connaître le bonheur. Il sera, en effet, débarrassé de toutes les illusions, de toutes les constructions à la fois abstraites et arbitraires de l'esprit, de toutes les frayeurs religieuses; il verra les murs de sa prison et, à l'intérieur de ces murs, il mesurera lucidement l'espace dans lequel il peut marcher et agir, et au besoin jouer comme le comédien et danser comme Don Juan. Et cet homme pourra penser comme Gœthe que « son champ, c'est le temps » et, comme Nietzsche, que la vie éternelle a moins d'im-

1. André Rousseaux, « Albert Camus et la philosophie du bonheur », *Littérature du XXe siècle*, Albin Michel, 1949.

portance que « l'éternelle vivacité ». Délivré des chimères et des
fantômes, il se jettera passionnément dans la vie; et il acceptera les
justes lois de l'action, vue comme un effort où l'homme affirme sa
dignité en déployant sa puissance. Et c'est ici que le mythe de
Sisyphe retrouve sa place : Sisyphe roule son rocher en sachant
qu'une loi fatale le fera retomber; mais, dans l'instant qu'il le
roule, il fait ce que ne peut faire aucun être, sinon l'homme, il est
homme dans son acte et dans la conscience qu'il en a; même inutile, son effort abolit en lui l'angoisse, car le non-espoir est tout
autre chose que le désespoir :

> Sisyphe enseigne la fidélité supérieure qui nie les dieux et
> soulève les rochers. Lui aussi juge que tout est bien. Cet uni-
> vers désormais sans maître ne lui paraît ni stérile ni futile. La
> lutte vers les sommets suffit à remplir un cœur d'homme. Il
> faut imaginer Sisyphe heureux.

Ce philosophe austère, que l'on a dit stoïque, et qui l'est en effet
par certaines tendances de son esprit, n'est pas un philosophe sombre et pleureur; il sait que l'homme est fait pour le bonheur, et il
cherche à lui en indiquer les voies possibles [1].

Relisant aujourd'hui *Le Mythe de Sisyphe*, quelque sympathie
que nous inspire cette méditation clairvoyante, quelque admiration
même que nous puissions avoir pour cette forme de courage stoïque où elle aboutit, nous ne pouvons néanmoins nous empêcher de
constater que la pensée de Camus y repose sur une ruineuse ambiguïté : car il existe une équivoque de l'absurde. En effet, dire que
l'absurde est la loi du monde, cela peut s'interpréter de deux
façons : cela peut vouloir dire qu'étant la loi générale de l'être, il
l'est par conséquent aussi de l'esprit — auquel cas la vie de
l'homme ne peut plus être qu'une sarabande des instincts privés de
tout contrôle, et l'humanité un essaim d'insectes affolés dans un
soir d'orage. Mais on peut penser aussi que l'absurde n'est
que dans les choses, et qu'il est reconnu par un esprit qui, lui, exige
l'ordre et la raison. Et en fait, quand on considère le problème de
plus près, on voit que seule cette seconde idée a quelque consis-

---

1. D'une récente interview de Camus aux *Nouvelles Littéraires* : « Je ne saurais m'attacher vraiment à une littérature totalement désespérée... Quand il
m'arrive de chercher ce qu'il y a en moi de fondamental c'est le goût du bonheur que j'y trouve. J'ai un goût très vif pour les êtres. Je n'ai pour l'espèce
humaine aucun mépris... Il me semble que tout cela ne compose pas une pensée
très triste. etc. »

tance, car si l'esprit était lui-même soumis à cette loi de l'absurde, il ne sentirait pas l'absurde comme tel; il ne peut sentir le désordre que dans la mesure où il postule l'ordre, et il n'y a l'absurde que parce qu'il y a la raison.

Cela, Camus, dès *Le Mythe de Sisyphe*, le reconnaît parfaitement :

> Je disais que le monde est absurde, et j'allais trop vite : le monde en lui-même n'est pas raisonnable, c'est tout ce qu'on en peut dire. Mais ce qui est absurde, c'est la confrontation de cet irrationnel et de ce désir éperdu de clarté dont l'appel résonne au plus profond de l'homme. L'absurde dépend autant de l'homme que du monde.

Qu'en doit-on conclure? Si l'absurde était, comme Camus l'a prétendu d'abord, l'essence de l'univers et s'il gouvernait l'esprit aussi bien que les choses, il faudrait admettre la nécessité de fonder la loi morale sur la « passion de l'absurdité », et c'était, en somme, la solution proposée dans *Noces* et dans *L'Etranger* : l'anarchie sensualiste; ou dans *Caligula* : la révolte destructrice de toutes les valeurs, y compris la vie; et même dans *Le Mythe de Sisyphe*, le dilettantisme désespéré de l'effort inutile se réfère encore à l'affirmation de l'absurde comme loi du monde et comme unique valeur. Mais si, au contraire, le sentiment de l'absurde naît quand la conscience humaine, intimement gouvernée par l'expérience du rationnel, se heurte à l'irrationnel épars dans le monde, c'est que l'absurde, loin d'être la loi de l'esprit, en est la négation et proprement le scandale; et alors, la morale ne peut avoir d'autre sens que de diminuer son empire, de le faire reculer partout où c'est possible devant une volonté armée de raison. Et c'est ce que Camus finira par dire.

Rien n'est plus important à constater, dans *Le Mythe de Sisyphe*, que cette éclatante contradiction : car c'est ici que la pensée de Camus prend son tournant.

> Il est vain de nier absolument la raison — écrit-il encore. Elle a son ordre, dans lequel elle est efficace. C'est justement celui de l'expérience humaine. De là que nous voulons tout rendre clair. Si nous ne le pouvons pas, si l'absurde naît à cette occasion, c'est justement à la rencontre de cette raison efficace, mais limitée, et de l'irrationnel toujours renaissant.

Dès l'instant où Camus reconnaît « cette raison efficace mais limitée », nous pouvons prévoir que c'est sur une conception rationnelle de la vie qu'il bâtira sa morale. L'espoir n'est plus interdit à Sisyphe d'obtenir par son courage un résultat positif, de gagner sur la pesanteur fatale une distance qui sera la conquête de l'esprit.

*
**

Mais n'allons pas trop vite : ce n'est encore qu'une indication. Sur le fond des choses, la philosophie de Camus demeure flottante, et elle n'apporte encore, dans *Le Mythe de Sisyphe*, qu'une réponse hésitante et peu satisfaisante au problème de l'action. Il explique, en effet, qu'il s'est jeté dans l'événement, mais pourquoi?

> Conscient que je ne puis me séparer de mon temps, j'ai décidé de faire corps avec lui. Sachant qu'il n'est pas de causes victorieuses, j'ai du goût pour les causes perdues : elles demandent une âme entière, égale à sa défaite comme à ses victoires passagères. Pour qui se sent solidaire du destin de ce monde, le choc des civilisations a quelque chose d'angoissant. J'ai fait mienne cette angoisse en même temps que j'ai voulu y jouer ma partie. Entre l'histoire et l'éternel, j'ai choisi l'histoire, parce que j'aime les certitudes. D'elles du moins je suis certain, et comment nier cette force qui m'écrase?

Si donc Camus a répondu à l'appel de l'événement en prenant parti pour la Résistance, c'est encore dans une espèce de désespoir; il considère, semble-t-il, la cause comme perdue, mais il obéit à un réflexe de solidarité d'espèce, à un mouvement de foule qui jette les hommes, tous ensemble, face à la vague, quel que doive être le résultat de la lutte. Et il ajoute ceci, qui ne laisse pas d'être inquiétant :

> Il vient un temps où il faut choisir entre la contemplation et l'action. Cela s'appelle devenir un homme (...). Il y a Dieu ou le temps, cette croix ou cette épée. Ce monde a un sens plus haut qui surpasse ces agitations, ou rien n'est vrai que ces agitations... Privé de l'éternel, je veux m'allier au temps...

Telle serait l'alternative : il y aurait Dieu *ou* le temps; la croix, symbole d'une transcendance spirituelle, *ou* l'épée, instrument d'une action purement historique, fermée sur elle-même, dépourvue de sens, « absurde ». Or le choix est fait : Camus a élu le temps contre l'éternel, il a ceint l'épée qui n'a pas forme de croix.

Impossible d'imaginer une attitude qui soit non seulement moins chrétienne mais, j'ose le dire, moins humaniste : car l'humaniste, à moins qu'il ne penche vers Machiavel — ce qui est aux antipodes de la philanthropie naturelle de Camus — n'admet pas une action qui ne se suspende à une valeur de l'esprit. J'entends bien que le choix de Camus, allant vers les écrasés d'une entreprise tyrannique, est spontanément généreux et juste; mais alors, pourquoi ne point le justifier comme tel, comme inspiré par les mots sacrés d'honneur et de justice, gravés sur la lame de l'épée? Pourquoi préférer à la haute philosophie de Péguy, pour qui l'héroïsme est d'incarner le spirituel dans l'histoire, un dilettantisme de l'agitation, un nihilisme du « service inutile », où la pensée de Montherlant a laissé traîner ses vapeurs inconsistantes? « Les conquérants — écrit Camus — savent que l'action est en elle-même inutile. » Les conquérants, les condottieri, peut-être; mais les jeunes gens qu'il voyait autour de lui affronter d'immenses périls, est-ce avec ces jeux d'un élégant scepticisme et d'une fausse supériorité d'esprit qu'il devait et pouvait soutenir et nourrir leur enthousiasme? Fissure manifeste dans la pensée d'un moraliste qui, à cette époque, n'a pas encore réussi à sortir de ses propres impasses, et n'a rien à dire de fort et de net à la jeunesse qui attendait de lui une leçon héroïque.

Mais, peu après *Le Mythe de Sisyphe*, un texte allait voir le jour, essentiel dans l'évolution de Camus : ce sont ses *Lettres à un ami allemand*, écrites en 1943 et 1944. Cet ami allemand existait-il, ou Camus l'imaginait-il pour porter le dialogue à son plus haut point de signification, peu importe. Il n'avait pas été sans comprendre que le nazisme avait une parenté naturelle et profonde avec le fond de nihilisme qui se découvrait dans son œuvre antérieure. Que le nazi soit « l'homme du Néant », Max Picard, entre autres, devait le montrer dans un grand livre [1]; et qu'il soit, dans un style germanique et militaire, « l'homme absurde », c'était évident. Négation des valeurs idéales et promotion des valeurs biologiques : il devait y avoir une sympathie préalable de Camus pour la mystique raciste, cependant que, par tout le poids de sa culture,

---

1. Max PICARD, *Hitler in uns Selbs,* traduit de l'allemand sous le titre *l'Homme du Néant,* Cahiers du Rhône, la Baconnière, 1946.

par tout ce qu'il y avait de classique et de mesuré dans son intelligence, de généreux et d'humain dans son tempérament, il répu-
gnait à ce retour du barbare. Mais cette répugnance, il devait se
l'expliquer à lui-même, la fonder en raison : d'où l'accent singulièrement émouvant et intime des *Lettres à un ami allemand*.

Vous me disiez : « La grandeur de mon pays n'a pas de prix.
Tout est bon qui la consomme. Et dans un monde où plus rien
n'a de sens, ceux qui, comme nous, jeunes Allemands, ont la
chance d'en trouver un au destin de leur nation doivent tout
lui sacrifier. » Non, vous disais-je, je ne puis croire qu'il faille
tout asservir au but que l'on poursuit. Il est des moyens qui
ne s'excusent pas. Et je voudrais pouvoir aimer mon pays tout
en aimant la justice.

Nous avons bien entendu : « Je voudrais pouvoir aimer mon
pays tout en aimant la justice. » N'est-ce pas que se rapprochent le
monde de l'épée et le monde de la croix, le plan de l'acte temporel et celui de la valeur spirituelle, tout à l'heure arbitrairement
séparés?

Et voici qui est plus net encore :

Nous avons longtemps cru ensemble que ce monde n'avait
pas de raison supérieure et que nous étions frustrés. Mais j'en
ai tiré d'autres conclusions (...). Vous n'avez jamais cru au sens
de ce monde et vous en avez tiré l'idée que tout était équiva-
lent et que le bien et le mal se définissaient selon qu'on le voulait (...). Vous en avez conclu que l'homme n'était rien et
qu'on pouvait tuer son âme (...). Où était la différence? C'est
que vous acceptiez légèrement de désespérer et que je n'y ai
jamais consenti. C'est que vous admettiez assez l'injustice de
notre condition pour vous résoudre à y ajouter, tandis qu'il
m'apparaissait, au contraire, que l'homme devait affirmer la
justice pour lutter contre l'injustice éternelle, créer du bonheur pour protester contre l'univers du malheur (...). Pour
tout dire, vous avez choisi l'injustice, vous vous êtes mis avec
les dieux (...). J'ai choisi la justice, au contraire, pour rester
fidèle à la terre. Je continue à croire que ce monde n'a pas de
sens supérieur. Mais je sais que quelque chose en lui a du sens,
et c'est l'homme, parce qu'il est seul à exiger d'en avoir. Ce
monde a du moins la vérité de l'homme, et notre tâche est de
lui donner ses raisons contre le destin lui-même. Qu'est-ce que
sauver l'homme? (...) C'est donner ses chances à la justice qu'il
est seul à concevoir.

Aucun doute n'est possible sur le sens .de ce discours : il demeure orienté par l'absurde, en tant que l'injustice y est encore reconnue dans l'âme de l'univers. Mais, dans cet univers, il y a l'homme, cet être de hasard né on ne sait comment et en qui, on ne sait comment, s'affirme l'esprit; et l'esprit postule la justice. Il suffit à Camus de constater cette exigence intérieure pour admettre que nous devions y répondre, étant seulement entendu que servir la justice, ce n'est pas servir l'impératif d'une volonté supérieure et transcendante, c'est, tout au contraire, répondre à un appel qui est dans l'homme et de l'homme seul, et qui l'oppose à la pensée des dieux, à la loi d'un monde aveugle et irrationnel. Et combien nous voici loin du point de départ! D'abord, au temps de *Noces*, Camus faisait l'apologie de la « nature sans homme », et il en arrive maintenant à promouvoir l'homme comme la justification suprême de la nature. Si l'on entend par existentialisme une philosophie qui pose l'existence antérieure à l'essence, la pensée de Camus reste existentialiste en ce qu'elle fait sortir la justice de l'homme existant; et ce sera toujours une difficulté, pour ceux qui tiennent une telle position, de justifier comme valeur absolue une loi qui s'affirme arbitrairement dans la conscience d'un animal privilégié, apparu par hasard au cœur d'un univers sans finalité : si l'esprit n'est pas antérieur et transcendant à l'homme, il ne sera jamais évident que l'homme doive faire fléchir devant ses commandements les appels et les forces de la vie. Du moins faut-il constater que l'existentialisme de Camus tend désormais vers un humanisme, en ce qu'il reconnaît, transcendante à l'individu et antérieure à sa propre conscience, une loi de l'espèce, une exigence morale qui tient à sa nature même, une *humanité* qui doit être sauvée; et en ce que le philosophe de l'absurde, accédant au monde des valeurs, attribue maintenant à l'homme la mission et le pouvoir de créer au sein du chaos vital une zone d'ordre et de raison.

Mais il fallait aussi retrouver l'amour. A son point de départ, la morale de Camus apparaît dangereusement égoïste : l'individu, devant chercher les conditions de son bonheur dans un monde absurde, n'a d'autre voie que d'user de ses sens en prenant des êtres ce qu'ils peuvent lui donner de plaisir. Il est d'ailleurs remarquable que l'amour-sentiment ne tient encore que fort peu de place

dans ses romans et dans son théâtre, aussi peu féminins que possible. Sécheresse peut-être africaine d'une œuvre née sous un soleil
dur, sur une terre mal christianisée [1].

Cependant, d'un bout à l'autre de cette œuvre, circule, secrète
ou avouée, une veine de pitié, de compassion intelligente à nos
misères, qui la rafraîchit et l'humanise. Le sentiment de l'absurde,
quand il est celui de la souffrance ou de la mort à laquelle est soumis l'être conscient, provoque le scandale, et celui-ci n'est pas
moins intime et violent quand c'est un autre que moi-même que
je vois souffrir. Virtuelle dans tous les livres de Camus, l'idée d'une
solidarité de l'espèce devant le malheur et d'un « dépassement en
autrui » dans la révolte anime, en 1945, l'essai qui a précisément
pour titre *Remarque sur la Révolte*; et c'est elle qui donne, deux
ans plus tard, à *La Peste* son sens et son accent.

La Peste est la réussite la plus incontestable de Camus jusqu'à
ce jour, et cette œuvre riche est, somme toute, une œuvre claire.
Sévère aussi et toute virile : nulle part l'absence presque complète de
la femme n'est plus frappante que dans ce drame d'une ville séparée
du monde et livrée au fléau. Mais nulle part aussi n'éclatent de
plus belles strophes sur l'amitié des hommes unis par l'honneur et
le courage — par exemple, ces pages où nous voyons Rieux et
Tarrou, un moment lâchés par l'obsession du malheur, courir vers
la mer et se rouler ensemble dans la force vivifiante des vagues.
Nulle part la sympathie pour l'homme qui subit dignement sa
dure destinée, la pitié pour l'être déchiré par la souffrance, le scandale devant la mort d'un enfant, la colère contre l'oppression
sociale quand elle ajoute ses cruautés à celles du destin, n'ont
trouvé pour s'exprimer une forme à la fois plus dense et plus sobre,
et qui donne un pareil choc. Ce qu'évoque, en fin de compte, *La
Peste*, c'est bien le « dépassement en autrui », et davantage : une
communion des âmes. Non certes communion en Dieu, car la pensée de Camus demeure très éloignée d'une vision chrétienne du
monde, mais communion active, solidarité des hommes contre les
forces conjurées de l'univers. Ainsi, le progrès sur *Le Mythe de
Sisyphe* est énorme : non seulement en ce que le monde du cœur

---

1. A moins qu'il ne faille y voir une tendance assez générale de la grande
littérature contemporaine : la place faite aux femmes est presque nulle chez
Saint-Exupéry, et fort petite chez Malraux. Quant à Sartre, si Anne, dans *la
Nausée*, et Jessica, dans *les Mains sales*, sont charmantes, les autres héroïnes
sartriennes manquent généralement de grâce et de suavité. C'est peut-être
qu'elles ont trop lu *le Deuxième Sexe*.

est maintenant reconnu [1], mais en ce que les *autres* sont présents : Sisyphe n'est plus seul, il lutte avec ses frères pour soulever le rocher. Et sans doute le rocher retombera encore, il y aura toujours la souffrance, la mort, la guerre, et les rats de *La Peste* reviendront toujours envahir les villes heureuses; mais les hommes ensemble auront lutté, connu la joie des victoires relatives et trouvé un chemin du bonheur qui passe par l'amour.

Car le problème du bonheur demeure central dans *La Peste*. Une phrase éclaire parfaitement, sous ce rapport, la pensée de Camus : « Nous mettrons — dit le narrateur — l'héroïsme à la place secondaire qui doit être la sienne, juste après, et jamais avant l'exigence du bonheur. » Telle est l'échelle des valeurs. On pourrait en conclure que la morale de *La Peste* demeure égoïste, mais il n'en est rien. Camus pense que le bonheur est la fin désirée de toutes nos entreprises; mais jamais il ne le sépare d'un instinct de pitié et de solidarité humaines. L'homme est fait pour être heureux, mais il ne peut l'être s'il l'est seul : sa nature est telle qu'il n'a vraiment la joie et la paix que dans le bonheur de tous. Et si fort apparaît cet instinct altruiste qu'à partir du moment où l'individu s'est habitué à considérer le malheur des hommes, résolu à le partager et à lutter contre lui, il n'a plus de temps pour son propre bonheur, il est aspiré par quelque autre chose de plus haut et de plus rare : ce que Tarrou appelle la sainteté. Au fond, c'est par la notion de bonheur qu'il faut passer pour comprendre ce que Camus appelle la justice : est juste un ordre humain où *tous* seraient heureux ensemble; et le cœur de l'homme appelle naturellement cet état.

On découvre ainsi, chez cet observateur anxieux de la vie, un grand fond d'optimisme, une confiance rousseauiste ou tolstoïenne dans la bonté du cœur. Tolstoïenne surtout : Camus a avoué sa piété pour Tolstoï, et ce qu'il y a d'influences indirectement évangéliques dans sa pensée vient probablement de là. Sans doute, il ne croit pas plus que Sartre au ciel intelligible des valeurs transcendantes, il réprouve le rationalisme aussi bien que les dogmes religieux; mais il croit que l'homme trouve dans son cœur la bonté, la justice, l'honneur et l'héroïsme même. Quand Rambert, ayant enfin obtenu les moyens et l'autorisation d'échapper à la ville pestiférée pour aller retrouver la femme qu'il aime, renonce à partir pour ne pas briser la solidarité qui le lie à ses compagnons de souf-

---

1. M. Robert de Luppé a bien montré cet aspect dans son récent essai, *Albert Camus* (Editions du Temps Présent, 1951).

france et de lutte, il agit sans doute héroïquement; mais, pour l'auteur, un tel acte n'est nullement le résultat d'une crise de conscience où le devoir s'affirmerait du dehors, comme une notion rationnelle : un appel spontané de sa nature, un sentiment inné de sympathie et d'honneur suffit à pousser l'homme vers sa grandeur. Cet optimisme humain fournit une des significations importantes de *La Peste* : le docteur Rieux explique qu'il s'est décidé à écrire son récit « pour ne pas être de ceux qui se taisent, pour témoigner en faveur de ces pestiférés, pour laisser du moins un souvenir de l'injustice et de la violence qui leur avaient été faites, et pour dire simplement ce qu'on apprend au milieu des fléaux : qu'il y a, dans les hommes, plus de choses à admirer que de choses à mépriser ».

Camus a dit de *La Peste* que c'était le plus antichrétien de tous ses livres; jugement qui, à première vue, semble paradoxal, mais que je crois très juste. C'est le plus antichrétien de tous ses livres, parce que c'est celui où s'affirme de la manière la plus nette un humanisme pur, une religion de la noblesse humaine sans Dieu, et même contre Dieu. L'attitude des chrétiens est représentée par le Père Paneloux, lequel demeure suspendu entre les facilités d'un trop facile optimisme chrétien, qui nie le mal au nom de la Providence, et les dures intransigeances d'un christianisme intégral, qui affirme le primat de la douleur et la nécessité de s'y crucifier. Dans les deux cas, il apparaît à Rieux et à Tarrou, qui sont visiblement les témoins de la pensée de Camus, que le chrétien n'est jamais un compagnon absolument sûr dans la lutte contre le mal, quels que puissent être sa bonne volonté et son dévouement, parce que sa conception du monde le fait pencher trop vite à se résigner : soit dans une dévotion un peu molle qui se hâte de justifier Dieu (Nous avons bien mérité ce qui nous arrive, battons notre coulpe), soit dans le climat tragique du pessimisme calviniste, janséniste ou kierkegaardien (le mal est irrémédiablement dans la nature, acceptons la loi et retirons-nous dans la grâce). Ainsi Rieux et Tarrou ne veulent pas être des chrétiens, mais ils sont assurément des humanistes : parce qu'ils se font une haute idée de la dignité humaine, parce qu'ils ont le souci d'aider les hommes à vivre, et parce qu'ils croient à un pouvoir de l'homme contre le destin. Ce pouvoir, Rieux, qui est un médecin, le cherche, comme le Laurent Pasquier de Duhamel, dans des connaissances positives et dans l'usage approprié des techniques; Tarrou, qui est plus mystique, voudrait, comme Salavin, trouver les voies d'une action spirituelle et d'une sainteté sans Dieu. Ainsi se trouve exactement posé, dans *La Peste*, le vieux problème de l'humanisme laïque. Ce n'est pas le lieu d'en discuter. Notons seulement que, si profond soit le fossé métaphysique qui sépare un Rieux et un Tarrou, comme un Laurent Pasquier et un Salavin, ou encore un Antoine ou un Jacques Thibaut, des actes et des sentiments d'une conscience chrétienne, leur attitude humaniste ne laisse pas d'offrir, sur le plan moral, les chances d'un dialogue avec les chrétiens, puisque les uns et les autres finissent par s'entendre sur les mêmes valeurs pratiques : justice, bonté, courage, et par retrouver sur des voies différentes l'espoir d'un salut possible de l'homme. (*)

S I l'on jette un regard un peu appuyé sur les trois œuvres maîtresses de l'existentialisme contemporain — celles de Malraux, de Sartre et de Camus —, on n'a pas à forcer les textes pour dégager, dans le développement de ces œuvres, une ligne d'évolution, de sens humaniste. Non certes un retour à l'humanisme dans les formes où l'apogée de la culture bourgeoise avait semblé le fixer au début de ce siècle : élégance du lettré chez Anatole France, traditionalisme social de Charles Maurras, sagesse bourgeoise et catholique de Bourget, esthétisme humanitaire de Romain Rolland — mais au moins un effort pour rejoindre l'assise fondamentale de tout humanisme, c'est-à-dire la confiance dans l'homme, en le repensant dans les conditions du monde d'aujourd'hui. Intention légitime et transposition normale, l'humanisme authentique n'étant pas une formule close, mais une synthèse provisoire et toujours ouverte sur les acquisitions de l'expérience et de la réflexion. Chez Malraux apparaît le souci permanent de connaître l'homme, la volonté d'inclure dans sa définition d'espèce tout ce que l'histoire nous apprend de lui; et surtout, le drame de l'homme étant précisément situé dans sa conscience personnelle et non sociologique, on voit Malraux s'ingénier à le surmonter dans une exaltation de la vie intérieure, par l'aventure du héros ou la création de l'artiste. Parti d'une idée désolée de l'existence, Sartre cherche à désembourber sa philosophie; il affirme passionnément la liberté de l'homme vers des formes supérieures et imprévisibles de lui-même. Quant à Camus, au terme *d'une méditation singulièrement grave, il a franchi la distance qui séparait un naturalisme humain d'un humanisme naturel, et il a conclu pour la valeur de l'ordre et pour la possibilité du bonheur.*

Ainsi, ces écrivains en lesquels notre temps a voulu reconnaître ses maîtres nous donnent, si nous savons les entendre, deux utiles leçons : d'abord, ils ne nous permettent plus de nous bercer d'illusions sur la précarité de notre condition d'homme en général et sur les périls particuliers de notre civilisation; ensuite, ils nous indiquent, ou du moins ils cherchent à découvrir les voies d'une action positive, les raisons de l'espoir et du courage. Je souhaite à ceux qui les lisent, et surtout aux jeunes gens, d'entendre ces deux leçons : celle de la clairvoyance, oui, mais aussi celle de la volonté. Le désespoir n'est pas une attitude morale. J'ose même ajouter, en pensant à ceux qui ont aujourd'hui entre leurs mains les destinées de la France et de l'Europe, que le désespoir n'est jamais une attitude de gouvernement.

Certes, les motifs de tristesse et d'inquiétude ne nous manquent pas; deux guerres mondiales en un demi-siècle ont provoqué d'énormes ruines matérielles et morales; et celles-ci ne sont pas encore relevées que des menaces plus effrayantes surgissent; et déjà, à l'autre extrémité de ce continent, des foules hurlent sous les bombes, meurent de faim et de froid, et des milliers de jeunes gens s'entretuent avec des techniques toujours plus parfaites. L'ordre n'est pas encore dans les choses, ni la paix dans les âmes. L'homme est inquiet; debout à un carrefour ambigu, il s'interroge plus passionnément que jamais sur le fond de sa nature et le sens de son destin. Les inventions de son intelligence, qui ont dépassé ses rêves les plus hardis, non seulement ne lui ont pas donné le bonheur intime — ce qui n'était pas possible, car il est d'un autre ordre et ne peut naître que de la sagesse —, mais elles n'ont pas même assuré son bien-être matériel, puisqu'elles semblent aujourd'hui plus puissantes pour détruire que pour créer.

Et pourtant, parmi ces maux et ces périls, l'homme d'aujourd'hui se sent au bord de la réussite aussi bien que de la catastrophe. L'apprenti-sorcier finira peut-être par connaître son métier et par gouverner les forces imprévues qu'il a libérées. Nous savons que la civilisation qui nous supporte peut périr corps et biens, mais aussi qu'elle peut nous porter vers plus de bonheur, de justice et de liberté. Une sourde et raisonnable ambition, un sentiment d'inaliénable royauté soulèvent notre courage et ne permettent point à

*l'espérance de s'éteindre. Aussi bien, je souhaite que les lecteurs de
la littérature d'aujourd'hui, et surtout les jeunes lecteurs, n'en sentent point que l'amer et le noir, qu'ils ne laissent pas les peines et
les horreurs de cette époque voiler à leurs yeux ce qu'elle a de grandeur incomparable et ce qu'elle offre de chances à l'esprit.*

*Mais au cas, où ces réflexions finales paraîtraient trop gran-
dioses et marquées d'un penchant à l'utopie, je rappellerai, pour
conclure ces leçons, une idée plus précise qui, plusieurs fois, y fut
avancée et qui, secrètement, les a soutenues : c'est qu'il existe une
nature de l'homme et, par conséquent, à travers les accidents de
son histoire, une certaine permanence de ses tendances et de ses
aspirations, et donc aussi certaines chances de bonheur, indépendantes de ces accidents, aussi longtemps du moins qu'il reste la vie
et les conditions de la vie. Alors, m'adressant aux jeunes gens mal
sûrs de l'avenir et enclins à écouter les voix qui les démoralisent,
je veux leur dire : « Vous avez la vie et même la jeunesse; un corps
plein de sang; une intelligence active; un cœur alerte. Soyez d'abord
fiers et contents d'être les seigneurs de tous ces biens. On vous les
prendra peut-être; mais aussi longtemps qu'ils vous appartiennent,
il dépend de vous d'en user sagement; et la sagesse est l'art du bonheur. Usez avec mesure et méthode de votre corps et de tout votre
être; attachez votre intelligence à une œuvre, quelle qu'elle soit,
mais où vous vous engagiez personnellement; ayez un amour, et
bâtissez votre vie sur lui. Le monde, dites-vous, est absurde? Dans
le périmètre de votre puissance, donnez-lui une raison. Les caté-
chismes sont usés, les codes périmés, tous les dés pipés? Quand cela
serait, vous ne seriez point sans règles : il resterait un sens dans
votre cœur aux mots* honneur, justice, loyauté, tendresse, dévouement. *Quoi donc? La culture, le métier, le foyer, voilà tout ce que
je vous propose? Non pas tout, mais cela d'abord. Et notez bien
que je ne cherche pas à vous tromper : cette morale, qui n'est* ni
*grandiose, ni singulière, je ne vous dis point qu'elle soit toujours plai-
sante et facile. Croyez-en un aîné qui a fait déjà un bon bout de
route : aucune des joies dont je vous parle ne va sans traîner son
ombre, son double de peine ou de cruauté. Mais s'il existe une condition humaine, on jouit encore du plaisir de se sentir dans l'ordre
quand on en accepte franchement les épreuves. D'autres vous
appelleront à l'héroïsme révolutionnaire, d'autres aux élévations mystiques : allez-y si vous vous sentez assez forts. Sinon, faites
confiance à cette planche de salut que je vous montre : un huma-*

nisme sans illusion. Et surtout n'écoutez pas ceux qui voudraient vous fixer dans le désespoir. « La vie humaine commence de l'autre côté du désespoir. » *Il faut, en effet, entrer dans la nuit, mais la traverser. Et rien, mes jeunes frères, rien ne dit que vous ne passerez pas, que vous ne vous déploierez pas un jour dans une activité joyeuse, que vous n'aurez pas dans votre main la douceur élue d'une autre main, qu'un enfant né de vous ne vous sourira pas — et qu'aurez-vous alors à reprocher au destin?*

MISES A JOUR

Page 19 (fin du chapitre sur PROUST)

La présente étude devait beaucoup à l'ouvrage d'André MAUROIS, *A la Recherche de Marcel Proust* (Hachette, 1949). J'avais pu également consulter Jean MOUTON, *Le Style de Marcel Proust* (Corrêa, 1948). Des nombreux ouvrages qui ont gonflé la bibliographie proustienne depuis 1951, il faut au moins citer, de Claude MAURIAC, *Marcel Proust par lui-même* (Le Seuil, 1954) et le volumineux *Marcel Proust*, indiscrètement biographique, de George D. PAINTER, en 2 volumes, traduit de l'anglais par G. Cattaui (Mercure de France, 1966). A noter l'édition complète d'*A la Recherche du temps perdu*, en trois volumes, introduits et annotés par Clarac et Ferré (Bibliothèque de la Pléiade, 1954). Parmi les posthumes de l'auteur, le plus important est *Jean Santeuil* (3 volumes, Gallimard, 1952), première ébauche de la *Recherche*, écrite autour de 1900, et dont l'infériorité par rapport à la version définitive est précisément en ce que le tragique de la condition humaine investie par le temps n'est ni saisi avec la même intensité, ni exprimé avec la même puissance poétique.

1966

Page 45 (fin du chapitre sur GIDE)

Ouvrages posthumes de Gide : plusieurs volumes de *Correspondance*, notamment avec Rilke (Buchet-Chastel), avec P. Valéry (Gallimard), avec Charles Péguy (Feuillets de l'Amitié Péguy) ; *Conseils à un jeune écrivain* (N.R.F., août 1956).

Sur Gide : un ouvrage essentiel de Jean DELAY, *La Jeunesse d'André Gide* (2 volumes, Gallimard, 1956-1957). Un ouvrage commode : J.-J. THIERRY, *Gide* (Bibliothèque Idéale, Gallimard, 1962).

1966

Page 68 (fin du chapitre sur VALÉRY)

Pour la bibliographie de Valéry, l'événement important a été la publication par le C.N.R.S., depuis 1957, des 257 carnets ou cahiers inédits, en vingt volumes en *fac-similé*. Mme Edmée de la Rochefoucauld en publie, aux Editions Universitaires, des extraits commentés (*En lisant les Cahiers de Paul Valéry*, tome I, 1964, tome II, 1966). Ces cahiers et carnets obligent la critique à corriger sur deux points l'idée qu'elle se faisait, en général, de Paul Valéry. 1° Cet écrivain, que l'on croyait avare de mots, écrivait beaucoup, au cours de ses longues méditations matinales, et l'œuvre publiée par lui n'a été qu'un prélèvement discret sur une masse énorme d'ébauches et de notes. 2° L'appel du néant purificateur a toujours été fort chez l'auteur de *La Jeune Parque* et de *Mon Faust* ; mais, dans la continuité de sa vie intellectuelle, il était plus souvent et plus fortement corrigé que les œuvres publiées ne le laissent croire par des tensions vitales et charnelles, affectives et spirituelles. L'attention au monde extérieur, à l'histoire, aux problèmes de culture, à la politique même, n'a cessé de croître avec les années, spécialement après 1930. Même la question religieuse a souvent hanté la méditation de Valéry, et il est au moins curieux qu'une des dernières phrases écrites par le grand sceptique positiviste ait été : « Le mot Amour ne s'est trouvé associé au nom de Dieu que depuis le Christ ».

Dans la multitude des travaux récents consacrés à Valéry, nous retiendrons : de BÉMOL, *Paul Valéry* et *La Méthode critique de Paul Valéry* (Les Belles-Lettres, 1949) ; de HYTIER, *La Poétique de Valéry* (A. Colin, 1953) ; de WALTER, *La Poésie de Valéry* (P. Caillier, Genève, 1953) ; d'A. BERNE-JOFFROY, *Valéry* (Bibliothèque Idéale, Gallimard, 1960).

1966

Page 91 (fin du chapitre sur CLAUDEL)

Gide avait trouvé le moyen de quitter la scène sur une phrase ambiguë : « C'est toujours le duel de ce qui est raisonnable et de ce qui ne l'est pas ». Trois ans après, le 23 février 1955, Claudel mourait avec simplicité : son cœur avait bronché sur une phrase, arrêtée à une virgule, qui, dans un commentaire biblique sur la signification du feu, égratignait en passant un vieil adversaire de toujours, Victor Hugo. Le dernier livre ouvert était, outre la Bible, le *Rimbaud* de Mondor. La dernière parole : « Laissez-moi, je n'ai pas peur », convenait bien à un chrétien imperturbable dans la foi et dans l'espérance. Les obsèques à Notre-Dame étaient aussi le finale qu'il fallait à la symphonie claudélienne, avec l'éclat inhabituel du *Magnificat* couvrant les plaintes du *Dies irae*. Il faisait un froid noir ; le gouvernement, l'Université, l'Académie gelaient sur le parvis en écoutant les discours ; si l'humour survit dans l'outre-tombe, le spectacle de tous ces illustres enrhumés ne devait pas déplaire au vieux poète.

La survie littéraire de Claudel est impressionnante. Les *Cahiers Paul Claudel* (N.R.F.) entretiennent son culte et publient ses inédits. Ses œuvres complètes sont publiées en 19 volumes. Les théâtres le jouent. Les essais biographiques et critiques se multiplient. Le plus complet et le plus pénétrant est le *Paul Claudel par lui-même,* de P.-A. LESORT (Le Seuil, 1963).

1966

Page 111 (fin du chapitre sur MONTHERLANT)

La présence de Montherlant continue. L'un des premiers parmi ses contemporains à avoir été débité en tranches — expurgées — dans des éditions scolaires, il est entré vivant à la Bibliothèque de la Pléiade (1959). Il a grandement occupé le théâtre avec *Port-Royal* en 1954, *Don Juan* en 1958, *Le Cardinal d'Espagne* en 1960, *La Guerre civile* en 1965. Un beau roman, *Le Chaos et la Nuit* (1963), et deux volumes de confidences, *Carnets (1930-1944)* en 1957, et *Carnets (1958-1964)* en 1966, ont confirmé, pour un grand écrivain dont la main ne vieillit pas, une situation de premier ordre. En 1955, il fut élu à l'Académie française sans avoir posé sa candidature.

Un *Montherlant par lui-même* de Pierre SIPRIOT (Le Seuil, 1953) et un *Montherlant* d'Henri PERRUCHOT (Bibliothèque Idéale, Gallimard, 1959) sont les meilleurs textes de référence sur l'homme et l'œuvre. En fait, les derniers ouvrages de Montherlant n'atténuent pas, ils rendent seulement plus dramatiques les contrastes que je signalais dans *Portrait du Héros* (Le Seuil, 1950) et dans *Témoins de l'Homme* : un orgueil rongé de vanité, un élan vers la grandeur brisé par le scepticisme, une vocation héroïque déviée par le nihilisme vers un eudémonisme médiocre. Cette voix de bronze faite pour sonner les hauts chants et les grands tocsins de l'Histoire ne retrouve sa qualité sublime que dans les glas de la désillusion et de la mort.

1966

Page 134 (fin du chapitre sur BERNANOS)

La dernière phrase de cette étude disait vrai : Bernanos ne s'éloigne pas. Le *Bulletin de la Société des Amis de Georges Bernanos,* animé par l'abbé Pézeril, les *Etudes bernanosiennes,* publiées par la *Revue des Lettres modernes,* entretiennent son culte et prolongent son influence. On trouvera dans le *Bernanos* de Michel ESTÈVE (Bibliothèque Idéale, Gallimard, 1965) un aperçu bibliographique des travaux suscités en France et à l'étranger par l'œuvre du grand écrivain. On lit maintenant ses romans et *Dialogues des Carmélites* à la Bibliothèque de la Pléiade, dans un volume préfacé par Gaétan Picon, établi dans son texte et ses variantes par Albert Béguin, et annoté par Michel Estève. *Dialogues des Carmélites,* qui a été l'objet d'un travail important de S. Meredith MURRAY, *La Genèse de « Dialogues des Carmélites »* (Le Seuil, 1963), est au cinéma, au théâtre et dans l'opéra de Francis Poulenc, et a touché un grand public. Recueil des articles de journaux publiés entre juillet 1945 et juin 1948, *Français, si vous saviez* (Gallimard) précise les convictions et les dégoûts du moraliste politique, polémiste furieux et parfois profond, mais inférieur au poète de l'âme.

1966

Page 153 (fin du chapitre sur MALRAUX)

Rendu à l'action par fidélité à un grand homme et par dévouement à son pays, ayant ascétiquement préféré un ministère à un magistère, André Malraux, depuis 1950, n'a pas ajouté de parties essentielles à son œuvre : aucun roman, et seulement des refontes ou des compléments de ses études d'histoire des arts. Le document le plus important à citer est, en 1953, le *Malraux par lui-même* de Gaétan Picon (Le Seuil), auquel Malraux a collaboré en y accrochant quelques notes d'un grand intérêt, celle-ci par exemple : « Le roman moderne est, à mes yeux, un moyen d'expression privilégié du tragique de l'histoire, non une élucidation de l'individu ».

1966

Page 173 (fin du chapitre sur SARTRE)

Depuis 1950, la bibliographie sartrienne s'est considérablement accrue, en ouvrages de l'auteur, en commentaires des critiques, en souvenirs. Dans le roman, *Les Chemins de la liberté* sont restés coupés après le t. III, *La Mort dans l'âme*. Mais il y eut, au théâtre, *Le Diable et le Bon Dieu*, *Nekrassov* et *Les Séquestrés d'Altona*. Il y eut la polémique avec Camus après *L'Homme révolté*, les écrits contre la guerre d'Algérie, les débats avec les communistes, quatre nouveaux volumes de *Situations* (IV, V, VI et VII), et la monumentale *Critique de la raison dialectique*. Tous ces ouvrages éclairent, confirment, précisent, élargissent les positions de Sartre, ils ne les transforment pas fondamentalement, et en tout cas ils laissent encore sans réponse le problème dont l'étude de *Témoins de l'Homme* rassemblait les données et montrait les difficultés qu'il soulève : peut-on, à partir d'une métaphysique qui ne reconnaît pas d'autres valeurs que la liberté ou qui ne voit pas d'autre source des valeurs qu'en elle, construire une morale, et derrière la morale une politique, ce qui est visiblement le projet constant de Sartre ?

Mais il y eut *Les Mots*. Ce profond et brillant essai est, de tous les ouvrages de Sartre écrits depuis *La Nausée*, le seul qui oblige à reconsidérer ses positions et les jugements qu'on en a pu faire. En nous expliquant comment et pourquoi il a été amené à demander à la littérature le sens et la règle de sa vie, puis à la récuser comme une névrose bénéfique et mystifiante, à la subordonner, en tout cas, à la lutte contre la faim dans le Tiers Monde et à la révolution universelle, le maître de l'existentialisme athée a montré qu'il était, au fond et contrairement à ce qu'il écrit, plus soucieux d'absolutisme moral que de relativisme historique et qu'il ne croit la liberté justifiée qu'au service de la justice. L'attribution du Prix Nobel en 1964 était donc moins paradoxale qu'elle n'en avait l'air.

Je note d'autre part que sartriens et sartrologues, Francis Jeanson, Colette Audry, Régis Jolivet, R.-M. Albéré ont bien éclairé, de divers côtés, le visage de Sartre ; mais personne mieux que Simone DE BEAUVOIR, dans ses Mémoires, surtout dans *La Force de l'âge* et *La Force des choses*, où le personnage prend une épaisseur et une complexité qui débordent, avouons-le, nos approximations de critiques.

1966

Page 193 (fin du chapitre sur CAMUS)

Ecrite en 1951, cette étude ignore *L'Homme révolté* et *La Chute*. Dans *Présence de Camus* (La Renaissance du Livre, 1962), j'ai donné un point de vue plus large et plus nuancé. Une chose vaut encore ici, c'est de montrer que la pensée du moraliste demeure authentique dans sa conversion à l'humanisme. Une certaine gauche camusienne voudrait qu'après *L'Etranger* Camus soit sorti de sa ligne, et l'on connaît le mot de Sartre, quand l'auteur de *La Peste* et de *L'Homme révolté* eut obtenu le Prix Nobel : « Tant pis pour lui ». Au contraire, une certaine opinion bourgeoise n'admire en Camus que le classique prudemment réformiste et dont l'attitude fut si réservée pendant la guerre d'Algérie. En fait, ni la fièvre lyrique de la révolte ni la prudente résignation de la « pensée de midi » n'enveloppent tout Camus : il est dans la tension dialectique entre les deux pôles. Il a voulu, comme il l'a dit, « ne rien exclure et apprendre à tisser de fil blanc et de fil noir une corde tendue à se rompre ». Son authenticité est là.

1966

Page 193 (fin du chapitre sur CAMUS)

Ecrite en 1951, cette étude ignore *L'Homme révolté* et *La Chute*. Dans *Présence de Camus* (La Renaissance du Livre, 1962), j'ai donné un point de vue plus large et plus nuancé. Une chose vaut encore ici, c'est de montrer que la pensée du moraliste demeure authentique dans sa conversion à l'humanisme. Une certaine gauche camusienne voudrait qu'après *L'Etranger* Camus soit sorti de sa ligne, et l'on connaît le mot de Sartre, quand l'auteur de *La Peste* et de *L'Homme révolté* eut obtenu le Prix Nobel : « Tant pis pour lui ». Au contraire, une certaine opinion bourgeoise n'admire en Camus que le classique prudemment réformiste et dont l'attitude fut si réservée pendant la guerre d'Algérie. En fait, ni la fièvre lyrique de la révolte ni la prudente résignation de la « pensée de midi » n'enveloppent tout Camus : il est dans la tension dialectique entre les deux pôles. Il a voulu, comme il l'a dit, « ne rien exclure et apprendre à tisser de fil blanc et de fil noir une corde tendue à se rompre ». Son authenticité est là.

1966

TÉMOINS DE L'HOMME

ACHEVE D'IMPRIMER EN OCTOBRE
1966 SUR LES PRESSES DE L'IM-
PRIMERIE R. BELLANGER ET FILS
33, RUE DENFERT-ROCHEREAU
A LA FERTE-BERNARD (SARTHE)
Dépôt légal : 4e trimestre 1966